나는 내가 불편하다

도서출판 '페르아미카실렌티아루네'는 라틴어 표현 'Per Amica Silentia Lunae'를
음역한 용어로, '달의 친절한 침묵 속으로'라는 의미를 갖습니다. 페르아미카실렌티아루네는
본 출판사의 정식 명칭입니다.

아일랜드 시인 윌리암 버틀러 예이츠는 1917년 그의 나의 52세에 자신의 영혼의 역사를
기록하겠다는 신념으로 특이하리만큼 몽환적인 분위기의 산문집 한 편을 완성합니다.
이 산문집의 제목을 고민하던 중 로마의 시인 베르길리우스의 미완성 작품 『아이네이스』에
등장하는 "per amica silentia lunae"라는 표현과 마주하고 이를 직접 번역한 후 자기
산문집의 제목으로 선택합니다. 그의 영어 번역은 "Through the Friendly Silences of
Moon"이며 이를 한국어로 다시 번역하면 "달의 친절한 침묵 속으로"라고 표현할 수
있습니다.

출판 페르아미카는 독자분들과 함께 기쁜 마음으로
불확실한 삶을 견디는 지혜를 나누고 싶습니다.

불편하다

이인

차례

나라는 수수께끼

어머니가 낳은 나는 내가 아니다. 내가 낳은 내가 나다. 무한히
펼쳐진 이 세상이 여기가 아니다. 내가 선 땅이 여기다. 흘러가
는 것은 내 시간이 아니다. 내가 깬 순간이 내 시간이다. 내가
깬 시간이 내 시간이요, 내가 선 자리가 내 입장이요, 내가 낳은
나만이 나다. 깬 나, 선 나, 새로 태어난 나만이 나다.

김홍호, 『생각 없는 생각』

1.

인류가 공통으로 경험하는 현상이 있다. '나'이다. 우리는 체형과
성격과 생활방식이 제각기 다르지만 '나'라는 점에서 공통점을 지
닌다.

살다 보면 반드시 궁금해진다. 젊은이들뿐만 아니라 백 살이 되
어도 내가 누구냐는 물음이 갈증처럼 맴돈다. 정신의 목마름이다.
사막에서 샘물을 찾듯 우리는 자신을 찾으며 한 생을 보낸다.

나를 이해하기란 쉽지 않은 일이다. 인류는 오랫동안 고뇌했다.
내가 무엇인지, 나라는 의식이 왜 발생하는지, 변하지 않는 실체
가 있는지 아니면 끊임없이 달라지는지, 나라는 게 환상에 불과한
지 등의 의문에 휩싸인 채 오늘날에 이르렀다. 지구 반대편으로
득달같이 날아가는 시대이건만 나에 대한 이해는 진실에 도달하
지 못했다.

신비로울 게 별로 없는 세상이다. 자연과학의 발전에 힘입어 우
주가 어떠하고 미립자는 어떻게 되는지 어느 정도 파악됐다. 자본
과 정치는 왜 이렇게 작동하고 어떤 지점에서 문제가 생기는지 사
회과학이 예리하게 짚어낸다. 그런데 세계에 대한 풍요로운 지식
에 비해 자신에 대한 지식은 빈곤하다. 각 분야의 전문가들이더라
도 막상 자신에 대한 이해는 알량하다.

나를 모르고서는 결코 인생을 잘 살았다고 하기 어렵다. 돈을 잔뜩 모아도, 출세하고 유명해져도, 열락에 육신을 내맡겨도 홀로 자신과 마주할 때면 헛헛함이 휘몰아친다. 내가 누구인지 모르면 삶이 갑갑하고 깜깜하다.

마음의 답답함을 풀고자 우리는 답을 찾는다. 입안 가득 침이 고이듯 물음표가 돋아나는 건 자연스럽다. 물음을 물리칠 게 아니라 기쁨의 울음을 터뜨릴 때까지 물을 필요가 있다. 끈질기게 캐물으면서 집요하게 파고들어야 한다. 세상의 수많은 지식 가운데 자신에 대한 지식이야말로 가장 절실하게 배워야 하는 앎이다. 내가 누구인지 아는 일은 일생일대의 과제이다.

나를 모르기에 너를 알지 못한다. 인간이 어떤 존재인지 탐구하지 않아서 인생을 오해한다. 오해를 풀려면 진실을 구해야 한다. 진실과 마주칠 때마다 자기에게 다가선다. 나를 알아가는 만큼 삶의 흔들림이 줄어든다. 진정한 자신이 되어갈수록 기회가 열린다. 자신을 이해하는 일이야말로 인생 최고의 목표이다.

2.

자신을 이해하고자 이 책은 4부로 이뤄진다. 자기 의문을 시작으로 자기 조명과 자기 향상 그리고 자기 심화이다.

1부 자기 의문에 1장과 2장이 속한다. 1장에서는 자신을 빈번하게 소개해야 하는 어색한 상황을 짚는다. 나를 모르는 사람들에게 나를 소개해야 하는데, 나도 나를 잘 모른다. 내가 누구냐는 물음을 왜 외면할 수 없는지 2장에서 다룬다. 내가 누구냐는 물음은 고대부터 현대까지 인간 모두가 관통당하는 물음이다.

2부 자기 조명은 3~5장을 아우른다. 3장에서는 사회관계망에서 살아가는 인간을 찬찬히 살핀다. 나에게 미친 여러 영향을 다양하게 가늠한다. 과학의 연구결과를 통한 설명이 4장이다. 과학 지식은 우리의 시야를 확대한다. 5장에서는 어렴풋하게 알고 있지만 좀처럼 직면하지 않으려 하는 내용으로 채워진다. 알쏭달쏭한 자신을 정직하게 관찰하면 자기와 더 가까워진다.

3부 자기 향상에 6장과 7장이 묶인다. 6장에서는 내면의 건강을 진단하고, 조화로운 상태를 도모한다. 문장들을 곱씹는다면 한층 더 성숙해질 것이다. 나다운 삶이란 어떠한지는 7장에서 풀어낸다. 자기 자신이 될 수 있도록 싱그럽게 자극하는 내용이 펼쳐진다.

4부 자기 심화는 8장으로 마무리된다. 나에 대한 진실이 기존의 상식과 다르다는 이야기가 실려 있다. 자아의 실체를 파헤치면서 진짜 나를 만나는 과정이다.

1장에서 8장까지 순서대로 읽어도 좋고, 흥미가 생기는 곳부터 읽어도 괜찮다. 당연하면서도 이상하고, 낯설면서도 낯익은 나를 이해하는 데 분명 도움이 될 것이다. 나를 온전히 이해하고자 이 책은 다채로운 관점을 도입했으니 말이다.

먼저 사회과학의 관점이다. 인간은 집단을 이루어 살아가는 역사적인 존재이다. 나를 이해하기 위해서라도 세상을 응시해야 한다. 사회와 문화와 관계를 조명하면 우리 자신을 입체감 있게 조망할 수 있다.

이어서 생물학과 신경생리학의 관점이다. 나는 자연이다. 생명체로서 인간의 특성을 분석하는 동시에 몸이 어떻게 기능하는지 알 필요가 있다. 최신 인지과학이라는 현미경으로 우리 자신을 속속들이 들여다본다.

셋째, 심리학의 관점이다. 누구나 마음이 있기에 마음을 잘 알 거 같지만 그렇지 않다. 사람의 마음을 알고자 인류사회는 오랜 시간 애썼고, 최근에 여러 실험도 이뤄졌다. 심리학은 마음에 대해 산뜻한 통찰을 제공한다.

그다음으로 물리학의 관점이다. 양자역학이 등장하면서 인간과 세계를 이해하는 시선이 근본부터 바뀌었다. 양자역학은 우리에게 경탄과 영감을 선사한다. 양자역학으로 인간과 우주의 이치를 심도 있게 궁리한다.

　마지막으로 인문학이다. 사람마다 지닌 각양각색의 독특한 무늬를 살피는 작업이 인문학이다. 나는 누구이고 어떻게 살아야 하는지 인문학이 답하고자 분투한다. 특히 철학과 종교학으로 인류 심층에 자리하는 진실을 밝힌다.

　그밖에도 나를 이해하기 위해 도움 되는 모든 걸 총동원했다. 필요한 재료를 모았다. 사랑을 담아 오랫동안 정성껏 달였다. 천천히 쭉 들이키면 마음 깊은 곳이 환해질 것이다. 나에 대한 불편함과 이상함은 줄어들고 삶에 대한 놀라움과 감사함이 늘어나면 좋겠다.

1부. 자기 의문

1장. 내가 누구인지 말해봐

예수께서 말씀하셨습니다. "모든 것을 다 아는 사람도
자기를 모르면 아무것도 모르는 사람입니다."
―『도마복음』

처음에 나를 이해하는 데 실패하더라도, 계속해서 용기를
잃지 말고,
한 곳에서 나를 잃어버리더라도, 다른 곳에서 찾아라,
나는 어딘가에서 멈추어, 그대를 기다리니.
― 월트 휘트먼,『나 자신의 노래』

나란 타자이다.
― 아르튀르 랭보,『투시자의 편지』

너는 너의 삶을 바꾸지 않으면 안 된다.
― 라이너 마리아 릴케,『신 시집』

내가 살아있다는 것,
그것은 영원한 루머에 지나지 않는다.
― 최승자,『이 시대의 사랑』

나를 잘 모르는 사람들

만약 무수한 사람들과의 쉴 새 없는 만남에 대해서 매번 내적인 반응을 보여야 한다면 — 만나는 사람 거의 대부분을 알고 그와 긍정적인 관계를 갖게 되는 소도시라면 몰라도 — 사람들은 내적으로 완전히 해체되어 상상하기 어려운 정신적 상태에 빠지게 될 것이다. 혹은 이러한 심리학적 사정 때문에, 혹은 대도시 삶에서 스쳐 지나가는 요소들에 대해 당연히 갖게 되는 불신 때문에, 우리는 그처럼 속내 감추기의 태도를 취하지 않을 수 없다.

게오르그 지멜, 「대도시와 정신적 삶」

메뉴가 한자로 적혀 있다고 칩시다. 그러면 우리는 우선 여주인에게 번역을 부탁하겠지요. 그녀는 '왕만두'니 '춘권'이니 하는 식으로 번역을 해줄 겁니다. 만일 중화요리집에 처음 간 것이라면 번역도 소용이 없을 테니 결국 여러분은 여주인에게 이렇게 요구할 겁니다. "추천 좀 해주세요." 이는 다음과 같은 뜻입니다. "내가 이 중에서 뭘 욕망해야 하죠? 그걸 알고 있는 것은 바로 당신이잖아요."

자크 라캉, 『세미나11』

현재 우리는 거의 도시에 산다. 지구 그 어디든 도시는 북새통을 이룬다. 전체 인구 가운데 도시거주민의 비율은 유럽보다 아프리카가 더 높을 정도다. 예전부터 인간 다수가 도시에 거주하지는 않았다. 기나긴 시간 인류는 소규모 집단으로 지냈다. 태어나는 순간부터 눈을 감는 날까지 시시콜콜한 사정을 이웃과 공유했다.

작은 공동체는 편안하다. 출생의 순간을 기억해주고, 성장하는 내내 나의 모습을 지켜본 사람들은 어쩌면 나보다 나를 잘 아는 사람들이다. 살다가 혼란에 휩싸이더라도 믿음직한 사람들이 곁에 있으면 마음의 요동이 가라앉는다. 그들은 내가 누구이고 어떻게 살아야 하는지 일러준다. 비록 누구누구의 자식이라는 규정을 통해 개인의 정체성을 제한시켰고 친족을 위해 헌신하라며 고리타분한 답을 제시했지만, 공동체는 비빌 언덕이었다. 막막한 삶의 한복판에서 나아가야 할 방향을 가리켰고, 인간이라면 겪는 공허와 불안을 누그러뜨렸다.

조상들은 인생이라는 질문에 이미 정해진 답을 갖고 있었다. 그들은 부모와 똑같은 답을 인생이라는 시험지에 써서 제출했다. 비록 우수한 성적을 받지는 못했어도 낙방하지는 않았다. 그들은 남들이 믿는 내용을 덩달아 믿었다. 선조들이 대대로 해왔던 일을 자신도 따라 했다. 물론 자신과 세상에 대해 의구심을 가졌다. 자연스레 생겨나는 의아함이 '존재의 의문'이다. 내가 왜 존재하고 세상이란 무엇인지 궁금했다. 이러한 존재의 의문이 좀처럼 풀리지 않아 우리는 '마음의 추위'를 겪는다. 자신을 돌아보면 누구나 침울해진다. 조상들도 마찬가지였다. 다만 마음의 추위에 이따금 후들거렸어도 그들은 평소에 견고한 답을 갖고 살았다. 자기 자신이 누구냐는 의문이 말끔하게 해소되지 않았지만, 전통이 제공하는 모범답안 덕분에 심각한 타격을 받지는 않았다.

더구나 조상들은 존재의 의문을 붙잡고 계속 파고들기 힘들었다. 생존이 시급했다. 땀 흘리며 몸을 움직였다. 식물을 캤다. 과일을 모았다. 사냥했다. 침입자와 싸웠다. 사랑을 나눴다. 아이를 키웠다. 밤이면 도대체 나는 누구인가 하는 생각이 문득 들었지만 피곤한 나머지 곯아떨어졌다. 존재의 의문이란, 먹고 사는 일이 해결된 사람들이 누릴 수 있는 사치에 가까웠다. 선조들 가운데 건강하게 오래 사는 사람은 드물었다.

그런데 현대사회 들어서 획기적인 전환이 일어났다. 물질의 풍요가 유례없이 주어졌고, 100세 인생이 펼쳐지고 있다. 이건 축복이자 저주이다. 굶주림이 줄어들고 여유가 생기자 그동안 뒤로 미뤄두었던 존재의 의문이 세차게 불거졌다. 현대인 가운데 상당수는 물질의 빈곤으로 죽지 않는다. 왜 사는지 알 수 없다는 정신의 빈곤으로 죽는다.

내가 누구이고 어떻게 살아야 하는지 그 누가 알려주지 않는다. 근대화 속에서 공동체는 해체됐다. 논과 산과 바다에서 일하던 사람들은 도시로 이주해 노동자가 되었다. 도시는 사람들로 붐비지만, 우리는 타인에게 거리를 둔다. 이웃과 교류하지 않고 거주지역에 충성심이 없다. 스쳐 지나가는 사이로 타인들과 지낼 뿐이고, 먹고 살고자 도시를 이용할 따름이다. 끈끈한 소속감이 없어 언제든지 떠날 수 있다. 도시인은 평생 뜨내기이다.

소속이 없으면 구속도 없다. 현대인에게 부과된 삶의 틀은 옛날만큼 단단하지 않다. 과거에 사람을 옥죄던 성별, 신분, 계층, 지역, 문화, 종교의 영향력이 헐거워진 틈으로 개인의 자유가 부상했다. 현대인은 자유롭게 각자의 인생을 만들어간다. 그런데 자유가 반드시 좋지만 않고 구속이 꼭 나쁘지만도 않다. 구속은 때때로 마음을 안정시킨다. 구속에서 벗어났다는 건 마음 둘 곳이 없다는 뜻이기도 하다. 전통이 단절되어 과거의 모범답안을 베껴 쓸 수 없다. 현대인은 자신을 혼자서 알아내고, 어렵히 자신을 인정해줄 사람들을 찾아야 하며, 내가 누구이고 왜 이렇게 사는지 스스로 납득해야 한다. 쉽지 않다. 너는 누구냐는 물음이 유령처럼 대도시를 맴돈다. 자신을 몰라서 생겨나는 혼돈이 혹독하게 들이닥친다. 마음이 춥다.

우리는 마음의 추위를 달래고자 모임에 참가하고 사람들과 어울린다. 시끌벅적한 곳에서 사람들과 떠들다 보면 혼자 끙끙대던 물음을 잠시라도 잊을 수 있다. 그런데 낯선 타인들과 만날 때마다 자신을 소개해야 한다. 현대인은 원치 않아도 익명의 대중에게 자신이 노출된다. 자기 홍보는 현대인의 의무이다. 새로운 곳으로 이사하거나 직장을 옮길 때뿐만이 아니라 수많은 자리에서 우리는 자기소개를 하지 않을 수 없다.

실패하는 자기소개

누가 나의 이름을 불러줄 때, 나는 그 부름을 듣고 그 부름에 대답함으로써 내가 나임을 의식한다. 그런데 가장 처음 나의 이름을 불러준 것은 내가 아니라 너이다. 아무도 자기의 이름을 스스로 짓지는 못한다. 이름은 남이 나를 부르기 위하여 처음 만들고 쓴 낱말이다. 네가 나의 이름을 부르는 것을 내가 들었을 때, 나는 다만 그 부름에 대답하였다. 그리고 그 대답 속에서 나는 비로소 내가 되었다. 그리하여 나는 오직 너를 통해서만 내가 되었던 것이다.

김상봉, 『서로주체성의 이념』

자기소개가 사진을 통해서 이루어질 경우, 사람들은 미용 산업에 종사하는 모델이나 배우의 입장에 처한다. 곧 (1)자신의 외모를 극도로 의식하게 되고, (2)육체가 사회적, 경제적 가치의 주요 원천이 되며, (3)육체를 가지고 다른 사람들과 경쟁하게 되고, (4)마지막으로, 육체와 외모가 공적으로 전시된다.

에바 일루즈, 『감정자본주의』

자기소개하는 상황은 두 가지 조건이 갖춰져야 한다. 하나는 서로가 모른다는 조건이고, 또 다른 하나는 모르는 사람끼리 힘을 모아야 한다는 조건이다. 현대 사회에서는 일면식도 없던 사람과 협력할 일이 계속 생긴다. 낯선 상대를 단박에 파악해야 한다.

자기소개는 현대의 산물이다. 소규모로 무리를 지어 살던 시절에는 자기를 광고할 이유가 없었다. 아주 가끔 이주민이 공동체

안으로 들어올 때 자기소개를 하는 일이 더러 일어났을 뿐이었다. 그마저도 형식을 갖춰 타인에게 개인정보를 전달하지 않았다. 그 냥 시간을 같이 보내면서 알음알음 알아갔다. 더구나 개인의 특징 을 존중해주는 분위기도 아니었다. 개인보다 집단이 중시됐다. 더 군다나 과거의 사람들은 자의식이 현대인처럼 강하지 않았다. 자 기 이름조차 없었던 이들이 태반이었다. 일상에서 '나'라는 단어 를 구사하는 일은 드물었다. 집단은 개인을 우러르거나 개인이 우 쭐해지는 상황을 철저히 억제했다. 자아가 비대해지는 걸 막으면 서 구성원들을 융합시켰다. 누군가 시건방지면 무리가 힘을 합쳐 응징했다.

그런데 인류의 생활방식이 크게 달라졌다. 집단생활은 역사의 뒤편으로 밀려났다. 개인의 시대가 열렸다. 이사와 이직과 이별이 끊임없이 일어난다. 홀로 지내거나 낯선 사람들과 보내는 시간이 허다하다. 시간이 흘러 낯선 사람이 낯익은 사람이 되더라도 과거 처럼 인간관계가 튼튼하지 않다. 지금 곁에 있는 사람과 언제 어 떻게 멀어질지 그 누구도 짐작하지 못한다. 확실한 건 모든 것이 잽싸게 움직이고, 인간관계도 쉬이 변한다는 사실뿐이다. 고정된 걸 찾기 어렵다. 직업, 거주지, 인간관계, 연애방식과 결혼생활조 차도 출렁인다. 모든 것이 술렁이는 시대에 자신에 대한 이해도 일렁인다.

사회환경이 걷잡을 수 없이 변화하고, 너무나 빠르게 수많은 사 람을 만났다 헤어지는 세태에서 우리는 희한한 상황을 겪는 중이 다. 자신이 누구인지 잘 모르는데 자신을 남들에게 쉴 새 없이 알 리고 있다. 중압감 속에서 긴장한 채 자기를 홍보한다. 그것도 한 두 번이 아니라 어려서부터 죽을 때까지 해야 한다. 반복하는 일 은 규격화된다. 마치 짜기라도 한 것처럼 다들 비슷하게 개인정보 를 공개한다. 이름과 나이, 사는 곳과 직업이 우선시된다. 취미와 특기, 키와 몸무게, 출신학교와 연봉, 애인 유무 또는 결혼 여부가 상황에 따라 추가된다.

자기소개가 천편일률로 이뤄지는 까닭은 내가 알리고 싶은 정보만 나열할 수 없기에 그렇다. 자기소개는 타인이 궁금해하고 필요로 하는 정보의 전달이다. 우리는 타인의 관점에서 자신을 진열한다. 바람직한 언어들은 한정되어 있고, 그 제한된 언어들을 갖고 자신을 어떻게든 치장한다. 사람은 제각각이더라도 자기소개가 비슷할 수밖에 없는 배경이다.

자기소개는 자신의 진실을 솔직하게 개방해서 공유하는 일이 아니다. 그럴싸한 모습으로 자신을 그려내어 상대에게 후한 점수를 따내는 일이다. 사회의 기준에 맞춰 장점은 부풀리고 단점은 빼버린다. 자기소개가 자기소설에 가까워진다. 자기소개할 때면 우리의 뺨은 쑥스러움으로 붉게 타오른다. 단지 타인들의 시선이 부담스럽기 때문만은 아니다. 일종의 사기를 친다는 걸 모를 수 없기에 그렇다.

너무나 비슷한 자기소개가 반복된다. 자기소개를 열심히 하는데 소통의 창이 열리기보다는 지루함의 벽이 쌓인다. 자신이 남들과 다르다는 걸 강조하면서 좋은 인상을 남기고 싶은 바람은 좌절된다.

자기소개는 두 가지의 불확실성 때문에 실패한다. 첫째, 타인의 불확실성이다. 자기소개를 상세히 한다고 해서 상대가 나를 이해한다는 보장이 없다. 우리는 무수한 자리에서 자기소개를 수없이 한 뒤 영혼 없는 반응에 벽을 느낀다. 둘째, 나의 불확실성이다. 이러이러한 사람이라고 남들에게 자신을 전달하지만 나는 나에게조차 수수께끼이다.

곤란한 자기소개

우리 자아는 포착될 수 없고, 묘사할 수 없으며, 흐릿한, 단순한

한 외양인 반면, 너무나 포착하기도 쉽고 묘사하기도 쉬운 유일한 실재는 바로 타인의 눈에 비친 우리 이미지라는 걸 말이야. 그런데 더욱 끔찍한 사실은 자네가 자네 이미지의 주인이 아니라는 거지. 물론 처음에는 자네 스스로 그 이미지를 그리려고 애쓰지. 그러다가 적어도 그 이미지에 영향력만이라도 행사하고, 어떻게든 통제를 해보려고 들지만 헛수고야.

밀란 쿤데라, 『불멸』

'이것은 내가 서른네번째로 쓰는 자기소개서다'라는 첫 문장 뒤로 그녀는 자기소개서에 쓸 수 없었던, 혹은 자기소개서에 썼으나 사실은 아니었던 내용에 대해 담담하게 써내려갔다.

최은영, 『아주 희미한 빛으로도』

타인은 나의 뜻대로 되지 않는다. 정직하게 자신을 드러내더라도 상대는 나의 생김새만을 보고 생뚱맞게 판단할 수 있다. 나의 의도와 상관없이 자기 멋대로 넘겨짚는 일도 생긴다. 자기소개 결과가 어떠할지 불확실하다. 그저 나를 오해하리라는 것만이 확실하게 예정되어 있다.

자기소개에는 묘한 구석이 있다. 나를 설명하는 주요 정보를 전달하기에 자기소개를 들으면 어떤 사람인지 윤곽이 잡힌다. 그럼에도 자기소개를 통해 자기의 전모가 전해질 수는 없다. 자기소개는 한 사람의 세계로 들어가는 입구에 지나지 않는다. 자기소개를 통해 어느 정도 알게 되더라도 타인은 나를 진정으로 알지 못한다. 그런데 타인과 세상은 겉으로 드러난 정보만으로 재단한다. 사회에서 이뤄지는 평가에 우리가 모욕감을 느끼는 까닭이다.

우리는 내면을 자기 자신이라고 이해한다. 내면을 아는 건 오직 나뿐이다. 나의 내면을 남들이 모르기에 외롭다. 누군가를 만날 때마다 나의 내면을 알아줄까 기대를 품지만 기대는 번번이 깨진다. 타인의 묵직한 진실을 받아내기에는 현대인의 가슴이 비좁다. 사람의 내면은 단기간에 타인과 공유하기가 어려울 뿐만 아니라 자기소개할 때 진실을 뜨겁게 전하는 건 사회관습에 어긋난다. 첫 만남에서 자신이 얼마나 외로운 사람인지 어떤 꿈을 꿨고 어떤 실패를 겪었으며 어떠한 상처가 있는지 진솔하게 털어놓는 건 고립을 자초하는 일이다. 현대인은 필요한 만큼의 간추려진 정보를 원할 따름이다.

자기소개라는 급식판이 주어진다. 어느 학교를 졸업했고 어디에 살고 있으며 몇 살이고 취미가 무엇인지로 내용물을 채운다. 공장에서 대량생산된 것만 같은 자기소개를 반복한다. 정해진 틀 말고 다른 방식으로 소개할 생각을 하지 못한다. 용기를 내어 참신한 시도를 하더라도 돌아오는 건 멋쩍은 적막과 썰렁한 눈총뿐이다.

물론 수줍게 소개한 뒤 친해지면 깊게 소통할 가능성이 있다. 하지만 시간이 지난다고 해서 우리가 허심탄회하게 진실을 나누지는 않는다. 내면의 애기를 꺼내더라도 상대가 어떻게 받아들일지 알 수 없다. 괜히 속내를 드러냈다가 약점 잡히거나 관계가 서먹해지거나 이상한 소문이 돈다. 위험을 감수하느니 차라리 입을 다문다. 어느새 가슴을 열고 타인과 시간을 보낸 기억이 아련하다. 언젠가 서로의 눈동자를 들여다볼 수 있겠지만 그 나중이 영영 안 올지도 모른다. 내면을 아는 사람이 평생 없을 수 있다.

진실을 넣어봤자 전해지지 않는 자기소개라면 굳이 진실을 전해 상대방을 난감하게 하는 건 어리석은 일이다. 현대인은 자기소개하는 일에 어느 정도 지쳤다. 심드렁하기도 하다. 타인을 만났을 때 마음을 다하지 않는다. 형식적으로 할 뿐이다. 자신의 알맹이를 쏙 빼버린 채 껍데기만 내비친다. 아는 사람이 많더라도 긴밀하게 마음을 나누는 사람이 없다. 거죽만 아는 관계들이다. 인간관계가 헐겁고 버겁다.

한편, 자기소개할 때 언어의 한계도 진실을 전하기 어렵게 만든다. 온갖 미사여구를 붙이더라도 그 언어가 나일 순 없다. 자기소개에 나를 온전히 담기란 사실상 불가능하다. 인간에겐 언어만으로 전달이 안 되고, 함께 시간을 보내야만 알 수 있는 부분이 있게 마련이다.

무엇보다도 자기소개할 때 가장 곤란한 점은 내가 나를 잘 알지 못한다는 사실이다. 서로가 자기에 대해 빠삭하다는 전제로 자기소개를 하는데, 막상 나는 나에게조차 소개받고 싶은 대상이다. 우리는 자기 안에서 자신을 찾아 헤매는 사람들이다.

내가 나를 잘 소개하는지 자신하지 못하고, 상대가 나를 어떻게 판단할지 알 수 없다. 무언가 타인에게 전해야 하는데 뭘 전해야 할지 모르는 모습이 우리의 상황이다. 자기를 소개하고 나면 이번에도 사람 사이의 벽을 넘지 못했다는 아쉬움과 중요한 뭔가가 늘 빠져 있는데 그게 뭔지 모르겠다는 의아함이 휘몰아친다. 자기소개가 끝나면 서로 오해를 품고 헤어진다. 서로에 대한 오해를 이해라고 믿는 사람들 사이에서 진실한 소통을 그리워하는 나날이 도시인의 삶이다.

물론 자신을 소개하는 과정이 곤혹스러움만은 아니다. 타인과 줄기차게 맞닥뜨리는 과정에서 현대인은 자신을 돌아보게 된다. 타인에게 나를 알리려면 타인의 관점을 수용할 수밖에 없다. 타인의 시선으로 나를 응시한다. 타인의 욕망에 맞춰 나 자신을 언어로 구성한다. 자신을 이런 사람이라고 여기던 기존의 관성이 타자 앞에서 거꾸러진다.

타자의 존재는 날카로운 질문을 내포한다. 너는 누구냐고.

인생 뭐 있나

여기에서 텅 빈 느낌이란 현대인들이 자기가 바라는 바가 무엇인지 모른다는 뜻이 아니다. 자기가 느끼고 있는 것이 과연 무엇인지 뚜렷한 정의를 내리지 못한다는 것이다.

롤로 메이, 『자아를 잃어버린 현대인』

뭔가가 잘못돼 있었다. 그리고 그 잘못된 것이란 바로 '나는 모른다'는 사실이었다. 하지만 나는 모르더라도 다른 누군가는 틀림없이 알고 있으리라는 느낌만은 늘 따라 다녔다. 삶의 본질이란 나에게 오리무중의 수수께끼였다.

람 다스, 『BE HERE NOW』

누군가 나의 이름을 부르면서 인사한다. 상대방은 궁금해하면서 이것저것을 묻는다. 타인의 질문에 나를 돌아보게 된다. 타자가 선사하는 '너는 누구냐'는 물음에 답하기가 쉽지 않다. 나는 어느 날부터 얼떨결에 살아가고 있다. 영문도 모른 채 삶은 시작되었다. 우여곡절 속에서 별의별 경험을 다 한다. 그러다 보면 자신이 낯설게 느껴질 때가 찾아오고야 만다. 우리는 생애 주요 시기마다 '나는 누구냐'는 물음 앞에서 어려움과 어지러움을 겪는다.

나는 누구냐는 물음이 찾아올 때의 조짐이 있다. 한낮인데 나른하다. 별 이유 없이 짜증 난다. 괜스레 눈시울이 붉어진다. 하염없이 하품이 나온다. 좀처럼 잠들지 못한다. 왜 이렇게 살아야 하는지 알 수가 없다. 사는 게 신물이 난다. 그렇다고 뾰족한 수가 있지도 않다. 한숨과 투정 속에서 세월이 흘러간다. 후회를 반복한다. 다들 잘 사는 것처럼 보이는데 나만 휘청이는 것 같다. 바로 그때다. 덜컥 전해지는 건강검진결과처럼 나는 누구냐는 물음이 엄습한다.

내가 누구냐는 물음은 괴롭다. 괴로움의 근원을 파고드는 건 어려운 일이다. 반면에 괴로움으로부터 줄행랑치는 건 쉬운 일이다. 자신이 누구인지 몰라 어리둥절한 사람들은 세상의 쾌락에 자신을 내맡긴다. TV와 컴퓨터와 휴대전화기로 갖가지 영상을 보고, 유흥가에서 술 마시며 밤을 허투루 보낸다. 사방팔방 분주히 돌아다닌다. 감정이나 생각을 자신이라고 게으르게 오해한 채 우울해하고 타인과 다투고 세상을 탓한다. 인습에 갇혀서는 상투적으로 살아간다. 충동과 욕망에 휘둘리며 시간을 허비하다 보면 어느새 삶의 끝자락에 다다른다.

문제는, 곧 죽을 것처럼 인생을 탕진하더라도 죽지 않는 다음에야 존재의 의문을 떨쳐낼 수 없다는 점이다. 우리는 수시로 자신을 성찰하면서 평가한다. 자신을 찬찬히 되짚는 시기가 반드시 들이닥친다. 돈을 왕창 번 사람이라도 자신이 잘 산다고 확신하지 못한다. 인간은 누구나 자신이 제대로 살고 있지 못한다는 불안감에 시달린다. 마음속 어딘가에 가시가 박힌 것 같은 불편함이 도사린다. 자신에 대한 혼돈이 회오리친다.

세상살이는 어지럽고, 삶의 의미를 찾기는 어렵다. 인류문명은 어디론가 가고 있는데 어디로 가는지 아는 사람이 없다. 우리는 선장 없이 망망대해를 떠도는 배의 승객과 비슷한 처지다. 어디로 가야 하는지 알지 못한 채 어디론가 떠내려가는 세상에 내던져져 있다. 자신이 누구이고 세계가 어떤 꼴인지 똑똑히 바라보지 못하게끔 허깨비들이 눈과 귀를 가린다.

안개로 뒤덮인 것만 같은 세상 속에서 하루하루 버티며 살아간다. 삶을 견디는 중에 술 한 잔이라도 걸치면 넋두리를 늘어놓는다. 사람 사는 게 다 그렇다는 위로를 받으면서 마음을 추스른다. 하지만 머지않아 인생에 대한 회의감이 오싹하게 밀려든다. 사실 아무리 가까운 사이더라도 나의 사정을 속속들이 알 수는 없다. 남들에게는 괜찮은 것처럼 보여도 자기 자신에게 편찮은 사람들이 부지기수다.

막막하다. 막막함이야말로 진정한 자신에게서 멀어져 있다는 증상이다. 잘 살지 못하고 있다는 감각은 나를 돌아보게 한다. 건

널목에서 빨간불이면 멈추고 파란불이 켜지면 건넌다. 마찬가지로 정신없이 살다가 나에게 문제가 있다는 감각이 빨간불처럼 등장한다. 가쁜 숨을 고르고 정신을 차리면서 뒤돌아보지 않을 수 없다.

개인주의와 자유주의라는 봉지에 담겨서 공허와 고독이 유통되고 있다. 사랑과 정열로 삶을 빚어내는 실패한 사람이 되고 싶은데 복사해서 붙여놓은 것 같은 얄팍한 사람이 되어버린다. 기쁨으로 충만하기는커녕 허무로 추락한다. 어느새 나는 누구이고 삶이란 무엇인지 묻지 않는다. 인생 뭐 있느냐면서 주어진 시간을 얼렁뚱땅 날려버린다. 내가 누구인지 모른 채 인생이 저물어간다.

자신이 가짜라는 공공연한 비밀

성실의 본질적 구조는 자기기만의 본질적 구조와 다를 것이 없다. 왜냐하면 성실한 사람은 그가 '그것으로 있지 않으므로' 그것으로 있는 것으로서 자기를 구성하기 때문이다. 이것이 바로 사람은 너무나 성실한 나머지 자기기만에 빠질 수 있다고 하는, 모든 사람이 인정하는 진리를 설명하는 것이다.

장 폴 사르트르, 『존재와 무』

섹스를 중시하기에 사랑하는 척해야 할 때와 진정으로 사랑하지만 섹스를 꾸며내야 할 때가 있다. 나이가 서른 살쯤 되면, 누구나 이런 상황을 겪어보았기 마련이다. 섹스를 꾸며내야 할 때, 우리는 환상, 이전의 짝, 상상 속의 상대, 가상의 성행위를 떠올린다.

로버트 트리버스, 『우리는 왜 자신을 속이도록 진화했을까?』

우리는 자신이 누구인지 모른다. 자신이 누구인지 모르니 눈치를 본다. 주변 사람들을 따라 한다. 타인의 욕망을 흡수해서 덩달아 욕망하는 경우가 허다하다. 남들이 하는 걸 따라 하고싶어야 유행이 분다. 개성을 추구하는 척해도 막상 우리는 다른 사람들과 비슷해지기를 원한다. 선망받는 집단에 속하길 바란다. 그래서 세상에서 추앙받는 누군가를 동경하며 모방한다.

내가 원하는 대상은 알고 보면 타인들이 욕망한 대상이다. 요즘 청소년의 장래희망은 연예인이다. 청소년들이 연예인의 업무가 무엇이고 일과가 어떤지 샅샅이 조사했을 리는 없다. 주변의 사람들이 온통 연예인을 좋아하니 연예인에 대한 욕망이 생긴다. 타인의 욕망을 욕망한 결과이다. 그러나 청소년들은 연예인 되고 싶은 욕망이 정말 자신의 꿈이라고 믿는다.

모방 자체는 자연스럽다. 우리는 모방 본능을 지녔다. 타인을 모방하고 학습하면서 사회에 적응한다. 다만 모방이 습관화되어서 자신을 아예 잃어버리는 문제가 발생할 수 있다. 타인을 모방해 특정한 행동을 습득하는 과정은 누구나 겪는데, 이건 자신을 이해하는 여정의 징검다리일 뿐이다. 징검다리 위에 머물러서는 곤란하다.

타인의 욕망을 욕망하면서 스스로 문드러지는 경우가 드물지 않다. 사람들이 자신을 피폐하게 만드는 악을 선택하고는 그 악에 격분한다고 프랑스의 사상가 르네 지라르는 꼬집었다. 현대인은 타인의 욕망을 따라 욕망하는 속물이라 자신과 닮은 속물들을 경멸한다. 속물이란 표현은 자신의 진실을 잃어버린 채 세상의 흐름에 휘말린 상태를 가리키는 용어이다. 시대에 휩쓸려 살아가는 현대인 모두가 속물이다. 우리는 욕망이 자연스럽다고 믿으면서 용암을 뿜어내듯 욕망을 터뜨리는 화산이다. 우리는 타인의 욕망이라는 무대 위에서 춤사위를 펼치는 꼭두각시다. 타인의 시선에 사로잡힌 채 타인의 기대에 맞춰 행동한다.

타인의 욕망을 모방해서 욕망한다는 내용에 반발심이 일어날 수 있다. 여태껏 추구하고 성취한 바를 부정하는 것처럼 느껴지니까 말이다. 하지만 거부감을 다독이면서 차분히 마음을 들여다보면, 그동안 맴돌던 스산함의 정체를 포착할 수 있다. 타인의 욕망을 베껴서 살아가는 사람들의 마음은 휑뎅그렁해 진다.

헛헛함은 내 모습이 진짜가 아니라는 신호이다. 자신이 가짜라는 건 우리 모두 알지만, 함부로 밝히지 못하는 공공연한 비밀이다. 대학에 가고 취업하고 결혼하고 아이를 낳아도 진정한 자신이 되는 건 아니다. 역할과 지위와 업적은 고작해야 내가 어떤 사람인지 약간 일러줄 뿐이다. 그것들은 나의 본질이 결코 아니다. 그렇다면 진정한 자신이 되고자 매진해야 할 텐데, 대부분 사람은 허울뿐인 인생을 들키지 않는 데 총력을 기울인다. 어떻게 거짓을 유지할 수 있을까? 자기기만을 하기에 그렇다.

우리는 김이 서린 거울을 보듯 환상과 착각 속에서 자신을 오해한다. 스스로 왜곡하는 자기기만은 나름의 중독적인 만족감을 선사한다. 달콤한 유혹에 넘어가 인생을 흐지부지 낭비하는 일은 인류사 내내 흔하게 벌어진다. 남들에게 잘 보이고자 들쒸운 포장지를 벗겨내고 자신의 알맹이를 들여다보는 일은 용기가 있어야만 할 수 있다. 우리는 자신과 직면하지 않으려는 겁쟁이고, 자신을 속이는 거짓말쟁이다.

한편, 자기기만은 호된 삶을 버티게 해주는 기술일지도 모른다. 우리가 살면서 경험한 그 모든 일을 하나하나 따지면 후회할 일 투성이다. 자신의 실상을 직시하면 울적하게 울렁인다. 그렇기에 우리는 진실을 등지고 허울만 번지르르한 현재를 옹호한다. 나 자신을 속이면서 자신의 현실을 견딘다.

기만은 본능이다. 생물계를 봐도 속고 속이는 일은 흔하게 벌어진다. 그런데 속이는 일은 생각만큼 쉽지 않다. 상대는 멀뚱히 당하지만 않는다. 속임수가 교묘해지는 만큼 속임수를 간파하는 능력도 발달한다. 발각되지 않으려면 자신의 의도를 철저히 숨겨야 한다. 의도를 숨기는 최고의 방법은 의도를 의식하지 않는 것이다. 속이려는 의도를 들키지 않으려면 자기부터 진실이라고 믿을 필요가 있다. 거짓말을 하면 미묘한 위화감이 생긴다. 그런데 내가 사실이라고 철두철미하게 믿는다면 이상한 점을 알아차리기 어렵다. 남들을 속이고자 우리는 스스로 진정성을 느끼면서 자신마저 속인다.

물론 자기기만이 완벽할 수 없다. 어찌어찌해서 타인을 속이더라도 내면에서는 어색한 긴장이 유발된다. 마음에는 여러 부분이 있다. 하나의 마음이 다른 마음들을 기만하면서 특정한 말과 행동을 하더라도 내 안의 모든 내가 속지는 않는다. 내 안에서 나를 보는 또 다른 나는 진실이 무엇인지 안다.

거짓말을 두고 벌어진 실험에서도 우리가 무의식중에 거짓과 진실을 구분하는 것으로 나타났다. 일부러 거짓말을 해야 했던 사람들의 대화와 글을 분석했더니, 그들은 '나'라는 어휘를 덜 썼다. '나'를 사용하지 않으면서 거짓말과 자신 사이에 거리를 두려고 했다.

다른 사람들을 감쪽같이 속이더라도 나 자신을 완전히 속일 수는 없다. 자신의 진실을 알기 어렵더라도 자신이 진실하지 않다는 걸 모를 수는 없다.

자아성형의 후유증

자기계발서와 관련해 결정적인 점은, 분명히 효과가 없다는 것이다. 그것을 갈구하는 독자들이 엄청나게 많음에도 불구하고 자기계발서는 더 행복하고 정신적으로 더 건강한 사회를 만들어내지 못했다. 그리고 바로 이것이 자기계발서가 이룬 실제 결과이다.

레나타 살레츨, 『선택이라는 이데올로기』

인생이라는 이름의 학교에서 자기계발이 선택과목이 아니라, 필수과목이 되었다는 것에 문제의 핵심이 있다. 자기계발은 이제 생존의 조건이 되었다.

이원석, 『거대한 사기극』

정직은 거짓을 물리치면서 진실로 향하는 용기이다. 살다 보면 자신에게 정직해야 하는 순간이 반드시 찾아온다. 정직하지 못하면 인생은 허무한 허구가 되어버린다.

그런데 정직하기가 쉽지 않다. 그래서 허구의 자신을 설정해놓고는 그것이 진정한 나라고 믿어버린다. 특정한 상태를 꼭 이뤄야 한다면서 스스로 몰아세운다. 자기계발에 나선 우리의 모습이다.

자기계발의 열풍이 매우 거세다. 그런데 뭔가 괴이쩍다. 다들 자기계발을 열심히 하는데, 행복한 사람은 드물다. 자격조건과 증명서류는 빵빵해지는데 삶에 대한 철학은 뻥뻥 구멍이 뚫려있다. 가방끈은 길어지는데 세상을 바라보는 시야가 짤막하다. 사회생활을 잘해보겠다고 여기저기 인사하며 대면하는 사람이 많아져도 막상 자기 자신과는 데면데면하다. 우리는 자기계발서에 밑줄을 긋고, 자기계발 강연을 찾아다닌다. 뭔가를 하고 있다는 약간의 만족감이 생기지만 변하는 건 거의 없다. 성공한 사람들의 도움말에 적토마를 탄 것처럼 내달리더라도 얼마 못 가 엉거주춤한다.

자기계발은 자기를 향상하는 게 아니라 왜곡시키는 행위인지 모른다. 자기계발을 통해 더 이기적으로 변해가니 말이다. 인간관계가 돈독해지기보다 잔뜩 돈독만 오른다. 자기계발이 자기 개선의 노력인지 되짚을 필요가 있다. 애를 써도 나아지지 않는다면 내가 못났기 때문이 아니라 생뚱맞은 데 힘을 쏟기 때문이다. 행복의 나라로 간다고 믿고 있으나 정작 엉뚱한 방향을 잡고 있다면, 남보다 더 빨리 뛰더라도 행복의 나라엔 도착할 순 없다.

미국의 사회학자 미키 맥기는 자기계발서가 현재를 망가뜨린다고 지적한다. 우리는 전과 후를 비교하는 성형수술처럼 자아를 성형한다. 확 달라진 자신의 모습을 갈구하며 뜯어고쳐야만 하는 끔찍한 존재로 현재의 자신을 신랄하게 비하한다. 더 나은 미래를 위한답시고 스스로 혹사하며 닦달한다. 성형수술을 받아 흡족한 사람은 흔치 않다. 성에 안 찬 나머지 성나서 다시 성형외과를 찾는다. 마찬가지로 우리는 자신을 받아들이지 못한 채 끝없이 자아 성형을 하고자 안절부절못하고 있다. 자신을 잘 알고 깊게 사랑하는 사람을 찾기 어렵다.

자기계발의 열망을 부인할 필요는 없다. 자기계발은 자신의 잠재력을 깨우고 싶은 인류의 오래된 바람에 부응한다. 다만 유행하는 자기계발이 우리를 더 낫게 하지 못한다는 데에 문제가 있다. 자기계발을 한다고 하는데 정작 자신의 본질을 탐구하지 않는다. 자신이 누구인지 모른 채 자신과 내전을 벌인다. 나를 바꿔야 한다는 강박에 시달리면서 어떻게든 뜯어고친다. 자기계발은 한국의 근대화와 비슷하게 이뤄진다. 한국은 "빨리빨리"라는 구호와 함께 눈부신 경제성장을 이뤄낸 만큼 칙칙한 그늘이 드리워졌다. 자기계발을 통해서 우리는 나름의 성취를 얻은 만치 부작용을 겪고 있다.

부작용 가운데 하나가 분열이다. 자신이 생각하는 모습과 실제 삶 사이에 괴리가 크다. 자기계발서를 읽을 때는 약을 맞은 것처럼 흥분해서 대뜸 자신이 발전할 것 같지만, 약발은 얼마 안 간다. 우리는 어떻게든 정당화할 구실을 찾아낸 뒤 과거처럼 살아간다.

또 다른 부작용은 허수아비 때리기이다. 우리는 상대하기 쉬운 부분만을 골라 생색을 낸다. 자기계발을 통해 이뤄지는 변화는 근본의 변혁을 가로막는다. 바꿀 수 있는 것만 자기계발을 하고 진짜 문제에 눈감는다. 현대인은 진정한 자신과 씨름하지는 않은 채 자기 효능감을 느끼고자 허수아비들을 계속 찾아낸다.

좌절감도 자기계발의 부작용 가운데 하나이다. 무의식은 급격한 변화에 저항한다. 달라지겠다고 다짐하더라도 무의식이 꿈쩍하지 않기에 웬만한 자기계발은 실패한다. 과거의 생활방식을 유지하려는 관성이 우리를 지배하고 있다. 진정으로 자신을 바꾸는 일은 너무 까다로우므로 자기계발을 할수록 자기에게 실망한다. 자기계발에 돈과 시간을 쏟는 만큼 좌절감이 쌓인다.

사회체제에 문제가 많더라도 개혁은 쉽게 이뤄지지 않는다. 암만 부패했어도 나름의 효율성이 있기에 그렇다. 인류사를 뒤바꾼 여러 혁명도 생활의 질 향상으로 체감되기까지는 오랜 시간이 걸렸다. 나 자신도 과거의 습관을 통해 형성되어온 체제이므로 각오와 포부만으로 신속하게 변하지 않는다. 정말 변하겠다는 결심이 무의식에 스며들어 자리매김하기까지는 시간이 걸린다. 우리 안엔 좀처럼 바뀌지 않는 보수성이 있다. 그 보수성으로 말미암아 안정감을 얻지만 바로 그 때문에 삶의 전환이 굼뜨다.

조급할 필요가 없다. 변화는 끊임없이 일어난다. 한순간에 많은 것이 달라지기도 하지만, 대개는 천천히 조금씩 변한다.

역할이 무너질 때

이 세상 모두가 단지 무대일 뿐이고, 남녀 모두는 한낱 배우에 불과하다. 그들은 저마다 무대에 등장했다가 퇴장한다.
　　　　　　　　　　　　윌리엄 셰익스피어, 『뜻대로 하세요』

무대에 설 때 배우는 언제나 자기 자신을 행해야 한다. 그러나 그것은 다양한 목표와 주어진 상황에 따라 해야 한다. 여러분이 배역을 준비하면서 정서적 기억이라는 용광로에 용해시켜 놓은 목표와 주어진 상황 사이에 무수히 많은 조합이 가능할 것이기 때문이다.
　　　　　　　　　　　콘스탄틴 스타니슬랍스키, 『배우 수업』

　　　　　　1부. 자기 의문

알고 보면 인생은 한 편의 연극이다. 우리는 역할을 부여받고, 획득하며, 수정하고, 전환하며, 포기하고, 창조한다. 사회에서 특정한 위치를 차지하면 그에 걸맞은 연기를 해나간다. 자식, 친구, 학생, 노동자, 부모 등 여러 역할을 맡아 수행한다. 그러다 보면 정말 그렇게 된다. 청소년은 청소년 같아지고, 교사는 교사다워지고, 선배는 선배같이 처신하고, 사장은 사장처럼 군다. 자신이 입은 옷을 자신이라고 착각하는 사람처럼 우리는 자신에게 덧씌워진 규정을 자신이라고 믿는다.

러시아의 연출가 콘스탄틴 스타니슬랍스키가 우리를 본다면 감탄해 마지않을 것이다. 그는 이른바 '메소드 연기'를 창시해서는 관객에게 신뢰 얻는 방법을 설파했는데, 마치 그에게서 배운 것처럼 우리는 연기한다는 사실을 의식하지도 못한 채 명연기를 선보이니 말이다.

어느새 배역이 주어지고 세상이라는 무대가 펼쳐진다. 우리는 정해진 각본대로 배역을 소화한다. 역할에 맞는 사람이 되고자 가면을 쓴다. 가면은 내가 세상과 관계 맺는 방식이다. 영국의 정신분석학자 도널드 위니컷은 내가 타인에게 보인다는 것을 내가 바라볼 때 내가 존재한다고 이야기했다. 우리는 타인에게 자신이 어떻게 보이는지 헤아리면서 자신을 만들어나간다. 가면을 쓰고 자기의 역할을 잘 수행한다면 세상으로부터 칭찬받는다. 물론 가면과 역할이 나의 진면모는 아니다.

영화 〈유로파 유로파〉에는 가식으로 연기하는 삶에 대해 음미할 만한 대사가 있다. 주인공 유대인 소년은 독일군 장교와 각별해진다. 장교는 전쟁이 일어나기 전에 배우였다. 배우가 되길 꿈꿨던 소년은 타인을 연기하는 게 어렵지 않냐고 묻자 군인이 답한다. 자기 자신이 되는 것보다는 쉽다고.

자신이 되는 일의 어려움을 누구나 느낀다. 갑자기 진실을 드러낼 수 없다고 하더라도 나의 내면을 아는 것과 나의 일면을 전부라고 믿는 건 천지 차이다. 자신으로 사는 일이 힘겹다고 자신이 되기를 그만두면 지독한 불행이 들이닥친다. 세상이 주문한 역할을 자신이라고 오해하면서 인생의 많은 고통이 생긴다. 남들에게 보이는 모습은 나의 핵심이 아니다. 그보다 더 중요한 진실이 내면에 있다.

명예나 성취나 지위나 역할은 가면일 뿐이다. 하도 오래되어서 피부처럼 들러붙었어도 그것들이 내가 될 수는 없다. 시간이 흐르면 껍질은 결국 벗겨진다. 그동안 자신이라고 믿었던 게 박살이 나니 어마어마한 고통이 생겨난다. 고통과 함께 자신에 대한 의문이 폭발한다. 바로 이러한 상황을 알베르 카뮈는 무대장치가 붕괴하는 순간이라고 이름 붙였다. 나는 어떤 사람이니 이러이러해야 한다고 무대장치들이 주입한다. 부여받은 역할에 충실하도록 상황을 조장한다. 가족, 친구, 애인, 학교, 직장, 사회, 종교 모든 것이 무대장치다. 우리는 자신을 둘러싼 것들이 무대장치라는 사실을 모른 채 정해진 역할에 몰입한다. 그러던 어느 날 무대장치가 엎어진다. 친구에게 배신당하고, 직장에서 해고되며, 부모가 세상을 떠나고, 사랑하던 사람과 헤어진다. 무대장치가 무너지면서 물음표가 터져 나온다. 반복되던 일상에 의문의 균열이 생긴다. 예전처럼 살 수 없다.

아무런 찜찜함도 없고 마음이 개운하다면 그렇게 쭉 살면 될 일이다. 하지만 왠지 모르게 울컥한다면 잠시 멈춰서야 한다. 마뜩잖은 기분은 나에게 문제가 있다는 질책이 아니다. 변화를 시도하라는 자극이다. 왜 마음이 이토록 을씨년스러운지 암팡지게 따져 물어야 한다. 자신이 누구인지 자문할 때 인생은 새로운 변곡점을 맞는다.

자신에게 주어진 것들이나 자신이 이룩한 성과로써 자신을 설명하더라도 그것들이 나는 아니다. 그럼 나는 무엇일까? 도대체 알 수가 없다. 수많은 타인과 부대끼다 보면 나 자신이 엇갈리고 헷갈리다 못해 세상살이에 갈리는 지경에 이른다. 일상의 상호작용이 혼미해지면 자아 관념마저 허물어질 수 있으며, 인성 수준의 토대에도 영향을 미친다고 사회학자 어빙 고프먼은 주목했다. 노련한 배우들도 실수하듯 우리의 일상에서도 혼란이 곧잘 일어난다. 그동안 철석같이 믿어온 자신의 정체성이 흔들린다. 변화가 시작된다.

2장. 나를 향한 여정

이보게, 자기의 육신에게서 나와라
자기 내면으로 여행을 떠나라
그렇게 여행을 가라
흙먼지에서 금광으로
— 루미, 『태양시집』

사람에게 가장 필요한 일은 자신이 누구인가를 아는
일이다. 인디언 창조 설화에서는 사람이 저마다 여행할
길이 다르다고 말한다. 그 다른 여행길에서 자기만이
가진 선물을 나눠 갖는 것이야말로 가장 가치 있는
일이라고 설화는 가르치고 있다.
— 왐파노그 족 느린 거북(슬로우 터틀)

이 사랑과 이 부름의 목소리에 이끌려
우리는 탐험을 멈추지 않으리니
우리 탐험의 끝은
우리가 시작한 곳에 도착하는 것,
그리하여 그 첫 시점을 알게 되는 것.
— 토머스 스턴스 엘리엇, 『리틀 기딩』

나를 알려고 하지만

당신은 당신 자신으로부터 달아나지 못한다. 당신이 삶으로 살지 않은 것은 언제나 당신과 함께 있으면서 성취시켜줄 것을 요구한다. 만일 당신이 이 요구에 눈을 감고 귀를 닫는다면, 당신은 당신 자신에게 눈을 감고 귀를 닫는 척 꾸미는 것이나 마찬가지다.

칼 융,『레드북』

내 속의 이 마음, 나는 이 마음을 느낄 수 있으며 이것이 존재한다고 판단한다. 이 세계, 나는 이 세계를 만져볼 수 있으며 이것이 존재한다고 판단한다. 나의 모든 지식이 여기서 멈춘다. 그밖의 것은 조작이다. 왜냐하면, 가령 나 자신도 확신하고 있는 터인 자아를 막상 포착하거나 정의하고 요약해보려고 들면, 이 자아는 그만 손가락 사이로 새어나가는 물에 불과한 것이 되니 말이다.

알베르 카뮈,『시지프의 신화』

나는 내게 낯설다. 내가 왜 이런지 답할 수 없어 답답한 우리를 세상이 돕는다. 널리 알려진 MBTI뿐 아니라 심리검사의 종류가 다양하다. 자신이 누구인지 알고 싶다는 간절함이 수많은 도구를 창안했다.

옛날부터 전해지는 토속기법도 수두룩하다. 사주명리를 비롯해서 풍수지리, 관상, 수상, 이름, 별자리, 타로카드, 에니어그램, 심지어 혈액형에 따른 성격유형에도 사람들은 솔깃해한다. 근래에 과학의 합리성이 득세한 결과 공식적인 자리에서 토속기법을 믿는다고 말하는 사람은 줄어들었으나 실상은 고학력자나 상위계층일수록 더 기웃거리고 더 활용한다.

토속기법이든 성격검사든 장단점이 있을 텐데, 그럼에도 하나같이 잘 통한다는 점에 주목할 필요가 있다. 예상보다 적중률이 높아 다들 놀란 토끼 눈이 된다. 어떻게 족집게같이 나를 알아맞히는 것일까?

인간에게는 공통된 속성이 있다. 이로 말미암아 약간 모호하면서 누구나 지닌 성질을 얘기하면 자신을 속속들이 맞춘다는 느낌이 생긴다. 이것이 '포러 효과'이다. 타인의 성격을 귀신처럼 알아맞히는 사람이 어떻게 통찰하는지 심리학자 버트럼 포러가 연구했다. 포러의 설명에 따르면, 그 사람은 두루뭉술하면서도 일반적인 표현을 통해 타인의 성격을 맞췄다. 예를 들어 "당신은 외로운 사람이다. 외로워서 타인과 친밀해지고 싶으나 누군가와 너무 가까워지면 부담을 느낀다"고 운을 떼면, 다수의 사람은 자기를 꿰뚫어 봤다고 여길 것이다.

또, 다양한 추측을 재빠르게 쏟아내는 것도 상대를 맞추는 방법이다. 어느 하나 걸리게 마련이다. 인간의 의식은 자신에게 주어지는 모든 정보를 수용하지 못한다. 자신에게 필요하거나 긴급하게 처리할 정보 위주로 받아들인다. 자신과 어긋나는 내용이 있더라도 공감 가는 다른 설명에 마음을 뺏긴다.

심리검사들 가운데 어떤 방법이 더 나은지 살피거나 토속기법들이 합리적인지 아닌지를 따지는 건 그리 중요한 일이 아닐지도 모른다. 그보다 더 중요하지만 좀처럼 관심을 기울이지 않는 게 있다. 바로 사람을 판별하려는 수단이 너무나 많은 현실 그 자체이다. 성격과 운명을 설명하는 수많은 수단은 자신을 알고 싶다는 인류의 열망이 엄청나다는 사실을 함의한다. 동시에 그 어떤 방법도 완벽하지 않다는 사실을 방증한다. 인간을 확연하게 설명하는 공신력 있는 수단이 있다면 이토록 갖가지 검사가 판치지 않을 테니 말이다.

어떤 설명도 얼추 해당하는 내용이 있을 만큼 우리 내면에는 다양성이 있다. 게다가 사람은 평생 조금씩 변화한다. 특정한 시기에 한 행동이나 마음가짐을 과도하게 확대해서 자신이라고 믿는 건 자신을 오해하는 일이다. 일부를 강조하면 그것과 모순되는 온갖 것을 감춰야만 한다. 우리 안에는 단 하나의 설명으로는 포괄할 수 없는 다채로운 성질이 있다.

인간이란 너무나 복잡한 존재이기에 우리는 이런저런 방법을 동원하다가 지레 더 알기를 포기하기도 한다. 모르는 게 약이라는 속담처럼 나를 모르는 게 속 편하기도 하다. "너 자신을 알라!"라는 격언은 인간을 향한 신의 요구인데, 니체는 이 요구에 악의가 있다고 여겼다. 자신을 차분히 관찰하고 온전히 이해하기란 불가능할 정도로 어려우니 말이다.

나를 아는 일은 그 자체로 어렵기도 하거니와 두렵기도 하다. 자기 안에서 들끓는 욕망과 충동, 공격성과 이기심, 분노와 질투 등을 담담히 수용하기란 담대한 사람도 쉽지 않다.

두려움과 확신

'왜 나는 현재의 나인가?'라는 질문은 대부분 정신분석의 기본 공식이다. 그러나 내가 보고자 하는 것은 '왜 내가 현재의 내가 되었는가?'가 아니라 '나는 누구인가?'이다. 이런 방식의 질문법을 나는 자신에 대한 엑스레이 찍기라고 부른다.

에리히 프롬, 『정신분석과 듣기예술』

우리는 자신을 단 하나뿐인 존재, 즉 독창적인 의식의 단일한 사례라고 보는 관념을 견디지 못한다. 우리는 어디엔가 소속되기를 갈망한다. 그러나 어떤 신념이나 집단처럼 우리를 지탱해주는 존재가 없는 오늘날, 대다수 개인은 완전히 버림받았다고 느끼고 있다.

에리히 프롬은 수많은 사람과 대면하면서 기묘한 공통점을 발견했다. 병원을 찾은 이들은 딱히 문제랄 게 없는 사람들이었다. 그들은 남부럽지 않게 살았다. 그러나 내가 누구인지 알지 못해 외로웠고, 삶의 의미를 몰라 괴로웠다. 사람들은 자신을 모른 채 살고 있다는 당혹감과 자기 삶에 중요한 것이 비어있다는 허전함에 힘겨워했다.

에리히 프롬은 인생의 책임이 자신에게 있음을 자각시키는 방식으로 상담했다. 나는 누구이냐는 질문을 통해 의식이 확장되도록 자극했다. 지금 외로워하는 나, 세상을 원망하는 나, 도움을 절실히 원하는 나는 도대체 누구인지 되돌아보게 했다. 나 자신으로부터 도망가던 발걸음을 멈춰 세우고 나 자신을 도맡도록 도왔다.

사람에게 가장 버거운 대상은 다름 아닌 자신이다. 나는 나에게 힘이자 짐이다. 내가 있어서 가슴 벅차지만 나 때문에 하루하루가 벅차다. 내가 한심해서 한숨이 나온다. 나는 나와 불화한다. 불화의 불길은 주변으로 옮겨붙는다. 자신이 누구이고 어떻게 변화할 수 있을지 탐구하면서 이전에 몰랐던 해결책을 찾기보다는 자신과 타인을 미워하면서 삶을 더 고통스럽게 만든다. 자신에 대한 무지는 무지하게 짙어진다. 세파에 찌들면서 인생이 찌그러진다.

우리가 자신을 들여다보지 않는 원인이 많이 있을 텐데, 그 가운데 나태함과 나약함이 있다. 나를 탐구하는 일은 엄청난 싸움을 예고한다. 흐리멍덩한 자신을 다잡으면서 하루하루 오롯이 깨어있기가 너무나 버겁다. 어제의 나를 극복하는 일이 호락호락하지 않아 새로워지겠다는 결심이 사그라진다. 두려움도 한몫 톡톡히 한다. 미지의 영역은 호기심을 낳는 동시에 두려움도 낳는다. 자기야말로 미지의 영역이다. 인류는 외부세계 탐색을 통해 문명을 일군 반면에 내면세계 탐구는 등한시했다. 여전히 우리는 바깥으로 겉돌던 의식을 붙잡은 뒤 자신과 조용히 마주하기를 꺼린다. 텔레비전과 컴퓨터와 휴대전화기를 끄고 마음이 평온한 현대인은 별로 없다. 자기를 응시하지 않고자 바깥의 자극을 좇는다. 내면을 향한 태도와 외부를 대하는 태도는 상응한다. 내면세계에 겁을 내는 만큼 외부세계를 대할 때 비겁해진다. 세상에 뛰어들어 도전하기보다는 기존 관습에 순응하고 복종한다.

자신에 대해 무지하면, 자신을 탐사해보지 않은 채 자신은 이런 사람이라고 착각한다. 이런 무지 때문에 심리질환이 발생한다고 프로이트는 간파했다. 자신에 대한 직시를 미룰수록 이상증세가 나타난다. 무기력한 나머지 일이 손에 잡히지 않는다. 이유 없이 아프다. 이런 증세에 대해 미국의 심리학자 에이브러햄 매슬로는 내가 나를 벌하면서 생기는 일이라고 진단했다. 매슬로에 따르면, 자신의 진실을 탐색하지 않는 자는 죄인처럼 고통받는다. 자신을 배반하는 일이야말로 진정한 죄이기에 그렇다. 다행히도 고통은 자신을 찾게 하는 촉매 구실을 한다. 자신을 외면하면서 겪었던 고통은 자신을 찾으려는 열망으로 전환될 수 있다.

자신을 찾으려는 과정에서 짚고 넘어가야 할 장애물이 있다. 자신에 대한 선입견이다. 선입견이란 이미 내게 들어와서 작동하는 특정한 관점을 가리킨다. 선입견은 인간의 자연스러운 의식상태이다. 선입견을 혁파하는 것이 옳은 태도처럼 보이나 선입견이 나쁘다는 관점 자체가 선입견일 뿐이라고 독일의 철학자 한스 게오르크 가다머는 정곡을 찔렀다. 선입견이 없다면 객관화된 의식으로 공정하게 판단하는 것이 아니라 아무런 판단도 할 수 없다. 사안을 두루 살피면서 치우치지 않겠다는 선입견이 있어야만 우리는 공정성을 추구할 수 있다. 공정성이 중요하다는 생각도 하나의 선입견이다.

선입견이 자연스러운 까닭은 이롭기 때문이다. 예컨대 밤에 돌아다니면 위험하다는 선입견이 있다. 이런 선입견 덕분에 불미스러운 사태를 방지한다. 낮이든 밤이든 내가 움직이고 싶을 때 움직여야 한다는 주장은 이론상 맞으나 현실감각이 떨어지는 고집이 되기도 한다. 지역마다 치안의 상태가 달라서 해코지당하는 사고가 벌어질 수 있다. 대다수 사람은 밤에 어슬렁거리는 이들을 꺼리게 만드는 선입견이 있다. 낯선 사람을 꼼꼼하게 살피고자 한다면 기운이 많이 든다. 광대하고 복잡한 세상에서 마주치는 모든 것에 관심을 쏟기 힘들다. 우리는 타인을 기존의 선입견으로 예단한다. 이런 선입견은 뜻밖의 봉변을 피하도록 한다. 그밖에도 생존에 이익이 되어서 선입견은 무의식중에 강력히 작동한다.

그렇다고 선입견에 사로잡히면 안 된다. 선입견이 나쁜 영향을 미치는 경우도 빈번하기에 그렇다. 밤에 모인 무리는 어쩌면 축제를 준비하는 중인지 모른다. 용기를 내어 그들에게 다가간다면 함께 유쾌한 추억을 만들 수도 있다. 하지만 선입견 때문에 다가가지 않으면 새로운 만남의 기회를 놓친다.

선입견은 미리 들어온 한낱 생각일 뿐이지만 나를 제한하는 족쇄가 된다. 예전에 형성된 관념에 사로잡혀서는 끝없이 달라지는 세상을 읽어내지 못한다. 우리는 상대가 이럴 거라고 넘겨짚는다. 남들이 떠드는 말을 액면 그대로 받아들이고 누군가를 지레짐작한다. 대다수 사람은 선입견을 재검토하지 않는다. 이와 마찬가지로 자신에 대한 생각도 선입견일 경우가 숱하다. 자신에 대한 확신이 곧 자기 자신인 건 아니다. 타인에게 이렇게 비치기를 바라는 마음이 엄청나게 강하다는 것에 불과하다. 벤저민 프랭클린은 세상에 아주 단단한 것이 세 가지가 있다고 이야기했다. 강철과 다이아몬드 그리고 자신에 대한 인식이다. 자신이 이렇다는 생각과 실제 모습 사이에 격차가 크다. 하지만 우리는 그 괴리를 직시하기보다는 만들어진 자아상이 실제 자신이라고 확신한 채 자신을 오해한다.

내면의 방황이 아닌 가벼운 방황

인간은 노력하는 한, 방황하기 마련이니라.

요한 볼프강 폰 괴테, 『파우스트』

길을 잃은 나그네는 "나는 어디에 있는가"라고 물어서는 안 된다. 그가 사실상 알고 싶어 하는 것은 "다른 장소들은 어디에 있는가"라는 것이다. 그는 자기 자신의 신체를 지니고 있지만, 다른 장소들을 잃어버리고 있는 것이다.

알프레드 노스 화이트헤드, 『과정과 실재』

나를 잘 모르는 채로 사는 일만큼 조마조마한 일이 없다. 그래서 우리는 자신을 이런 사람이라고 단정한다. 그럼 나를 알지 못해서 생겨나는 불안이 어느 정도 진정되기에 그렇다. 그렇지만 충격을 겪는다. 자기가 생각하는 자신과 다른 모습이 드러날 때마다 경악한다.

자신을 다 알고 있다는 독단보다 자신에 대한 의심이 현명하고 유용하다. 회의주의는 인류사 내내 도도하게 이어지는 정신의 도구이고, 누구나 살면서 자주 겪어야 하는 정신의 상태이다. 의구심을 품고 탐구하면 자신에게 가까이 다가간다. 자신조차 모르는 미지의 세계가 내면에 있다. 확신을 걷어내면 내면의 무궁한 변화와 다양한 성질이 드러난다.

니체는 우리 자신이 이방인이라고 글을 썼다. 인간은 세상의 모든 걸 인식하고 우주의 법칙까지 알려고 하지만, 막상 자신에 대해선 인식하지 못한 채 연구하지 않으므로 우리 자신을 혼동하지 않을 수 없다고 핀잔했다. 알베르 카뮈도 나는 나 자신에게 이방인이라고 고백했다. 자아를 막상 요약하려고 들면 포착되지 않는다고 토로했다. 자아의 특징을 하나하나 그려낼 수 있었으나 이러한 모습을 합산한다고 해서 자신을 파악할 수 있는 건 아니었다. 자신은 자신에게 영원히 정의될 수 없으며, 자신의 존재에 대해 갖는 확신과 그 확신에 부여하려는 내용 사이에 놓인 단층은 메워지지 않는다고 카뮈는 탄식했다.

고갱 또한 의문을 품고는 걸작을 그렸다. 그의 마지막 작품 〈우리는 어디서 왔으며, 우리는 무엇이며, 어디로 가는가〉는 폭이 1.4m에 이르고, 길이는 무려 3.8m나 되는 그림이다. 혼신을 바쳐 대작을 완성한 고갱이 묻는다. 우리는 누구이고 어디서 와서 어디로 가고 있는가?

인생은 흔히 나그넷길에 비유된다. 우리의 마음은 정처 없이 떠도는 나그네 같다. 헤매고, 흔들리고, 주저앉고, 비틀거리고, 휘청거린다. 빈둥대다 뒤뚱거리며 허둥대다 버둥거린다. 그런데 혼란은 어쩌면 잘살고 있다는 뜻밖의 증거일지 모른다. 어지러운 인생길에서 확신만큼 위험한 것도 없다. 멍텅구리는 자신이 잘 가고 있으며 세상이 좋은 곳이라는 환상 속에 갇힌 반면에 명석한 사람은 이런 환각에서 해방되어 삶을 직시하고 만사가 문제투성이라는 걸 깨닫는다고 스페인의 철학자 호세 오르테가 이 가세트는 주장했다.

잘살고 있다는 사람이야말로 삶을 잘 모르는 사람이다. 그 어디에도 확실한 길은 없다. 인생 자체가 미궁이다. 자신이 미궁에서 방황한다는 걸 알아차린 사람만이 길을 찾는다. 헤매고 있다는 걸 인정하고 길을 찾는 사람에게만 세상은 희망을 열어준다.

자신을 모르면 마음이 뒤숭숭해질 수밖에 없다. 열심히 살아도 이렇게 사는 게 맞는지 긴가민가하다. 이것이 내면의 방황이다. 존재의 의문을 풀지 못하면 예외 없이 마음의 추위 속에서 내면의 방황을 한다. 내면의 방황을 하면서도 모든 것이 명료한 척 시치미 떼는 이들이 허다하다. 그들은 진실과 직면하기를 두려워한 채 끼리끼리 성채를 만든다. 그러면 안전할 거 같지만 마음의 추위가 매섭게 들이닥친다. 성채가 붕괴한다. 헐벗은 마음이 적나라하게 노출된다. 익숙한 성채를 빠져나와야 한다. 과거와 작별해야만 새로운 미래가 탄생한다. 혼란과 방황은 피한다고 피할 수 있지 않다. 자신을 찾으려면 반드시 혼란과 방황을 겪게 마련이다. 혼란과 방황을 인생길의 동반자로 삼을 때 인생은 한층 더 흥미진진해진다.

걸어왔던 길이 알고 보면 천천히 잠식하는 늪일 수 있다. 돌다리도 두들겨보라는 속담처럼 자신이 원하는 길인지 돌아볼 필요가 있다. 단 하나의 길이 있다는 맹신에서 해방된 사람만이 샛길로 빠져서 절호의 기회를 잡는다. 『도마복음』에서 예수는 방랑자가 되라고 얘기했다. 익숙함에 안주하지 말고 세상을 두루 경험하는 나그네가 되라는 권유이다.

틈틈이 휘저어주지 않으면 마음은 돌덩이처럼 딱딱해진다. 방황은 굳지 않으려는 휘저음이다. 정신이 건강한 사람은 내면의 방황이 찾아오기 전에 스스로 가볍게 방황한다. 가벼운 방황이란 세상을 낯설게 바라보고 자신을 돌아보는 기술이다. 가벼운 방황을 통해 무거워지던 자의식이 한결 가뿐해지고, 숨통이 한껏 트인다. 가벼운 방황은 변신의 기회를 제공한다.

우리는 신선한 의문과 마주하면서 가볍게 방황할 수 있다. 의구심은 기존의 자신을 뒤흔든다. 질문은 변화의 문을 연다. 자신을 모르겠다는 물음에서 새로운 물꼬가 트인다. 동서고금을 막론하고 가볍게 방황하는 최고의 질문은 이것이다. 나는 누구인가?

내가 누구냐는 질문

델피의 명문이 지시하듯 나는 아직도 나 자신을 알지 못하는데, 내가 그것도 모르는 주제에 다른 일들을 고찰한다는 것은 우스운 일이라고 생각되네. 그래서 나는 그런 것들에 관심을 두지 않고 그런 것들에 대한 통념을 받아들이면서, 방금 말했듯이 그런 것들이 아니라 나 자신을 고찰한다네.

플라톤,『파이드로스』

일상성 속에서 존재하고 있는 현존재 그는 누구인가? 현존재의 그 모든 존재 구조들, 따라서 이러한 누구인가라는 물음에 대답할 현상까지도 현존재의 존재방식들이다.

마르틴 하이데거,『존재와 시간』

내가 누구냐는 질문은 곤혹스럽다. 왜 그럴까?

질문 자체에 어떤 외설성이 있다고 슬로베니아의 사상가 슬라보예 지젝은 주장한다. 질문은 수신인의 내밀한 구역으로 침입하므로 질문받으면 추궁당하는 것만 같다. 예컨대 지금 뭐하냐는 물음은 단지 뭘 하고 있는지 궁금하다는 표현이더라도 뭔가 꺼림칙하다. 자신이 뭘 하는지 당당하게 답해도 얄궂은 찝찝함이 따라붙는다. 무의식중에 어떤 답을 하면 안 된다는 검열을 거치기에 그렇다.

불가리아 태생의 작가 엘리아스 카네티도 질문을 침입으로 여겼다. 어떤 질문은 내 안으로 쳐들어와 나를 까발린다. 질문자는 일부러 마취하지 않고 칼을 쓰는 외과의사 같다. 인간의 내부를 파고들어 색출해야 할 것을 서슴없이 캐낸다. 특히 권력자의 질문은 그야말로 심문에 가깝다. 불편한 것이 있으면 편안히 얘기하라고 상사가 권할 때 진실을 말하면 큰일 날 수 있다. 권력의 비대칭은 특정한 답변만을 도출하게 만든다.

내가 누구냐는 질문은 권력이 작동하는 외설적인 침입이다. 내가 누구냐는 물음은 나를 모른 채 살고 있다는 수치심을 선사하는데다 내가 누구인지 알아야만 한다는 공격성을 내포한다. 철학자 루트비히 비트겐슈타인은 물음의 형식을 취하고 있지만 실상 명령으로 작동하는 언어를 설명한 적이 있다. 내가 누구냐는 물음도 명령의 기능을 갖는다. 그저 하나의 질문이지만 실제론 내가 누구인지 알아야 한다는 명령이나 다름없다.

더구나 내가 누구냐고 질문하는 주체는 그동안 나라고 믿었던 자아가 아니다. 자아는 내가 누구냐고 캐묻지 않는다. 자아는 자아 자신이 나의 전부라고 믿어 의심치 않는다. 내가 누구냐는 질문은 자아보다 더 큰 무엇이 제기하는 질문이다. 도대체 나는 누구냐고 나의 내면에서 뭔가가 묻는다. 당연히 자아를 나라고 믿었던 내가 낯설어지는 순간이다.

자신에 대한 앎을 자기 방에 대한 앎과 비교할 때 얼마나 우스꽝스러울 정도로 모자라는지 모른다면서 프란츠 카프카는 우울해했다. 외면세계를 이해하는 건 쉬운 일이다. 반면에 내면세계를 이해하는 건 어려운 일이다. 나를 아는 일이 어렵다면 자신을 알도록 인도해주면 좋을 텐데, 현행 교육체제는 내면탐구를 간과한다. 내가 누구인지, 감정이 왜 이렇게 움직이는지, 멋대로 날뛰는 생각을 다스리려면 어떻게 해야 하는지 가르치지 않는다. 그 결과, 특수한 기능을 익혔으나 자기 자신을 모르는 사람들이 대거 양산된다. 자신이 누구인지 불확실해서 생겨나는 불안이 불쾌한 안개처럼 삶에 자욱하게 깔린다.

자기 인생에 무언가 부족하다는 느낌은 자신에 대한 앎을 채우라는 신호이다. 인류사의 현자들이란 하나같이 자신을 탐구한 사람들인데, 현자를 거론할 때면 언제나 빠지지 않는 인물이 있다. 소크라테스이다.

고대 그리스엔 총명한 자연철학자들이 많았다. 그들은 세상 만물의 근본이 무엇인지 궁리했고, 물과 불과 원자 등의 의견을 냈다. 각양각색의 주장이 펼쳐지는 가운데 소크라테스가 등장해서는 물음의 판도를 바꿨다. 그는 자연의 근본보다는 자신의 근본을 물었다. 다른 무엇보다 "너 자신을 알라"면서 사람들의 마음을 움직였다. 소크라테스가 외치고 다닌 문장은 델피의 아폴론 신전에 새겨진 계시였다. 각지의 순례자들이 몰려든 신전 앞뜰에는 GNOTHI SEAUTON, 즉 너 자신을 알라고 적혀 있었다. 너 자신을 알라는 건 흔히들 생각하듯 너의 분수를 알라는 비웃음이나 주제 파악이나 하라는 비아냥이 아니다. 우리가 진정한 자신을 알지 못한 채 허투루 살고 있다는 묵직한 경고이고, 자신이 얼마나 고귀한지 알아야 한다는 간곡한 당부이다.

아폴론 신전의 문장은 인간의 숙명을 선포하는 예언이다. 소크라테스는 너 자신을 알라는 신탁을 충실하게 수용했다. 평생 노력했으나 아직도 나 자신을 알지 못한다고 솔직하게 털어놓았다. 그는 자신도 모르는 주제에 다른 분야 고찰하는 걸 얼토당토아니하게 여겼다. 자신의 주의력과 시간을 빼앗는 것들에 관심을 두지 않고 자신을 아는 데 매진했고, 자신을 알라고 사람들에게 권했다. 그 덕에 수많은 젊은이에게 사랑받았으나 아테네의 기득권층에게는 눈엣가시였다. 예나 지금이나 권력은 사람들이 자신을 열렬히 들여다보길 원치 않는다. 소크라테스는 젊은이들을 타락시켰다는 죄목으로 사형당했다.

그의 육신은 흙으로 돌아갔어도 그의 정신은 흩어지지 않았다. 사람들의 마음에 스며들어서는 시공간을 초월해 인류사회 곳곳으로 퍼졌다. 자기 자신을 캐내는 이들은 줄기차게 나타났다. 괴테도 소크라테스의 계승자 가운데 하나였다. 심혈을 기울인 역작 『파우스트』를 통해 자신을 아는 일이 얼마나 어려운지를 담아냈다. 나라는 존재가 대체 무엇이냐는 물음은 괴테가 평생 끙끙거리면서 고민한 화두였다.

한편, 포르투갈의 문학가 페르난두 페소아는 자신을 안다는 건 길을 잃는다는 뜻이라며 의식적으로 자신을 모르는 방법을 제시했다. 양심에 따라 적극적으로 자신을 모르려고 하는 것이 위대한 태도라는 입장이었다. 자신을 모르는 상태를 인내하면서 분석하고, 의식을 다해 무의식적인 생각과 감정과 행동을 기록하는 일이야말로 위대한 인간에게 어울린다고 여겼다. 결국에 페소아는 좀처럼 알 수 없는 자신을 기록하고 탐구하면서 자신이 누구냐는 물음에 답하려 한 셈이었다.

자신이 누구냐는 물음은 고대부터 현대까지 모든 인간의 마음을 관통한다. 우리 모두 자신이 누구인지 모르겠다는 혼란을 겪고, 자신이 누구냐고 자문하면서 성장한다. 자신에 대해 거북함을 느끼는 사람들은 거북이처럼 된다. 느리지만 꾸준히 자신을 탐구한다.

내 안의 빛에 의지해서

그에 대해서 자주 그리고 계속해서 숙고하면 할수록, 점점 더 새롭고 점점 더 큰 경탄과 외경으로 마음을 채우는 두 가지가 있다. 그것은 내 위의 별과 빛나는 하늘 그리고 내 안의 도덕 법칙이다.

임마누엘 칸트, 『실천이성비판』

내면의 실체, 즉 진아가 가슴속에서 눈부시게 빛나고 있다. 그것은 내면에서 그대를 잡아당기고 있다. 그대는 이제 외면으로부터 내면으로 들어가야 한다. 그대가 열렬히 탐구하게 될 때, 깊은 내면에서 은총이 작용한다.

라마나 마하리쉬, 『나는 누구인가』

나를 아는 건 매우 중요하다. 삶의 이해관계도 나를 찾는 일과 직결된다. 자기 인생이 좋다거나 나쁘다는 평가도 내가 누구인지 알아야 할 수 있다. 내가 누구인지에 따라 자신이 잘살고 있는지 아닌지 가늠할 수 있다. 이익조차 자신이 누구냐는 물음에 따른 판단이다. 자기 정체성이 없는 자기 이익은 성립조차 하지 않는다. 내가 누구냐는 물음은 나에게 이로운 것이 무엇이냐는 물음보다 선행한다.

자연분류체계에 호모 사피엔스를 도입한 카를 폰 린네는 다른 동물과 구별하는 인간의 표지로써 자기인식을 제시했다. 린네는 자신에 대한 인식이 우리를 지혜의 생물로 만든다고 생각했다. 지혜란 다른 게 아니라 자기인식이다. 인간은 자신이 누구냐는 물음에 관통당하면서 인간이 된다.

정해진 시간이면 산책하던 칸트처럼, 내가 누구냐는 물음은 정기적으로 찾아온다. 특히 어둠이 점령하는 시간이면 자신과 마주하지 않을 수 없다. 지구는 성실하게 자전한다. 지구가 자기 몸을 움직여 태양으로부터 자신의 얼굴을 돌리면 어스름이 우리 얼굴로 쏟아진다. 땅거미가 내리는 시간이면 마음속에 의문의 땅거미가 내린다. 자신을 모른다는 거미줄이 끈끈하게 나를 얽어맨다.

밤은 까맣다. 어둑어둑한 장막이 드리워진다. 세상에 가득했던 형형색색의 빛깔들이 하나둘 암흑 속으로 침몰한다. 분주하고 번잡한 낮이 물러난 뒤 남은 건 나뿐이다. 외롭고 쓸쓸한 밤의 복판에 덩그러니 내가 있다.

선조들도 밤이면 자기와 마주했다. 잠에 곯아떨어진 사람들 사이에서 누군가는 깨어났다. 그의 어깨 위로 달빛과 별빛이 포근하게 내려앉았다. 몇몇 선조들은 더 짙은 어둠을 찾았다. 무엇이 있을지 알 수 없는 동굴 깊숙이 횃불을 들고 들어갔다. 바닥에서 천장으로 이어진 종유석을 지나갔다. 들어가는 중에 횃불이 꺼지기도 했다. 질퍽하고 끈적끈적한 어둠이 그들을 휘감았다. 심원한 적막 속에서 그들은 자신의 숨소리에 귀 기울였다. 자신을 충분히 음미한 뒤 그들은 벽에다 그림을 새겼다. 베르너 헤어조크 감독의 영화 〈잊힌 꿈의 동굴〉을 보면 몇 만 년 전 조상들의 기막힌 작품이 나온다. 알타미라, 라스코, 쇼베 등 세계 곳곳의 수많은 동굴에서 선조들은 벽화를 그렸다. 세상의 빛으로부터 단절되었어도 어둡지 않았다. 우리의 조상들은 내면에서 우러나오는 광채를 느꼈다. 칠흑 같은 동굴 속에서도 그들의 눈은 총총 빛났다. 밤하늘의 눈부신 별들만큼이나 찬란한 내면의 빛을 선조들은 깨달았다. 내면의 빛을 깨달으면서 그들은 칸트에 버금가는 수준에 이르렀다. 칸트는 숙고하면 할수록 점점 더 새롭고 점점 더 큰 경탄과 외경으로 마음을 채우는 것이 두 가지가 있다고 기록했다. 그 두 가지란, 우리 바깥에서 빛나는 별과 하늘 그리고 우리 안에서 반짝이는 도덕법칙이다.

밤이라는 시간은 공포와 경이로 뒤엉켜 있었다. 야생동물이나 이방인의 습격은 공포였다. 이와 동시에 은하수가 경이로움을 선사했다. 숨 막히게 아름다운 별들이 밤하늘 한가득했다. 어스름해져야만 나타나는 별빛에 인간은 경외심과 호기심을 품었다.

밤은 별빛만큼이나 따사로운 내면의 빛을 체험하는 시간이었다. 항해자들이 별들에 의지해 길을 찾았듯 선조들은 자기 안의 빛에 의지해 인생을 개척했다. 어떻게 살아야 하며 무엇이 옳은지 내면의 도덕법칙이 인간을 고민하게 했고, 끝내 더 나은 인간으로 이끌었다.

하지만 언제부터인가 밤하늘의 빛이 사라졌다. 걸어갈 길을 별들이 훤히 밝혀주던 시대가 저물었다. 별이 빛나는 창공을 보며 갈 수 있고, 또 가야만 하는 길의 지도를 읽을 수 있던 시대는 얼마나 행복했었느냐며 헝가리의 문예이론가 게오르그 루카치는 읊조렸다. 현대인은 자신을 홀리는 갖가지 도깨비불을 물리치면서 자신의 빛을 스스로 찾아야 한다.

오늘도 어김없이 밤이 밀려온다. 밤이 짙어질수록 생각도 여물어간다. 어둠을 머금고 눈빛은 영롱해진다. 어둠 속에서야 비로소 보이는 것들이 있다. 깊은 밤이면 내면의 동굴이 보인다. '열려라 참깨'라는 주문에 열리는 동굴처럼 너는 누구냐는 물음에 열리는 동굴이다. 그 물음에 아직 명쾌하게 답하지 못한 채 우리는 동굴 속에서 벽화도 그리고, 손바닥 자국도 찍는다. 알라딘 램프도 찾는다.

우리의 밤은 마음의 추위 속에서 존재의 의문으로 수놓아진다. 나 자신을 잃어버리고 싶어도 잠들지 못하는 나 자신과 생생하게 대면한다. 어둠이 덮쳐도 꿈쩍하지 않는 나의 존재에 전율이 인다. 자신을 들여다볼수록 자신에게 가까워지고, 자신에게 가까워질수록 외로움은 한발 물러난다. 외로움은 자신을 모르기에 발생한다. 왜 외로운지조차 모른 채 현대인은 고독에 난파당해 허우적거린다. 원인이 자신에게 있는데 누군가가 곁에 없어서 외롭다고 여긴다.

힘겨운 밤도 결국 끝난다. 밤새 자신을 대면하고 동이 트면 뿌듯하고 산뜻하고 따뜻하다.

거룩한 의무

여행은 바보의 낙원이다. 첫 여행에서 우리는 방문하는 곳이 그리 대수롭지 않다는 것을 발견하게 된다. 내 곁에는 내가 도피해 온 엄연한 사실, 즉 무자비하고 변함없는 슬픈 자아가 있는 것이다.

랠프 월도 에머슨,『자연』

내적인 여행을 통해 우리 안에서 그리고 우리 사이에서 생명력을 주는 의미의 원천을 찾을 수 있다. 그러나 두 가지 두려움이 그 여행을 가로막는다. 이 미지의 땅에서 길을 잃을지 모른다는 것, 지도도 없는 그 황무지에서 발견되는 무엇인가가 우리를 무섭게 하거나 심지어 해칠 수도 있다는 것이다. 내면으로 들어가기를 두려워하는 우리는 의미를 파는 수많은 노점상의 먹잇감이 되기 쉽다.

파커 J. 파머, 『비통한 자들을 위한 정치학』

어둠 속에서도 지워지지 않는 '나'라는 존재는 신비하다. 내가 엄연히 있다. 왜 있는가? 답하기 어려운 수수께끼이다.

인류사를 되짚어보면, 존재의 의문을 풀려는 사람들이 쭉 있었다. 그들은 여러 의문을 품었다. 왜 세상은 없지 않고 있을까? 나는 왜 있을까? 내가 없으면 내가 누구이냐는 질문도 던질 필요가 없는데, 왜 굳이 나는 존재해서 고달프게 살아야 할까?

자신이 맡은 바를 거뜬히 해내고, 자기 몫의 밥벌이를 너끈히 하며, 살림살이가 넉넉해지는 일은 중요하다. 그렇다고 관심사가 온통 배부름과 체면뿐이라면 우리의 인간성은 쇠퇴한다.

사람은 먹고사는 일 너머를 꿈꾼 덕분에 사람이 되었다. 내가 누구이고 왜 살아야 하느냐는 질문은 성장의 관문이다. 이 관문을 가뿐히 통과하는 사람은 아무도 없다. 수수께끼 같은 질문에 답하고자 안간힘을 쓰지 않을 수 없다. 우리는 까치발을 하면서까지 하늘을 쳐다보며 자기 존재의 의미를 묻는다. 이렇게 자신을 찾는 건 모두에게 주어진 거룩한 의무이다.

인간의 거룩한 의무를 『인형의 집』의 주인공 노라가 보여준다. 노라는 자신을 찾고자 가정을 버리고 떠나려 한다. 사람들이 뭐라고 할지 걱정이 들지 않느냐는 남편의 회유에도 노라는 그런 것까지 고려할 수 없으며, 자신은 이렇게 할 필요가 있다는 것만 알 뿐이라고 강경하게 나온다. 기겁한 남편은 아내로서의 거룩한 의무를 들먹이며 만류한다. 유부녀에게 주어지는 남편과 자식에 대한 책임 말이다. 노라는 또 다른 거룩한 의무로 맞선다. 자기 자신에 대한 책임이다. 노라는 자신이 누구인지 알고자 익숙한 시공간을 떠난다.

나를 찾으려면 떠나지 않을 수 없다. 삶의 길목마다 자신에 대한 궁금증이 나타난다. 지금 너는 누구이기에 이렇게 살고 있느냐는 물음이 환청처럼 들린다. 계속되는 의문에 시달리고 싶지 않다. 자신을 찾으려는 도전이 시작된다. 현대인이 여행을 자주 떠나는 것도 자신을 찾으려는 모험이다. 더구나 현대사회의 풍요는 여행하도록 등 떠민다. 이국을 탐방하는 일이 쉬워졌다. 과거의 선조들 가운데 타국에 가본 사람이 소수였다면 오늘날은 자기가 태어난 지역을 떠나보지 않은 사람이 소수다. 현대인은 틈만 나면 움직인다.

우리는 여행자라는 정체성을 갖고 있다. 여행자라는 정체성은 임시적이지 않다. 여행자야말로 우리의 본래 정체성이다. 현재 거주지는 영원히 살 곳이 아니다. 잠시 신세를 지는 곳에 지나지 않는다. 우리는 평생에 걸쳐서 자신을 찾으려는 순례자들이다.

한곳에 오래 머물다 보면 자신이 여행자라는 사실을 잊는다. 어느 날 자신이 누구인지 궁금해지면 우리는 여행을 떠난다. 꼭 유명한 지역을 찾거나 유적지를 순례할 필요는 없다. 중요한 건 여행이 선물하는 감정을 음미하면서 자신을 되돌아보는 일이다. 평소에 하기 어려운 성찰을 여행이 선사한다. 낯선 곳에 가서 낯선 나를 깨닫고 돌아오는 일이 여행이다. 이색지역을 돌아다니지만 실상 우리는 자신의 내면을 돌아다닌다.

낯선 세계가 우리를 부른다. 낯선 세계란 현재 자신이 닿지 못한 미지의 내면을 상징한다. 우리는 낯선 세계를 통해 낯선 내면을 마주한다. 자신에게 소외감을 느끼는 사람들은 진정한 나를 만나고자 가보지 않은 곳으로 떠난다.

어디든 쏜살같이 갈 수 있다. 지구를 넘어 우주까지 여행가는 21세기이다. 하지만 내면은 여전히 미지의 세계다. 내면의 답사는 그동안 극소수의 사람만이 했다. 이제는 우리가 탐사할 차례이다. 내면으로 탐험하기에 좋은 현대이다.

과거엔 사회환경이 열악했다. 먹고 사느라 대부분 사람은 자신을 잘 모른다는 사실조차 알지 못한 채 인생을 마감했다. 내가 누구냐는 물음의 답을 성직자에게 위탁했다. 그러다 산업화가 일어났고, 민주주의가 퍼졌다. 생활 형편이 나아졌고, 이 사회의 주인은 우리가 되었다. 나라의 주인이 나이듯 삶의 주인은 나일 수밖에 없다. 우리는 나의 주인이 되고자 나라는 세계를 여행한다. 내면을 여행하는 건 그 누구도 대신할 수 없는 의무이자 스스로 행사해야 하는 권리다. 내가 누구냐는 물음의 답을 스스로 구할 때 자신의 삶을 구할 수 있다.

시인 릴케는 내면의 여행을 떠나는 사람에게 당부했다. 내면과 고독으로 깊이 들어갔다 나온 뒤 자신의 소망을 포기할지도 모르는데, 그렇다고 내면탐구가 헛된 것은 아니라고 말이다. 내면탐구 이후에 진정한 길을 찾는다. 세상의 모든 영웅은 자신을 찾아 떠난 존재들이다. 미국의 신화학자 조셉 캠벨에 따르면, 신화 속 영웅의 모험이란 알고 보면 내면탐구이다.

우리 마음에 놀라운 힘이 숨겨져 있다. 찾는 이 하나 없다고 해서 우리는 혼자가 아니다. 신통한 내면이 언제나 함께한다. 어두운 방에 혼자 있어도 컴컴하지 않다. 내 안에 빛이 있다. 그 누가 말을 걸지 않더라도 내면에서 부른다.

2부. 자기 조명

3장. 관계망 안의 나

나 자신만으로는 자아가 될 수 없다는 말은 이러한
의미이다. 나는 어떤 대화자들과 관계를 맺을 때만
자아이다. 이 대화자들에는 두 부류가 있다. 한 부류는
내가 자기정의를 성취하는 데 있어 본질적으로 중요한
대화 파트너들이다. 다른 부류는 내가 자기이해의
언어들을 계속해서 이해하는 데서 지금 결정적으로
중요한 사람들이다. 물론 이 양 부류는 겹칠 수 있다.
자아는 '대화의 망' 안에서만 존재한다.
— 찰스 테일러, 『자아의 원천들』

나는 어떤 점과도 같은 단순한 실체가 아니다. 나는
관계이며 운동이다. 나는 나를 넘어감이며, 넘어감이
만드는 자기거리이다. 그리고 나는 동시에 이 거리를 통한
자기복귀의 운동이기도 하다. 나는 나를 넘어감 속에서
그리고 이것을 통해 조성되는 자기거리 속에서 비로소
머무른다. 그리고 이 머무름이 나의 있음이다.
— 김상봉, 『자기의식과 존재사유』

피는 물보다 진하다

나는 형제이고, 사촌이고, 손자이고, 이 가계와 저 마을 공동체 그리고 이 부족의 구성원이다. 그것들은 결코 우연히 인간에게 부여된 특성들이 아니며, 또 "진정한 자아"를 발견하기 위하여 제거되어야 할 특성들이 아니다. 그것들은 나의 본질의 한 부분으로서, 적어도 부분적으로 그리고 종종 전체적으로 나의 책무와 의무를 정의한다.

알래스데어 매킨타이어,『덕의 상실』

우리는 낯선 사람보다 친구들과 가족들을 편애하게 되어있다. 반대편에 있는 다른 집단 사람들보다는 같은 집단 사람들에게 더 신경을 쓰게 마련이다. 진화의 역사를 감안할 때 인간의 이런 본성은 어쩔 수 없는 것이다.

폴 블룸,『공감의 배신』

인간人間은 사람人 사이間에서 산다. 만남을 통해 세상살이가 펼쳐지고, 관계가 삶의 많은 부분을 좌우한다. 우리는 관계망 속 배치된 자리를 자신이라고 안다. 자신을 원점으로 삼아 관계의 동심원이 생겨난다. 가장 가까이 가족이 자리한다. 가족 다음으로 친구와 친족, 동네 이웃과 지인 등의 동심원이 이루어진다. 그 너머로 사회구성원, 나아가 국민과 인류로 퍼진다.

가족은 맨 먼저 맞닥뜨리는 친숙한 타인이다. 가족과는 유전자를 상당 부분 공유하고, 비슷한 기질을 지녔으며, 이해관계가 밀접하다. 노력한다고 해서 그들을 송두리째 바꿀 수 있지 않다. 자유민주주의가 만개한 현대사회라고 해서 모든 것이 자유로워지거나 민주화되지 않았다. 인간은 가족의 원초적인 애정과 끈적한 관계 속에서 안정감을 얻는 동시에 지긋지긋한 불만에 시달린다. 우리는 가족에 대해 오랜 세월 고민하면서 자신을 정립해나간다.

가족의 영향력은 어마어마한데 여태 지식인들은 가족을 대수롭지 않게 다뤘다. 세상에 목소리를 내던 남자들은 독립과 성취를 중시했다. 그들은 인간이 얼마나 가족에 연결되었는지 실태를 헤아리지 못했다. 그 본보기로 인간과 세상을 깊게 꿰뚫어 본 애덤 스미스가 있다. 그는 상인들의 이익 추구로 말미암아 우리가 저녁을 먹을 수 있다는 통찰로 유명하다. 하지만 정작 애덤 스미스의 식사는 그의 어머니 마가렛 더글라스가 차려주었다. 그는 돈 벌려는 이기심의 중요성을 간파했으나 장 봐서 정성껏 요리하는 자신의 어머니를 간과했다. 시장의 '보이지 않는 손'을 봤지만 정작 자신을 위해 칼질하고 설거지하는 주름진 손을 보지 못했다.

세상은 이기심으로 돌아가지 않는다. 이득을 올리려는 상인들도 뒷바라지하는 가족들의 도움을 받아 장사한다. 시장경제는 보이지 않는 손에 의해 굴러가지 않는다. 보이지 않는 곳에서 서로를 챙기는 손들이 있기에 시장경제가 유지된다. 돌봄노동은 좀처럼 계산되지 않고 인식조차 되지 않으나 보살핌이 없다면 세상은 널브러진다.

사회생활을 중시한 남자 사상가들과 달리 여성주의 이론가들은 가족의 중요성을 부각했다. 예를 들어, 버지니아 헬드는 인간을 설명하는 가장 중요한 개념으로 돌봄을 꼽았다. 의존이야말로 인간의 자연스러운 상태이다. 일상을 찬찬히 되짚으면 서로 의지하며 건사하는 관계망으로 둘러 싸여있다. 타인에게 의존하지 않는 사람은 생존할 수 없다. 누구나 알게 모르게 수많은 사람의 도움을 받으며 살아간다.

여러 관계 중에서도 가족관계는 인생의 기반이다. 가족이 뼈대가 되어 일상을 받쳐준다. 우리는 태어나면서부터 가족의 부양을 받는다. 성장해서는 기존 관계를 유지하는 가운데 혼인을 통해 가족이 확장된다. 어른이 되어서는 가족들에게 버팀목이 되어주다가 노인이 되어 가족의 수발을 받는다. 서로를 돌보면서 의지하기에 사회가 돌아간다. 상호의존해서 살아간다는 사실을 외면하는 사람은 고통스러운 고독에 잠식된다. 고독이란 독불장군에게 가해지는 징벌이다.

가족이 포근하지 않을 수 있다. 가장 내밀한 상처의 상당수는 가족 사이에서 생겨난다. 그렇다고 가족이 원초적으로 끈끈하게 연결된 사람들이라는 사실을 부인할 수 없다. 피는 물보다 진하다. 가족에 대한 이해가 영글어갈수록 자신에 대한 이해도 덩달아 열매를 맺는다.

부모가 드리운 그늘

성장하면서 부모로부터 독립하는 것은 발달 과정에서 겪어야 할 가장 큰 아픔이면서 꼭 필요한 일이다. 이 독립은 반드시 일어나야 하며, 정상인이라면 어느 정도 이런 독립 과정을 거친다. 사회의 발전은 양 세대 간의 반목을 통해 이루어지며, 이 독립이 제대로 이루어지지 못했을 때 신경증 상태가 된다.

지그문트 프로이트, 「가족 로맨스」

결국 성숙한 사람이 되려면 자신이 자신의 어머니가 되고 아버지가 되는 단계에 도달하지 않으면 안 된다. 성숙한 사람은 밖에 있는 어머니와 아버지의 모습으로부터 해방되어 내면에 그 모습을 간직하는 것이다.

에리히 프롬, 『사랑의 기술』

자서전이나 평전을 보면, 주인공이 태어나기도 전의 사건이나 조상의 이야기를 넣는다. 과거는 그냥 지나간 시간이 아니기에 그렇다. 선대의 영광과 시련은 후대에까지 영향을 미친다.

우리에게 가까운 앞 세대는 부모이다. 부모의 존재감은 단연코 대단하다. 부모가 없이는 나도 없다. 자신을 알고 싶다면 자연스럽게 부모에게로 시선이 향한다. 좋든 싫든 우리는 부모와 닮는다. 부모의 유전자를 물려받는 데다 부모의 품 안에서 성장한다.

교육은 포유류의 유구한 전통이다. 포유류는 어린 개체를 통제하며 길들인다. 고래나 사자도 태어나는 순간부터 고래나 사자처럼 행동하지 않는다. 부모를 비롯해 성체들의 행동을 관찰하고, 사냥기술을 배우며, 식사예절을 익힌다. 관찰과 훈육을 통해 고래가 되고 사자가 된다. 다른 포유류도 비슷하다. 특히 침팬지의 학습능력은 빼어나다. 침팬지들이 새로운 풍습과 기술을 고안하고, 후대로 전달한다는 증거가 쌓여있다.

인간도 윗세대로부터 양육된다. 부모는 특정한 방식으로 키운다. 문제는 자식을 위한다는 명분으로 자기 욕망을 투사하는 경우다. 특히 음악이나 운동을 권하고 뒷바라지한 경우에 부모의 욕망이 도드라진다. 그들은 일찌감치 아이들을 관리한다. 자신이 희생했다고 믿는다. 하지만 부모의 뒷배 속에서 길러진 이들은 삶을 돌아봤을 때 의문에 휩싸이곤 한다. 인생이 자기 것이 아니라 부모의 것이었다는 걸 뒤늦게 깨닫는 경우가 드물지 않다.

부모의 입김에 휘둘리는 건 어쩔 수 없다. 인간은 미숙아로 태어나고, 오랜 시간 부모의 보살핌을 받는다. 생존하려면 부모에게 잘 보여야 한다. 태어난 아기 모두가 돌봄을 받지 못했다. 예컨대 스파르타에서는 허약한 신생아를 들판에 내버렸다. 통통하고 포동포동한 아기일수록 생존할 가능성이 컸다. 아기가 귀여운 외양을 띠는 까닭도 버림받지 않고자 엄마 뱃속에서부터 필사적으로 살을 찌우기 때문이다. 우량아는 빼빼 마른 아기보다 건강하고, 귀엽다고 인식되며, 부모가 버리지 않고 키울 확률이 높다. 아기는 살아남고자 모체의 건강을 해치면서까지 영양분을 몽땅 빨아들여 임산부는 고혈압이 된다.

갓난아기를 키우더라도 나중에 언제든지 유기할 가능성이 있다. 전쟁이 나거나 흉년이면 어린아이를 버렸다. 아이들은 버림받는 두려움에 시달리면서 엉겁결에 특정한 행동을 한다. 재롱이다. 재롱이란 부모나 주변 어른들의 마음에 들려는 기교이다. 유기의 공포를 누그러뜨리려는 본능적인 몸부림이다. 부모가 자신을 어떻게 생각하느냐가 생존에 직결되었으므로 아이는 부모의 심기를 거스르지 않으려 한다. 복종하는 경향이 갖춰질 수밖에 없다. 아이는 부모의 욕망을 내면화해서 부모의 의도대로 성장한다. 어린 시절에 부모와 상호작용하면서 특정한 방식의 습성이 만들어진다. 부모의 입김이 클수록, 자식에 대한 집착이 심할수록, 자식은 어릿광대로 변한다. 부모 덕분에 어린 시절에 죽음을 모면하더라도 부모 때문에 자기의 고유한 삶은 죽은 거나 다름없어지는 일이 벌어진다.

아이일 때 우리는 자신이 누구이고 무엇을 원하는지 알기 어려웠고, 알 겨를도 없었다. 일단 부모의 눈치를 보면서 시키는 것을 해야 했다. 그렇게 시간이 흐르자 자신이 누구인지조차 모르는 사람이 되어버렸다. 부모의 헌신이 죄책감의 굴레가 된다. 진정한 자신을 거절하고, 부정하고, 포기하고, 상실한다.

물론 육아가 일방적으로 이루어지지는 않는다. 아이는 부모가 마음대로 반죽할 수 있는 찰흙이 아니다. 아이는 이미 특정한 기질과 성향을 지니고 태어나 자신의 의도를 펼치려 든다. 부모와 자식의 갈등은 필연이다.

자신을 환히 알려면 부모의 그늘에서 벗어나는 수밖에 없다. 부모에게 대한 저항과 독립은 인간의 권리이자 의무이자 운명이다. 예수도 부모와 형제자매의 관계에서 벗어나 자신을 따르라고 요청했다. 예수가 가족을 버리고 종교를 가지라고 선동한 건 아니다. 안락한 보금자리처럼 보이나 알고 보면 자신을 옥죄는 가두리에서 벗어나야 온전한 존재가 된다는 의미이다.

탯줄이 끊어지며 모체에서 분리되듯 정신의 탯줄을 끊어야 독립된 어른으로 성장한다. 정신의 탯줄을 스스로 끊으면 부모를 한 인간으로서 바라볼 수 있다. 원망도 홀가분하게 털어낸다. 부모로부터 자유로워지면 부모와 건강하게 애착관계를 맺을 수 있다.

몇째로 태어났는가

첫째는 동생을 밀어내면서 어미의 뒤통수를 열심히 살피고 있다. 어미가 눈치채지 못하도록 신중하게 행동하는 것이다. 첫째는 어미가 털 손질을 받으면서 편안함과 친밀함을 느낀 뒤에, 아침에 엄마를 보살펴준 새끼가 동생이 아닌 자신이었다는 것을 알아차리기를 바란다.

로빈 던바, 『프렌즈』

엄마는 새로 나온 라면을 사다 장독의 빈 항아리에 숨겨놓고 늦은 밤에 큰오빠에게만 끓여주고 싶어 했다. 라면 끓이는 냄새 때문에 너를 비롯한 다른 형제들이 일제히 눈을 떴다. 그 밤에 라면냄새 때문에 잠을 깬 너와 너의 형제들에게 엄마가 니들은 그냥 자거라 — 엄하게 말하면 너와 너의 형제들은 막 라면을 입에 넣으려는 큰오빠를 일제히 바라보았다.

신경숙, 『엄마를 부탁해』

부모만큼이나 영향을 끼치는 가족이 있다. 바로 형제자매이다. 오늘날 핵가족이 많아지면서 외동이 흔해지고 있으나 인류사를 놓고 봤을 때 외동은 특이한 경우이다. 인류는 대대로 자식을 많이 낳았다. 사람은 내내 형제자매와 부대끼며 성격을 만들어갔다.

형제자매는 부모에게서 유전자를 대물림하고 같은 환경에서 성장해 꽤 비슷할 것으로 예상할 수 있다. 그런데 형제자매의 성격을 연구해보면 무작위로 추출한 것처럼 판판인 경우도 드물지 않다. 형제자매의 성격이 다를 수밖에 없는 이유가 있다. 먼저, 형제자매는 유전자의 공유비율이 평균 절반 정도에 그친다. 유전자가 다른 만큼 형제자매 사이에 차이가 생겨난다. 더구나 키와 체격, 나이와 외모, 힘과 지능 등 삶에 영향을 끼치는 요인이 달라 각자 다르게 성장한다. 형제자매가 공유하지 않는 환경의 영향력 탓도 있다. 같은 집에서 살더라도 작용하는 환경의 영향력이 달라서 똑같은 경험을 하지 않는다. 게다가 아이들은 집에만 머무르지 않는다. 가정 바깥에서 만나는 사람이 다르고 겪는 경험이 판이하다.

형제자매의 이해관계도 다르다. 외부집단에 맞설 때는 똘똘 뭉치더라도 자기들끼리 있을 땐 서로의 속셈이 엇갈린다. 형제자매는 사회에서 타인과 겨루기에 앞서 치열하게 맞선다. 새의 새끼들은 먹이를 자신에게 달라고 입을 벌린다. 포유류들은 어미의 젖을 차지하고자 몸싸움을 벌인다. 인간의 형제자매들 역시 박 터지게 싸운다. 형제자매의 갈등은 지역과 시대와 문화를 넘어 보편적으로 나타난다.

태어난 순서에 따라 빚어지는 성격의 특징이 있다. 맏이는 먼저 태어난 만큼 부모에게서 더 많은 사랑을 받으면서 여러 특권을 누리고, 자신의 지위를 방어하고자 동생에게 텃세를 부린다. 부모의 이해관계에 자신을 일체화하면서 점점 보수성이 완고해진다. 부모는 막내를 애틋하게 여긴다. 막둥이는 철딱서니가 없다는 선입견이 사회에 퍼져있는데, 이건 터무니없는 편견이 아닐 수 있다. 나이든 부모는 막내가 뭘 하든 제지하지 않을 가능성이 크기에 그렇다. 부모가 뭐든 받아주는 방식 속에서 막둥이 특유의 성격이 형성된다.

맏이나 막내 사이에 낀 자식들은 자신만의 방법으로 부모의 사랑을 얻으려 한다. 특출한 능력을 타고나지 않는 다음에야 맏이보다 두각을 나타내기는 쉽지 않고, 막둥이보다 애정을 더 받기 어렵다. 후순위 출생자들은 손위형제가 차지하지 않은 분야를 물색한다. 예컨대 음악가 집안을 보면 동생들은 손위형제의 악기가 아닌 다른 악기를 채택한다.

후순위 출생자들에겐 여러 공통점이 있다. 첫째를 제치기는 어려우므로 어릴 적부터 대화하고 타협하려는 태도가 발달한다. 기존 질서에 편승하기보다는 변화를 추구한다. 성공하고자 위험을 감수한다. 자기에게 유리한 전략을 개발한다. 경험에 대한 개방성을 갖춘다.

미국의 과학사학자 프랭크 설로웨이에 따르면, 출생순서에 따라 세상을 받아들이는 태도가 달라진다. 6,566명의 위인들이 기존의 세계관을 바꾸는 과학실험이나 사회질서를 뒤흔드는 정치혁명에 어떤 태도를 보였는지 분석하고는 그들의 출생순서를 조사했다. 그 결과 맏이는 변화를 거부하려고 한 데 비해 후순위 출생자들은 그 무슨 변화든 맏이보다 잘 수용했다.

기득권을 지닌 맏이는 대개 보수적인 정치관을 갖게 되고, 사회질서의 변화를 꺼린다. 그런데 과학이론마저도 진위를 확인하면서 수용하는 것이 아니라 출생순서에 따라 형성된 성격을 통해 수용 여부가 달라진다는 건 흥미로운 일이다. 이건 과학자의 지위에 따라 패러다임을 대하는 태도가 바뀐다는 미국의 과학사학자 토마스 쿤의 지적과 상응한다. 패러다임이란 세상을 이해하고 설명하는 공통의 세계관이다. 기존의 패러다임은 허술하더라도 교체되지 않는다. 토마스 쿤은 패러다임의 변화를 개종에 비유했다. 웬만해서는 개종하지 않듯 기존의 패러다임을 고수하는 과학자들도 적잖다. 특히 나이가 많고 기득권을 차지한 과학자 집단은 패러다임의 변화를 무작정 거부하는 경향이 있다. 그래서 과학의 새로운 진리는 반대편을 설득해서 승리하는 것이 아니라 반대편이 죽어 사라지고 새로운 진리에 친숙한 새로운 세대가 자라면서 이기는 것이라고 독일의 물리학자 막스 플랑크는 피력했다. 기성세대가 기존의 패러다임을 바꾸지 않았지만 은퇴하거나 사망하면서 최후의 저항이 쓰러진다.

과학은 합리성을 지향한다. 그러나 과학자도 인간이므로 과학계는 합리성으로만 굴러가지 않는다. 과학자들은 자기 이익과 관련해서 스스로 인지하지 못하는 편향을 지닌 채 행동한다. 신진과학자라면 모험을 해서라도 명예와 업적을 얻으려 하는 데 비해 안정된 자리를 차지한 과학자라면 명성과 권위를 유지하는 쪽에 무게를 둔다. 현재 학계에서의 위치는 과학자들의 연구주제나 태도를 통해 얼추 짐작할 수 있다. 이건 과학계뿐 아니라 어느 분야든 비슷하다.

지위에 따라 마음가짐이 달라지듯, 성격이나 행동방식은 몇 번째로 태어났는지를 통해 상당 부분 해명할 수 있다. 같은 핏줄이더라도 출생순서와 성장환경에 따라 형제자매들은 각양각색을 이룬다. 생김새는 비슷하더라도 세상을 바라보는 관점이나 가치관은 판이해지는 것이다.

나를 넘어 우리

우리는 공생자 행성에 살고 있는 공생자들이며, 조금만 주의를 기울이면 어디에서든 공생을 볼 수 있다. 또한 물리적 접촉이 생존의 필수 조건인 생물들도 많다.

린 마굴리스, 『공생자 행성』

집단 간 경쟁이 치열해지면 거대한 신과 사회적 결속력을 강화하는 관행들로 무장한 친사회적 종교집단은 경쟁 집단에 비해 비교 우위를 점하게 된다. 그리고 친사회적 집단이 경쟁 집단을 물리치거나 흡수하면, 그들의 믿음과 관행이 확산된다.

아라 노렌자얀, 『거대한 신, 우리는 무엇을 믿는가』

인생은 가정에 한정되어 있지 않다. 집 밖에서 수많은 사람과 어울린다. 학교와 직장, 동호회와 종교단체 등 수많은 무리에 속한다. 정치결사체나 시민단체에 가입하기도 한다. 스포츠팀도 응원한다. 자신이 응원하는 구단이 이기면 마치 전쟁에서 승리한 것같은 환희가 샘솟는다. 우리는 끊임없이 우리를 만들어낸다.

자고로 개인의 이익은 공동체의 흥망성쇠와 연동됐다. 자신의 패거리가 망하면 자신도 결딴났다. 이기심을 앞세우던 선조들보다는 집단을 위해 이기심을 잠시라도 뒤로했던 조상들이 경쟁에서 승리했다. 타인과 힘을 합치지 않고는 생존과 번식에 성공하기 어렵다. 집단이 번창하려면 구성원들이 협력해야 한다. 이기심의 억제는 인간의 숙명이었다.

인간뿐 아니라 생명은 더불어 삶을 영위한다. 상호경쟁과 마찬가지로 상호부조는 자연법칙이다. 러시아의 사상가 표트르 크로포트킨은 만물이 서로 돕는 현상에 주목하면서 특정한 이념으로 범벅된 책만 들여다보지 말라고 호통쳤다. 숲과 산과 들로 나가면 다양한 종들이 서로를 부양하고 보호한다는 사실을 알게 된다고 크로포트킨은 웅변했다. 서로 돕는 생명체와 서로 싸우는 생명체 중에 누가 더 자연계에서 잘 살아남는지 따지면, 서로 돕는 동물이 월등하다. 협력은 가장 훌륭한 생존전략이다. 협동하는 생명체들은 자신들의 부류에서 으뜸으로 발달한 지능과 신체조직을 획득한다. 조금만 주의를 기울이면 어디에서든 공생이 관찰된다.

인간도 공생을 통해 문명을 이룩했다. 우리는 생김새의 유사성으로 말미암아 침팬지나 보노보와 비교된다. 물론 우리는 영장류와 무척 닮았다. 그런데 좀처럼 거론되지 않으나 우리와 흡사하게 행동하는 동물이 또 있다. 바로 개미와 벌이다. 인간은 평소엔 자기 이익에 집착하는 침팬지처럼 굴더라도 집단을 위해 헌신해야 하는 상황이라면 개미나 벌처럼 된다. 수고와 손해를 감수하는 데다 심지어 목숨을 바치기도 한다. 개인주의가 만연해도 공동체에

2부. 자기 조명

대한 헌신을 우습게 아는 사람은 어디서든 헌신짝 취급을 당한다.

인류는 오랜 기간 집단생활을 통해 이기심을 통제했다. 인간은 이기적인 욕구를 기반으로 행동할 때가 빈번하지만 주변 사람들의 소망과 판단에 따라 행동을 결정하기도 한다고 찰스 다윈은 통찰했다. 자제력과 공감능력이 강화되고 사고력이 명백해지면, 자기의 욕심이나 단기간의 쾌락 때문이 아니라 도덕규범에 따라 행동한다고 다윈은 기록했다.

협력이 원활하려면 서로의 의도를 이해하는 의사소통능력이 필수이다. 인류의 의사소통능력은 공동체를 이루면서 발달했다. 인간은 타인을 헤아리는 능력이 탁월하다. 표정이나 말이나 행동과 분위기를 통해 상대의 상태를 헤아린다. 태양을 꾸준히 관찰해서 태양의 위치가 어떻게 변화할지 예견하듯 타인을 유심히 관찰해서는 타인의 행동이 어떻게 변화할지 예상한다.

관찰 말고도 사람을 이해하는 방법이 하나 더 있다. 마음을 들여다보는 일이다. 마음의 작동방식은 누구나 비슷하다. 그래서 우리는 자기 마음을 통해 상대의 마음이 어떠할지 얼추 짐작해낸다. 인간의 마음이란 자신을 탐구하는 실험실이자 타인을 이해하는 연구소이다. 마음이라는 오작교 덕분에 우리는 우리를 이루는 데 성공한다.

협력하기 위한 의사소통은 인간에게 본능이다. 옹알이하는 아기조차도 어느 정도 타인과 협력하고자 의사소통을 한다. 곤란한 상황에서 어떻게 해야 좋을지 갈피를 잡고 싶을 때 우리는 주변 사람들과 상담한다.

의사소통하면서 집단을 이루는 건 인간의 본능인데, 사회문화마다 약간의 편차가 있다. 인구밀도가 낮고 왕래가 적은 곳보다는 노동력을 집약해 농사짓던 지역에서 집단성이 한층 더 발달한다. 몇 천 년 동안 촌락공동체는 서로를 도우며 살아왔다. 수치심과 평판을 통해 이기심을 조절했다. 욕심이 지나친 사람은 망신당했고 조리돌림을 당했다. 그들의 후손인 우리는 타인의 시선과 구설수를 두려워하면서 이기심을 어느 정도 삼간다.

인간은 개인이면서 우리인 존재다. 강조점을 어디에 두느냐에 따라 철학과 사상도 달라진다. 서구에서 일어났던 자유주의 대 공동체주의 논쟁도 인간의 복잡한 본성 가운데 무엇을 더 중시하느냐를 두고 벌어진 사상의 갈등이었다. 사회와 상황에 따라 무게중심이 달라지긴 해도 우리는 개인의 자유와 공동체의 번영을 모두원한다. 사람은 개인이자 우리로서 자신을 이해한다. 집단성이 도드라지는 상황이라면 집단의 구성원으로서 충실하고, 개인의 존재감이 돋보여야 하는 상황이라면 독립된 개체로 활동한다.

우리 안에는 두 가지 욕망이 뒤엉켜 있는 셈이다. 집단에 동화되려는 욕망 그리고 자신을 남들과 차별화시키려는 욕망 말이다. 이 두 욕망이 태어나면서부터 죽을 때까지 휘몰아친다.

나를 에워싼 자연환경

넓은 의미로, 지구에 서식하는 동식물의 물리적 형태와 특성은 환경에 의해 규정된다. 지구 탄생 이후 전체적인 시간을 고려할 때 그 반대 영향, 즉 생물이 주변 환경에 미치는 영향은 상대적으로 미미하다. 20세기에 들어서 오직 하나의 생물종, 즉 인간만이 자신이 속한 세계의 본성을 변화시킬 수 있는 놀라운 위력을 획득했다.

레이첼 카슨, 『침묵의 봄』

민족마다 역사가 다르게 진행된 것은 각 민족의 생물학적 차이 때문이 아니라 환경적 차이 때문이다.

재레드 다이아몬드, 『총, 균, 쇠』

인간은 관계망에 속해 있다. 나를 에워싼 환경이 달라지면 나도 변한다. 나의 특징 가운데 상당수는 환경에 적응한 결과이다. 환경은 지역 풍토와 기후 그리고 사회구조와 문화 규범을 아우르는 넓은 개념이다. 우리는 환경 안에서 살아간다. 따라서 나를 이해한다는 건 환경을 읽어낸다는 뜻이기도 하다.

환경 가운데 자연환경의 영향력은 막대했다. 여태껏 인류는 자연환경에 적응해서 살았다. 조상들 가운데 누군가가 현대로 온다면, 피부와 옷차림을 통해 어떤 지방에서 어떻게 살았을지 짐작할 수 있을 것이다.

지방마다 지방색이 있다. 우리는 태어나 자란 고장에 물든다. 예컨대 추운 지역에 사는 사람들은 그들만의 특징을 갖게 마련이다. 웬만하면 밖으로 나가려고 하지 않을 테고, 추위에 대비해 여러 가지를 갖춰놓으려고 할 것이며, 내향성이 부추겨질 것이다. 햇볕을 덜 쬐는 만큼 피부는 하얘질 것이다. 반대로 따뜻한 지방에 사는 사람이라면 자주 돌아다닐 테고, 밖에서 할 수 있는 것을 궁리할 테며, 외향성과 함께 낙천성이 강화될 것이다. 피부도 좀 더 까무잡잡해질 것이다. 더운 만큼 옷을 가볍게 입고, 신체의 노출을 자연스레 여길 것이다.

자연환경에 따라 인간은 달라진다. 세계 곳곳의 부족들을 연구해보면 인간으로서 공통점이 수두룩하다. 하지만 눈에 띄는 차이도 분명히 있다. 그 차이는 대개 풍토와 기후의 차이였다. 자연환경의 다양한 이채로움으로 말미암아 다채로운 문화가 발달했다.

생물은 주위 환경에 적응하여 생존하는 데 주력한다. 그런데 인간은 환경에 적응하는 동시에 영향을 미친다. 인류는 자연의 이치를 파악해 이용하는 수준을 넘어 환경을 통제하면서 조작하는 지경에 이르렀다. 오늘날 생태계 파괴와 기후변화는 우리 때문에 생겨난 문제이다. 나무를 마구 베고 땅을 파헤치면 홍수가 일어난다. 플라스틱을 남용하면 미세플라스틱이 온갖 곳에 스며 들어갔다가 다시 우리 몸으로 들어온다. 탄소 배출이 폭증하면 지구가 뜨거워지면서 이상기후가 생긴다. 우리가 자연에 행한 수많은 것들이 되돌아온다. 뿌린 대로 거두는 법이다.

영국의 대기화학자 제임스 러브록은 지구가 살아 숨 쉬는 유기체라며 가이아 이론을 설파했다. 지구가 항상성을 유지할 수 있는 건 지구의 조절작용에 지구의 모든 존재가 관여하는 덕분이다. 온갖 생물체들과 지표 그리고 대기와 해양 등 만물의 어우러짐을 통해 자연생태계가 유지된다. 자연은 그 자체로 살아있는 초생명체로서 인간과 긴밀하게 상호작용한다. 열대우림과 연안의 대륙붕을 파괴하는 건 자기 집의 기둥과 서까래를 부수는 일이라고 제임스 러브록은 우려했다. 자연생태계의 위기는 문명이 파탄으로 치닫는다는 신호이다.

현대문명은 무엄하게도 자연의 장엄함에 무지했다. 인류의 훼손과 파괴에 자정작용을 하더라도 지구가 고통을 겪는 건 분명해 보인다. 몸이 아프면 열이 난다. 마찬가지로 지구가 아파서 열이 나 온난화가 발생했다. 아니면 천불이 나서 열 받은 것일 수도 있다. 온난화는 어휘가 주는 온화함과 딴판으로 아주 무시무시한 현상이다. 현대인의 탐욕을 그대로 냐뒀다가는 돌이킬 수 없을 결과가 들이닥칠 것이다.

지구를 떠나 다른 행성에서 산다는 건 공상과학소설에서나 나오는 허구이다. 몇몇 사람들이 우주여행을 잠깐 하더라도 인간이 지구를 떠나 살 수는 없다. 우린 지구에서 살아가도록 적응된 존재이다. 도시에서도 자연에 끌린다는 단서는 쎄고 쎘다. 어느 공간에 들어갔을 때 화분 하나 없을 때와 다양한 식물들이 맞아줄 때 기분은 사뭇 달라진다. 가로수를 심고 곳곳에 공원을 조성하는 까닭 역시 삶의 만족도가 자연 친화성과 밀접하기 때문이다. 도시에 살면서도 왜 굳이 산과 바다로 휴가를 떠나는지 조금만 생각해봐도 자연의 중요성이 드러난다. 인간은 자연을 벗어날 수 없다.

인간의 건방과 무지와 욕심으로 말미암아 더 큰 재앙이 올 것이다. 봄이더라도 꽃피지 않는 날이 올지 모른다. 벌과 나비가 춤추지 않는 곳에서는 인간도 건강할 수 없다. 우리는 자연 앞에서 겸허해야 한다. 내 안의 우주가 신비롭듯 나를 둘러싼 우주에 외경심을 품어야 한다. 자연을 내 몸처럼 고이 여기는 만큼 우리의 비밀도 자연스럽게 풀릴 것이다.

나를 만드는 사회

사회를 이뤄 사는 이유는 개인으로서 한 사람의 인간은 열등하고 약한 존재이기 때문이다. 그러므로 사회적 관심과 사회적 협력은 곧 개인의 구원이다.

알프레드 아들러, 『삶의 과학』

사회는 주체에 앞선다. 주체를 사회에 앞선 존재자로 오해하는 것은 주체의 필연적 착각이며, 이는 사회에 대해 단지 부정적일 것을 말할 뿐이다. '나의'라는 말 속에서는 사유재산관계가 언어적으로 영구화되었으며, 거의 논리적 형식으로 되어버렸다.

테오도어 아도르노, 『부정변증법』

우리는 도시에 산다. 도시는 자연환경을 제어하며 인간이 영위하는 공간을 균질하게 표준화시킨 산물이다. 서울과 뉴욕과 리우데자네이루와 두바이는 기후와 풍토가 판이하지만, 도시인들의 하루하루는 판박이다. 특정한 생활방식을 강제하는 인공환경이 도시다.

인간으로 살려면 많은 배움이 필요하다. 앎은 힘이다. 그런데 힘이 되는 앎은 시대마다 달라진다. 인류사 내내 자연에 대한 지식과 정보가 중요했다. 하지만 오늘날엔 사회에 대한 지식과 정보가 훨씬 중요해졌다. 도시인은 새의 이름이나 들풀의 효능을 몰라도 난감하지 않으나 물가와 부동산을 모르면 난처해진다.

인간은 배우면서 살아간다. 그 누구도 맨땅에서 인생을 시작하지 않는다. 인류문명이 쌓아온 터전에서 삶을 일군다. 게다가 전통과 유산을 물려받으면서 변형하고 창조한다. 선조들의 문제를 답습하기도 하지만 선조들이 오랫동안 겪은 문제를 억척스레 극복해나간다. 과거를 전승받으면서도 사회와 나를 혁신한다.

사회 속에서 우리는 '나'를 학습하고 구성한다. 프랑스의 인류학자 클로드 레비스트로스는 자신에게 개인적인 정체성의 감정이나 자아감정이 없으며, 개인적인 정체성의 감정을 부과한 것은 사회라고 단언했다. 사회는 우리가 어떠어떠한 사람이기를 원하고 자신이 행하고 말한 바를 책임지도록 만든다. 대부분 사람이 나는 이런 사람이라는 정체성의 감정을 체험한다고 믿으나 사회의 압력이 없다면 그렇게 강렬하지 않으리라고 레비스트로스는 확신했다. 자아라는 건 물리쳐버려야 할 것일 뿐만 아니라 우리와 무 사이에 발붙일 곳이 없다고도 외쳤다. 자아는 우리를 통해 규명되거나 아니면 아무것도 아니게 된다는 견해이다.

프랑스의 사회학자 에밀 뒤르켐은 개인의 선택처럼 보이는 자살조차도 사회에 따라 달라지는 현상을 밝혀냈다. 스스로 목숨을 끊은 것처럼 보여도 어떤 사회는 끝까지 손을 내밀어 붙잡으려 하고 또 다른 사회는 처음부터 팔짱을 낀다. 심지어 등 떠미는 사회가 있을 수 있다. 자살은 알고 보면 타살이라는 얘기가 나오는 배경이다.

이처럼 사회의 영향력이 지대하기에 현대의 지식인들은 사회구조의 변혁을 강조했다. 이런 흐름의 중심에 프랑크푸르트학파가 있다. 칸 영화제에서 황금종려상을 두 번이나 수상한 이마무라 쇼헤이 감독의 작품 가운데 〈붉은 살의〉(1964)에는 프랑크푸르트학파의 영향력을 엿볼 수 있는 장면이 있다. 영화 속 인물이 도서관에서 『에로스와 문명』을 찾는데, 이 책은 68혁명의 대부 같았던 사상가 헤르베르트 마르쿠제의 역작이다. 프랑크푸르트학파에 세례받은 일본 대학생들은 사회를 바꿔야 한다며 봉기했다. 68혁명은 프랑크푸르트학파의 울림이 컸던 유럽과 북미뿐만 아니라 일본에서도 일어났다. 물론 결과는 확연히 달랐다. 68혁명이 실패했어도 서구사회는 일상문화가 바뀌었고, 교육체제를 개편했다. 반면에 일본은 반동에 휩쓸리면서 정치지형과 사회구조가 공고하게 보수화됐다.

프랑크푸르트학파의 핵심인사였던 테오도어 아도르노는 사회 덕분에 자아가 있을 수 있다고 지적했다. 아도르노에 따르면, 자아의 모든 내용은 사회환경에서 나오고 자신을 사회 속에서 자유롭게 펼치면서 사회를 반영할수록 풍요로워진다. 자아는 사회의 산물인데 마치 자아를 원천이라고 착각하는 건 자아를 제한하고 빈곤하게 만드는 것이다. 주체가 사회에 앞서 있다고 오해하는 것은 주체의 필연적 착각이다. 나를 앞세우며 나를 말하는 건 염치없는 짓이다. 프랑크푸르트학파의 일원이었던 발터 벤야민도 개인성에 문제의식을 지녔다. 발터 벤야민은 대부분 문필가보다 자신이 더 나은 글을 쓴다면, 그것은 20년 동안 지켜온 단 하나의 규칙 때문이라고 털어놓았다. 그는 편지 쓸 때 말고는 '나'라는 단어를 사용하지 않았다.

사회 없이 '나'는 존립할 수 없다. 나를 지나치게 내세우는 건 자신에게 엄청난 영향을 끼친 사회를 간과하게 만든다. 나를 이해하기 위해서라도 사회에 대한 이해는 필수이다. 우리는 사회 속에서 태어나 사회 속에서 살다가 사회 속에서 죽는다.

사회화로 덧칠되다

사회는 필연적으로 개인에게 영구한 희생을 요구한다. 사회는 우리의 본능적인 욕구를 끊임없이 침해한다. 왜냐하면 사회가 우리를 자신보다 높게 고양시키기 때문이다. 우리가 사회에 대한 의무를 완수할 수 있으려면 때로 우리의 본능을 저버리고, 필요하다면 본능을 극복해야 한다.

에밀 뒤르켐,『종교생활의 원초적 형태』

사람들이 말하고 있는 그 인간, 그리고 사람들이 해방시키도록 노력하고 있는 그 인간의 모습이야말로 이미 그 자체에서 그 인간보다도 훨씬 깊은 곳에서 행해지는 복종화의 성과인 것이다. 한 영혼이 인간 속에 들어가 살면서 인간을 생존하게 만드는 것이고, 그것은 권력이 신체에 대해 행사하는 지배력 안의 한 부품인 것이다. 영혼은 정치적 해부술의 성과이자 도구이며, 또한 신체의 감옥이다.

미셸 푸코,『감시와 처벌』

프랑스의 정신분석가 자크 라캉은 강연 중에 강도의 비유를 든 적 있다. 강도가 칼을 들이밀며 돈을 내놓을래 목숨을 내놓을래 위협할 때 우리의 선택지는 하나밖에 없다. 지갑을 열어서 돈을 내주는 일이다. 목숨을 내놓겠다고 하면 목숨도 뺏기고 돈도 뺏긴다.

이 얘기는 인간이 사회화되는 과정에 빗댈 수 있다. 사람으로 태어났다고 사람이 아니다. 사회 속에서 언어를 익히고 규범을 받아들여야 인간이 된다. 사회화가 되느냐 아니면 인간이 아닌 존재가 되느냐는 갈림길에서 이미 우리의 발걸음은 정해져 있다.

이것이 골치 아픈 문제를 낳는다. 사회 덕분에 사람이 되었는데 사회 때문에 자신을 알기가 쉽지 않다. 생각, 감정, 욕망, 신념, 상상이 정말 나의 것이라고 자신할 수 없다. 인간 내면의 많은 특징이 알고 보면 사회에서 유형화되고 심지어 주입된다는 사실이 현대 심리학과 사회과학의 가장 근본적인 발견이라고 미국의 사회학자 찰스 라이트 밀즈는 주장했다.

사회화는 사회에서 적정하다고 간주하는 욕망, 관습, 언어, 태도, 규범을 습득하는 과정이다. 특정한 세계관의 이식이자 몸에 배어든 규율 그 자체이다. 어떻게 스며드는지 알아차리기도 전에 특정한 방식으로 살도록 우리를 주조한다. 사회의 요구에 부응하도록 사람을 빚어내는 과정이 사회화이다. 사회화는 우리를 예측 가능한 사람으로 길들인다.

사회화는 사회 전체가 반복하는 습관과 비슷하다. 개인의 습관을 통해 개인의 독특성이 강화되듯 사회는 사회화를 통해 사회의 특성을 강화한다. 우리에게 명령하는 것을 살피려면 습관의 지배에서 벗어나야 하는데, 습관의 지배에서 벗어나지 못하도록 우리를 강력하게 움켜잡으면서 깨어있지 못하게 하는 것이 습관의 주요 효과라고 몽테뉴는 설파했다. 습관은 우리를 편안하게 하는 동시에 아둔하게 만든다. 사회적인 습관 즉 사회화도 마찬가지이다.

여러 사회를 비교하면 사회화 효과를 새삼스레 알 수 있다. 미국의 인류학자 루스 베네딕트는 서구사회가 죄의식의 사회라면 일본은 수치심의 사회라고 구별했다. 베네딕트에 따르면, 서구인이 신의 관점에서 자신을 바라보고 죄책감으로 행동을 제어한다면 일본인은 타인의 관점에서 자신을 바라보고 수치심으로 행동을 제어한다. 타인의 시선에는 크게 개의치 않으나 신이 어떻게 볼까 두려워하는 서구인과 달리 일본인들은 타인들이 보기에 부끄럽지 않도록 체면을 중시한다. 일본에 대한 베네딕트의 설명은 일본뿐 아니라 집단주의가 강한 사회의 특색을 포착해낸다. 나의 특징이라고 생각하는 것이 알고 보면 내가 속한 사회의 특징이다.

나에 대한 표현만 보더라도 사회에 따라 일찍이 달라진다. 하루를 어떻게 보내는지 묘사할 때 미국 아이들은 중국 아이들보다 '나'라는 어휘를 세 배나 더 많이 사용했다. 서양에선 동양보다 자기를 중심으로 생각하고 판단한다면 동양은 서양보다 공동체를 중심으로 생각하고 판단하는 문화가 강력한 영향을 미친다. 또 다른 실험에서 여러 사물을 보이고는 그 가운데 하나를 고르도록 했더니 한국인들은 무난한 사물을, 미국인들은 자신이 돋보이는 사물을 선택했다. 여러 볼펜 가운데 하나를 고르는 실험에서도 한국인들은 가장 흔한 색의 볼펜을 고른 데 비해 미국인들은 희귀하고 튀는 색의 볼펜을 골랐다. 미국인들이 자신의 독특함을 과대평가해서는 남의 눈에 띄고 싶어 하는 반면에 한국인들은 너무 튀는 걸 염려하면서 남들 정도만 되고 싶어 하는 꼴이다. 미국의 심리학자 리처드 니스벳은 동양인들은 상호의존성이 강조되는 사회에 살면서 상호의존하도록 끊임없이 유도되고, 서양인들은 독립성을 강조하는 사회에 살면서 독립성이 늘 점화되고 있다고 해도 지나친 말이 아니라고 설명했다.

이주민이더라도 한국에서 살면 한국스러운 특성이 깃든다. 반대로 한국인의 핏줄이더라도 다른 나라에서 태어나 성장했다면 그 사회의 기풍이 스며든다. 물론 요새 한국은 서구와 비슷해지고 있다. '모난 돌이 정 맞는다'는 분위기가 맴도는 가운데 요즘 젊은이들은 자유로운 개인으로 성장했다. 여태껏 한국인들은 부여받은 역할에 충실한 채 타인과 비슷해지는 데서 안정을 얻었다면, 젊은이들은 자신을 표현하면서 특별한 삶을 살려 한다.

물론 젊은이들도 시간이 흐를수록 기성세대처럼 되어간다. 왜 우리는 자신의 감정과 생각을 솔직하게 드러내지 못할까? 자기 욕구의 자각을 억제당한 채 권위에 복종하도록 길들어졌기에 그렇다. 남들과 다른 고유한 존재로서 자신만의 개성을 표현하면 지배하기 힘들다. 독특한 사람들은 권력에 저항한다. 획일화 교육을 받고 타인의 눈치를 보게 길들이면 공손해진다. 정도의 차이가 있을지언정 어느 사회든 권력은 복종을 훈육한다. 어려서부터 고분고분하게 주물러지면 권력에 사육당한 대로 다소곳해진다. 틀에 박힌 생각을 하고 시키는 대로 행동한다. 자기답게 살려는 사람을 이기적이고 이상하다고 여긴다.

우리는 부뚜막에 오르길 원하더라도 점잖으나 떠는 얌전한 고양이로 주조됐다. 이런 변화를 부모와 교사와 성직자와 수많은 기성세대가 주도했다. 개성은 존중받지 못하고 다들 자신을 드러내는 데 주저한다. 유난스럽다는 눈총을 받을까 봐 주눅 든다. 가슴 뛰는 도전을 하고 싶어도 주춤한다. 나 자신을 잘 모르도록 나를 부리는 권력이 나의 주인이다.

누구와 친구였는가

우리가 진행한 연구에서는 소셜 네트워크 내에서 영향력의 전파는 '3단계 영향규칙'을 따른다는 사실이 밝혀졌다. 우리가 하는 모든 말과 행동은 우리의 네트워크를 통해 파도처럼 물결치며 나아가면서 친구(1단계), 친구의 친구(2단계), 심지어 친구의 친구의 친구(3단계)에게 영향을 미친다.

니컬러스 크리스태키스, 제임스 파울러, 『행복은 전염된다』

인간관계에 대해 묘사할 때, 남성들이 독립을 선호하는 것과는 달리 여성들은 사랑에 있어서나 일에 있어서나 자아와 타아의 상호의존성을 강조한다. 개인적인 성취가 아니라 친밀관계의 유지 여부를 발달 기준으로 삼으면서, 여성들은 지속적으로 친밀관계를 유지할 때 성숙에 이를 수 있다고 생각한다.

캐롤 길리건, 『다른 목소리로』

사회화가 언제 어떻게 이뤄지는지 측정하기는 쉽지 않은데, 미국의 심리학자 주디스 리치 해리스는 사회화의 방식을 이렇게 설명한다. 무의식중에 우리는 타인을 분류하고 배열한다. 일정하게 배치된 사람들 가운데 극단의 사람들을 빼 버리고는 주류를 통해 지향형이 만들어진다. 무의식중에 만들어진 지향형을 따라 한다. 사람들이 천차만별이더라도 지향형은 얼추 비슷하다. 지향형을 추구하면서 다들 흡사해지면서 사회화가 이뤄진다.

지향형은 또래 집단을 통해서 만들어진다. 인간은 모든 세대와 밀접하게 교류하지 않는다. 나이가 엇비슷한 사람들과 주로 어울린다. 경쟁 역시 또래와 한다. 인생에서 중요한 건 다른 세대에게 인정받는 일이 아니다. 자신의 또래 집단에서 인정받는 일이다. 특히 청소년기와 젊은 시절에 또래의 영향력은 엄청나다. 부모가 칭찬하더라도 또래에게 인정받지 못하면 자신을 긍정하기가 어렵다. 청소년기에 또래들로부터 배척당한 경험은 심각한 후유증을 남긴다.

청소년은 자신을 찾으면서 점차 자기만의 개성을 빚는다. 또래 집단을 통해 지향형을 구축해서는 부모의 영향에서 벗어난다. 어떤 친구들과 사귀면서 어떤 지향형을 갖느냐에 따라 삶의 판도가 달라진다. 맹자의 어머니가 세 번이나 이사하면서 교육환경이 좋은 곳을 찾은 이유이다. 또래 친구들은 준거집단으로도 기능한다.

주변에 또래가 없거나 친밀하게 지낸 친구가 없어도 여러 경로를 통해 또래 집단에 대한 정보를 수집한다. 자기 또래들이 무얼 원하고 어떻게 살길 바라는지 궁금해하면서 어떻게든 정보를 그러모은다. 성장환경의 차이에도 비슷한 연령대는 대개 비슷한 정서와 비슷한 욕망을 갖는다. 비슷한 지향형을 통해 사회화되었기 때문이다.

사회화는 청소년기에 거의 완료되는 것으로 보인다. 어릴 때 미국에서 살다가 나중에 성인이 되어 한국에 돌아온 사람들을 보면, 한국에서 성장한 사람들과는 사뭇 다르다. 부모가 한국인이고 가정에서 한국어를 썼어도 미국식으로 행동한다. 또래 집단을 통해 형성된 지향형대로 사회화된 결과이다. 이민을 간 청소년들은 그 나라의 또래 집단처럼 된다.

성인이 되면서 또래 집단의 영향력은 차츰차츰 줄어든다. 나이가 들수록 또래 집단을 추종하며 모방하려는 열망이 감소한다. 성인이 되면 더 넓은 세계에서 다양한 사람들을 만나 변화한다. 물론 이전의 사회화를 수정할 수 있더라도 아예 무효화시키지는 못한다. 우리는 어린 시절의 경험을 품고 있다. 과거는 취향과 태도에 진한 흔적을 남긴다.

또래들은 준거집단이자 비교집단이다. 인간은 정보를 수집해서 타인을 평가하는 동시에 자신에 대한 정보도 취합해서 비교한다. 우리는 무의식중에 자신이 유리한 영역을 찾아내어서는 우위를 점하려 든다. 무엇이 빼어나고 무엇이 허점한지 자신을 파악하고는 어떻게 하면 지위를 상승시킬 수 있을지 전략을 짠다.

자신을 공정하고 정확하게 평가하기란 쉽지 않다. 예컨대, 짝짓기 시장에서 자신의 인기를 알려면 내가 나를 어떻게 보느냐가 아니라 타인들이 나를 어떻게 보느냐를 알아야 한다. 남들이 나를 어떻게 보는지를 알기 쉽지 않아 본능적으로 남들이 나를 어떻게 생각하는지 알려고 든다. 유명인사나 연예인도 날마다 자기 이름을 검색한다. 타인들이 나에게 하는 말과 행동은 내가 어떤 사람인지 알려주는 단서이다. 타인이 제공하는 정보를 통해 자신이 어떤 사람인지 객관화된 이해를 할 수 있다. 수많은 사람과 어울리면서 우리는 자신의 인기와 지위를 가늠한다. 남들이 나에게 했던 여러 반응은 무의식중에 간직되어 향후 나의 처신에 영향을 미친다. 타인들의 평가를 근거 삼아 생존과 번식에 유리한 전략을 선택한다.

인간은 성장기를 거치면서 자신에게 어떤 특징이 있는지 알게 된다. 믿고 싶은 대로 자신을 판단하는 것이 아니라 타인의 눈으로 자신을 바라본다. 현실을 자각하면서도 더 높은 지위에 오르고자 분발한다. 객관화된 자신의 장단점을 바탕으로 행동방식과 짝짓기 전략이 생겨난다. 이렇게 우리는 타인과 차이를 빚어낸다.

차이는 생명의 본질적 특성이다. 한 부모 밑에서 자라도 형제자매는 다르다. 유전자가 똑같은 일란성쌍둥이도 차이가 분명하다. 심지어 몸을 공유하는 샴쌍둥이조차 다른 정체성을 갖는다.

인생을 살면서 수많은 타인을 통해 우리는 위안과 활력을 얻는다. 동시에 어떻게든 차이를 자아내면서 그들과 다른 나 자신을 만든다. 만남은 지워지지 않는다. 그들은 내 안에 스며있다. 나에 대한 이해란 내 안에 들어와 있는 타인의 숨결을 읽어내는 일이기도 한 것이다.

역사적인 인간

모든 사실이 역사적 사실인 것은 아니다. 그러나 역사적 사실과 비역사적 사실 사이의 구별은 엄격한 것도 아니고 고정되어 있는 것도 아니다. 따라서 어떠한 사실도 일단 그것의 적절성과 중요성이 밝혀지면 역사적 사실의 지위로, 말하자면 승진할 수 있다.

에드워드 카,『역사란 무엇인가』

역사가 우리에게 귀속된 것이 아니라 우리가 역사에 귀속되어 있는 것이다. 우리는 우리 자신을 되돌아보면서 스스로 이해하기 훨씬 이전부터 이미 삶의 터전인 가족과 사회와 국가를 통해 우리 자신을 이해하고 있다.

한스 게오르크 가다머,『진리와 방법』

우리는 수많은 영향을 받는다. 부모가 어떤 사람이었고 그들로부터 어떤 양육을 받았는지, 사회관습과 문화 규범이 어땠는지, 누구와 만나고 어울렸는지에 따라 인생의 향방이 달라진다. 이처럼 영향을 미치는 많은 것들 가운데 빼놓을 수 없는 것이 있다. 역사

2부. 자기 조명

이다.

나를 낳고 키운 가족의 역사, 현재 머무는 지역의 역사, 나와 연결된 민족의 역사, 내가 속한 국가의 역사, 그리고 인류의 역사는 지나간 시간이 아니다. 나에게 영향을 미치는 실체이다. 내가 소집하거나 명령하지도 않은 역사 안에서 내가 움직이고 있다는 것을 아는 일이 인격과 품성이라고 미국의 정치철학자 마이클 샌델은 설파했다. 샌델에 따르면, 인간이란 아무런 연고 없이 공중에 붕붕 떠 있는 의식이 아니다. 오랜 역사를 지닌 관계망 속에서 뒤엉킨 존재이다. 우리에겐 역사에 속하거나 속하지 않을 자유가 없다. 인간은 언제나 역사 속에서 살아간다. 자신을 세계 안에서 찾고 싶다면 먼저 찾아야 하는 것이 세계의 역사이다.

나를 이해하는 데 성장기의 경험은 충분치 않다. 역사를 참고해야만 현재 내가 왜 이러는지 제대로 알 수 있다. 한국인이 한국인처럼 되는 건 한국의 역사 때문이다. 우리가 타인을 이해하기 어려운 까닭도 타인의 역사를 잘 모르기에 그렇다. 중국인을 이해하려면 중국의 역사를 알아야 하고, 일본인을 이해하려면 일본의 역사를 알아야 한다.

베네딕트 앤더슨은 민족을 근대에 만들어진 상상의 공동체라고 주장하면서 논쟁을 일으켰다. 민족이 근대 속에서 만들어진 상상의 소산인지 오랜 시간 속에서 생성된 실체인지는 여기서 따질 사안이 아니다. 다만 이것만은 지적할 수 있겠다. 민족이 구성되기 위해서는 특정한 사건을 기억하고 구성원 모두가 그 사건을 자신의 역사로 공유해야 한다는 사실 말이다.

중요한 사건이라도 그 사건을 모두가 동일하게 겪지 않는다. 민족이 이뤄지려면 특정한 사건이 전파돼야 한다. 민족이란 개념을 들여다보면, 다양한 소리가 제각기 울리기보다는 하나로 통일된 소리가 울린다. 민족은 구성원 내부의 차이를 억누르며 통일된 집단으로서 위력을 발휘한다. 개인의 일생을 살피면 탄생이 있고 끝이 있다. 반면에 민족은 명백하게 증명할 수 있는 출생일이 없는 데다 한 번 만들어지고 난 뒤 민족이 죽는다면 그건 결코 자연스러운 일이 아니라고 베네딕트 앤더슨은 주장했다.

국가가 구성되는 과정에서 특정한 경험은 잊히거나 짓눌릴 수밖에 없다. 역사는 모두가 기억해야만 하는 가장 중요한 사건들의 흐름이 아니라 우리가 어떤 일을 추억할지 선택한 생성물이다. 어떤 과거를 기념할지 각 세력은 자기의 이해관계에 따라 힘겨루기를 한다.

에드워드 카의 유명한 문장처럼, 역사는 현재와 과거의 끊임없는 대화이다. 과거는 지나갔다. 하지만 추억하면서 소환된다. 과거가 현재까지 이어져서 내게 머무르는 것이 기억이다. 기억을 통해 자신이 어디에서 와서 어디로 가는지 방향을 읽는다. 역사를 읽으면 길이 열린다. 역사를 잃는다는 건 미래로 나아가는 길을 잃는다는 뜻이다. 역사를 기억하지 않으면 자유로워지는 게 아니라 방황하게 된다.

간직하는 것과 망각하는 것 그리고 다시 상기하는 것은 인간의 역사적 구조에 속하고, 그 자체가 인간의 역사이자 교양이라고 독일의 철학자 한스 게오르크 가다머는 일갈했다. 역사를 마치 암기하듯 외우는 수준에 그치는 건 아직 자신의 고유한 내면을 갖추지 못했다는 뜻이다. 기억은 그저 주어지지 않는다. 형성해야 한다. 세상의 많은 것들이 잊힐 수밖에 없다. 스러지는 것들 가운데 인류사회는 과거의 특정한 사건들을 엮어서 망각하지 않으려고 노력한다. 우리가 무엇을 기념할지에 따라 우리가 누구냐는 물음의 답이 달라진다. 자신을 찾고자 할 때 자신을 관통하는 세계사를 공부하고, 자신의 기억을 되짚어봐야만 하는 이유이다.

모든 것이 우련해지더라도 어떤 사건은 오늘날까지 이어지면서 우리 내면 깊숙이 머문다. 그렇게 우리는 역사적인 존재로서 살아간다. 역사를 기억하면서 인간은 인간이 된다.

4장. 과학의 관점으로

인간의 뇌는 4억 년간 이뤄진 시행착오의 증인이다. 그리고 그 흔적은 화석 기록과 분자계통학적 분석을 통해 추적할 수 있다. 분자생물학적 상동 관계를 따지는 분자계통학에 따르면 어류, 양서류, 파충류, 초기 포유류 그리고 인간을 제외한 모든 영장류가 거의 공통적으로 소유하고 있는 서열들이 존재한다. 마지막 단계인 인간에 와서 뇌는 언어와 문화에 적합하게끔 급진적으로 도약했다. 하지만 이것은 텅 빈 두개골 속에 최신 컴퓨터를 이식하는 것과는 다르다. 왜냐하면 뇌에는 과거가 있기 때문이다. 과거의 뇌는 원래 본능의 운반자로서 조직되었는데 새로운 부분들이 조금씩 추가되는 과정을 거치면서 진화했다. 새로운 뇌는 옛날 뇌의 기능을 그대로 유지하면서 다른 기능들을 추가했다. 그렇지 않았다면 생명은 다음 세대까지 살아남을 수가 없었을 것이다. 그 결과 인간 본성이라는 것이 생겨났다.

— 에드워드 윌슨, 『통섭』

진화심리학이 답을 알아내려고 추구하는 핵심 질문은 네 가지가 있다. (1) 왜 마음은 이렇게 설계되었을까? 즉, 사람의 마음은 어떤 인과 과정을 통해 현재의 형태로 만들어지거나 빚어졌는가? (2) 사람의 마음은 어떻게 조직되었는가? (3) 구성 요소들의 기능과 조직 구조는 무엇인가? 즉, 마음은 어떤 일을 하도록 설계되었는가? (4) 현재 환경의 입력은 사람 마음의 설계와 어떻게 상호작용하여 관찰 가능한 행동을 낳는가?

— 데이비드 버스, 『진화심리학』

진화하는 생명

인간은 비록 자기 자신의 힘만으로 된 것은 아니지만 생물계의 가장 높은 정상에 오르게 되었다는 자부심을 버려야 할 것 같다. 그리고 원래부터 그 자리에 있었던 것이 아니고 낮은 곳에 시작하여 지금의 높은 자리에 오르게 되었다는 사실이, 먼 미래에 지금보다 더 높은 곳에 오를 수 있다는 새로운 희망을 줄 수도 있다.

찰스 다윈, 『인간의 유래』

우리가 깨닫지 못하고 있는 것은, 진화의 진정한 법칙은 '가장 잘 어울리는 자가 번성한다'는 것이다. 환경과 가장 잘 어울리는 생명체들은 지구의 조화에 이바지함으로써 번성한다. 그리고 그렇지 못한 생명체들은…글쎄다.

브루스 립튼, 스티브 베어맨, 『자발적 진화』

우주는 무수한 변화의 시공간이다. 별들은 쉴 새 없이 움직인다. 운석이 떠다니고 혜성이 날아든다. 오래된 별이 폭발하고 새로운 별이 태어난다. 우주 자체가 팽창한다.

광활한 우주에서 우리 은하계로 시선을 돌려보면, 우리 은하계의 중심으로부터 3만 년 떨어진 변두리에 태양계가 있다. 푸른 빛의 지구는 너무 멀지도 않고 너무 가깝지도 않은 거리에서 햇빛을 받는다. 태양은 수소를 통해 타오른다. 하지만 먼 미래에 수소를 다 소모하고 나면 꺼져버릴 것이다. 영원히 빛날 것 같은 태양도 늙어가고 있다. 지구도 언젠가는 사라진다.

현대물리학에 따르면 변화란 필연이다. 어떤 것도 멈춰있지 않다. 모든 것이 진동한다. 진공 속에서도 입자와 반입자가 끊임없이 생겨났다가 소멸한다. 한 장소에 가만히 머물러 있는 것이 없다. 이것이 양자역학의 핵심 가르침 가운데 하나이다.

변화는 자연의 법칙이다. 사계절이 되풀이되는 것 같지만, 매해 계절은 조금씩 다르다. 지구의 생태계는 역동적으로 균형을 이루는 가운데 모든 생명체가 조금씩 달라진다. 진작에 사람들은 생명체가 변한다는 사실을 알아차렸다. 다만 변화가 왜 일어나고 어떤 방식으로 이뤄지는지 모두가 인정하는 원리를 찾아내지 못했을 뿐이었다. 과학이 발전하면서 생명체가 달라지는 현상을 규명하려는 시도가 활발하게 일어났다. 그러는 와중에 찰스 다윈과 알프레드 러셀 월리스는 진화의 원리를 발표하면서 인간에 대한 관점을 획기적으로 바꿨다.

다윈과 월리스가 설명한 진화의 원리는 간단하다. 생존에 불리한 특징을 지닌 개체는 죽는다. 조금이라도 생존에 유리한 개체가 살아남아 자신의 특성을 대물림한다. 이전과 다른 형질을 지닌 개체들이 가득해진다. 새로운 종의 출현이다. 이러한 진화의 원리는 자연선택이라는 이름이 붙었다. 늑대 가운데 조금이라도 순했던 개체가 인간과 상호작용해서 개가 되었듯 자연이 특정한 종을 선별해서 길러내는 것만 같은 일이 벌어진다. 지구라는 유한한 공간에서 생존에 유리한 형질을 지닌 개체가 많아지면 생존에 불리한 형질을 지닌 종은 사라진다.

생명의 진화는 장기간에 걸쳐서 서서히 진행되지만 빠르게 일어나기도 한다. 러시아에서 이뤄진 은여우 실험을 보면, 사납기 그지없던 은여우조차도 가축화됐다. 조금이라도 순한 은여우를 골라 연거푸 교배하자 은여우에게도 가축동물의 특징이 나타났다. 하얀 반점이 얼룩덜룩 생겼고, 귀가 접혔으며, 꼬리가 말렸고, 치아가 작아졌으며, 얼굴이 짧아졌고, 뇌 크기가 줄었다. 지능은 향상됐고, 친화성과 교감능력이 향상했으며, 번식가능주기가 늘어났다.

고대화석을 연구해보면 생명체의 변화가 급속하게 일어난 증거들이 많다. 스티븐 제이 굴드를 비롯해 생물학자들은 진화 양상을 두 시기로 구분했다. 먼저, 안정기이다. 대부분 기간에 생명체는 자신의 선대와 비슷한 모양새로 비슷하게 살아간다. 그러다 분화기가 찾아온다. 비교적 짧은 시간에 변화가 일어나 다른 종이 출현한다.

진화의 방법을 두고 여러 이론이 등장하는 가운데 재조명받는 인물이 있다. 라마르크다. 라마르크는 획득형질이 다음 세대에까지 전해져 변화가 일어난다는 이론을 발표했었다. 그러나 획득형질이 유전되지 않는다는 사실이 밝혀지면서 퇴출당했다. 그런데 오늘날 후성유전학이 발달하면서 라마르크에 대한 재평가가 이뤄지고 있다.

후성유전학이란 유전자 발현의 조절을 연구한다. 유전자가 생명의 형질에 관여해도 생명체를 결정하지는 않는다. 적합한 환경 속에서 특정한 조건이 갖춰졌을 때만 특정한 유전자가 발현된다. 제아무리 좋은 벼가 될 자질이 있더라도 사막에 뿌려진 볍씨는 죽정이조차 되지 못한다. 유전자는 설계도이자 일꾼이다. 상황이 바뀌면 설계도가 변경되고, 일꾼도 사정상 일을 안 하거나 새로운 주문을 받으면 이전과 다르게 일할 수 있다.

생명체의 행동이 진화에 중요하다고 라마르크는 외쳤다. 어떤 행동을 반복하면 결국 특정한 형태를 만들어내고 기능을 갖추게 된다는 주장이다. 생명이 환경에 종속되지 않고 의지를 발휘해 자신을 만들어낸다는 라마르크의 견해는 영감을 준다. 인간 유전체 프로젝트의 책임자로서 약 32억 개의 염기서열을 해독한 미국의 유전학자 프랜시스 콜린스도 의지와 환경을 중시한다. 콜린스에 따르면, 인간의 행동 특성에는 피할 수 없는 유전요소가 담겨 있으나 이 가운데 어느 것도 그 출현을 예견할 정도로 분명한 것이 없다. 오히려 유전자보다는 어린 시절의 경험을 비롯해 자신이 살아가는 환경 그리고 개인의 자유의지가 더 큰 영향을 미친다.

변화는 시작부터 예정되어 있다. 새로 태어난 생명은 아빠와 엄마를 조금씩 닮더라도 엄연히 다르다. 자기만의 경험과 감정체험과 기대와 상상이 어우러지면서 겉모습은 앞 시대 선조들과 그리 다르지 않지만 내면은 특이하고 독창적이다. 이렇게 우리는 비슷한 본성을 지닌 동시에 자기만의 고유함을 지닌다.

인간의 본성

인간의 정신은 생존과 번식을 위한 장치이며, 이성은 그 장치의 다양한 기능 중 하나일 뿐이다.

에드워드 오스본 윌슨, 『인간 본성에 대하여』

우리는 공평한 관점에 서서 바람직한 성향을 조장하고 그렇지 못한 성향에서 나타난 결과는 줄이고자 노력할 수 있을 것이다. 하지만 설령 이것이 가능하다고 하더라도 인간의 본성을 너무 유연하게 파악하여 본성을 도덕 교육가들이 원하는 방향으로 나아가게 할 수 있다고 생각해서는 안 된다.

피터 싱어, 『사회생물학과 윤리』

인문학계와 사회과학계에서는 본성이라는 개념을 배제한다. 나름의 이유가 있다. 본성 개념은 결정된 거 같은 분위기를 풍긴다. 인문사회 계열의 지식인들은 사회문제도 본성 때문에 생긴 것이라 어쩔 수 없다는 체념이 퍼지게 될까 우려한다. 세상의 변화를 희망하는 사람들은 본성의 개념을 반동으로 받아들인다. 일례로 롤랑 바르트는 인간의 본성을 설명하려는 노력을 서구 중심의 소시민 문화에 보편성을 부여하는 신비화라고 성토했다.

본성을 설명하려는 시도에 불순한 의도가 있을 수 있고, 본성 연구가 진보의 열망을 꺼뜨리는 데 악용되기도 한다. 그렇다고 해서 본성이 없다고 도외시하는 태도는 현명하지 못하다. 본성에 눈 감는 것이야말로 인간 본성을 특정하게 규정하기 때문이다. 자연 과학에서 연구한 본성은 거들떠보지 않은 채 교육을 통해 얼마든 지 바뀐다는 가상의 본성을 전제한다. 이러한 본성을 바탕으로 인 간의 행태를 교정하고 사회 개혁을 할 수 있다고 외친다. 그러나 그들의 호소는 잠깐 유행을 타다가 스러진다. 인간의 본성을 가늠 하지 못한 채 이뤄지는 사회비판은 눈 가리고 몽둥이를 휘두르는 일과 비슷하다. 운 좋게 목표물에 맞을 때도 있지만 대개는 허망 하게 허공을 가르거나 애꿎은 사람을 때린다.

인간을 탐구하는 최선의 자세는 정직이다. 인간과 다른 동물을 비교하면서 연구하고, 수렵채집부족부터 현대인까지 다양한 사람 들을 조사해서 인간의 특수성과 보편성 그리고 차이와 공통점을 살펴야 시야가 넓어진다. 더 나은 변화를 위해서라도 본성을 파악 하고, 인간에 대한 검증된 이해를 바탕으로 개혁을 추구해야 한 다. 인류사를 돌아보면 선한 의도가 되레 막대한 고통을 일으키곤 했다. 본성을 잘 알지 못하면 과거의 실수를 되풀이할 위험이 커 진다.

고양이들은 자신만의 본성이 있어서 고양이라고 묶이듯 인간도 마찬가지이다. 본성은 타고난 여러 특성을 아우르는 개념이다. 겉 모습이 제각각인 데다 성향마저 가지각색이더라도 사람은 엇비슷 하다. 지구 곳곳의 수많은 부족을 연구해보면 시공간의 차이가 무 색할 정도로 유사한 특성을 띤다. 기괴한 풍속 밑바탕에도 인간의 보편성이 내재해있다. 인간이 사는 곳은 어디든 닮았다. 사회문화 를 만드는 것이 인간의 본성이기에 그렇다.

인간의 마음은 여러 대안 가운데 특정한 대안에 선뜻 끌리면서 특정한 행동을 하도록 촉구한다. 마음은 선조들이 행한 선택의 축 적, 자신의 선택과 그 결과에 대한 기억, 앞으로 무엇을 어떻게 선 택할지에 대한 고민 그리고 일상에서 끊임없이 일어나는 감정들로 구성되어 있다. 사람마다 경험이 다르고 선택이 달랐기에 성격이 조금씩 달라지지만 그럼에도 결정할 때 따라붙는 규칙엔 공통의 속성이 있다. 바로 인간의 본성이다.

미국의 생물학자 에드워드 윌슨은 유전된 마음이 발달하는 과정에서 작용하는 규칙적인 속성을 인간 본성이라고 설명했다. 인간의 특성은 후성규칙에 따라 유전적 진화와 문화적 진화의 상호작용을 통해 형성된다. 후성규칙이란, 감각기관이 세계를 지각하고 우리의 마음이 기호체계를 통해 인식하는 방식에서 드러나는 유전적 편향을 일컫는다. 인간이기에 특정한 방식으로 반응하는 본능을 갖고 있다. 문명사회가 인간의 삶에 큰 영향을 미쳤으나 기나긴 세월 형성된 본성을 깡그리 바꾸지는 못했다. 우리의 본성은 조상들로부터 전승받은 결과이다.

침팬지와 보노보의 공통 조상으로부터 900만 년 전에서 600만 년 사이에 인간 계열의 조상이 갈라져 나오고, 인간의 직계 조상에서도 수십여 종이 생겨났다. 화석과 DNA를 분석한 결과 30만 년 전에서 20만 년 사이에 우리의 직계 조상인 호모 사피엔스는 최소 4종 이상의 다른 사람 종들과 같이 살았다. 현재 다른 사람 종들은 모두 사라졌다. 아주 긴 시간 동안 인간은 채집과 사냥을 했고, 농경은 고작해야 만 년밖에 되지 않았다. 만 년 동안 생활방식이 크게 달라졌어도 본성이 딴판으로 바뀌지는 않았다.

인간의 공통성에 대해 현자들은 알고 있었다. 맹자는 측은지심을 비롯해 네 가지 본성이 있다며 성선설을 가르쳤다. 순자는 인간의 본성이 거칠기에 예로써 다듬어야 한다며 성악설을 설파했다. 홉스는 성악설을, 루소는 성선설을 주장했다. 성선설이든 성악설이든 강조점이 다르지만, 인간이라면 본성이 있다고 뜻을 같이한다. 인간의 본성이 워낙 다채로워서 성선설도 일리가 있고 성악설도 일리가 있다. 순자나 홉스가 인간의 이기성에 주목했다면 맹자나 루소는 인간의 선함을 강조했다는 차이가 있을 뿐이다.

인간의 본성은 그 자체로 좋은 것도 나쁜 것도 아니다. 공포증을 예로 들어보자. 어떠한 상황이나 대상을 지나치게 무서워하는 건 그리 합리적이지 않다. 그렇지만 공포증을 없애기는 매우 어렵다. 아이들은 높은 곳을 질색한다. 쥐나 뱀이나 벌레를 접해본 적이 없더라도 선천적인 거부감이 잠재되어 있다가 몇 번의 학습만으로 쉽게 공포심을 갖는다. 아주 먼 과거에 형성된 본성이 현대인에게까지 이어지는 현상이다.

내면에 짐승과 천사가 다 있기에 짐승이나 천사로 자신을 단정하면 곤란하고, 짐승과 천사의 속성을 두루 알아야 한다고 파스칼은 강조했다. 짐승으로서의 본성을 모른 채 자신이 천사인 줄 착각하는 사람은 외려 짐승이 될 거라고도 경고했다. 스피노자는 인간에 대해 비웃거나 한탄하거나 분노하거나 저주하지 않고, 있는 그대로 이해하라고 나직이 속삭였다. 미움, 질투, 허영, 오만 등은 인간 본성의 잘못이 아니라 인간 본성에 속하는 성질이라며 담담히 통찰했다. 우리가 파스칼이나 스피노자에게서 배워야 할 것이 있다면 인간을 정직하게 관찰해서 심도 있게 파악하려는 태도다.

상스러움을 소상하게 들추지 않은 채 성스러움만을 가르치는 건 우리를 위선자로 만든다. 인간의 선한 아름다움을 밝히지 않은 채 인간의 추악한 일들을 나열하는 것도 우리를 비참하게 할 뿐이다. 누군가는 환멸을 느끼면서 자신을 한낱 동물로 여길 수 있는데, 인간동물로 대충 사는 일만큼 불행한 일이 없다. 본성이 있다고 해서 인생이 결정되지 않는다. 본성 때문에 인간에게 경악하며 실망하지만, 본성 덕분에 경이롭게 희망을 품는다.

언어의 탑재

언어의 기초인 인지 능력들이 출현함으로써 뇌가 작동하는 방식에 변화가 일어났으며, 인간의 뇌가 다른 뇌들과는 다른 방식으로 사건들을 생각하고 경험하게 되었다는 것이다. 인간의 뇌에 언어가 첨가된 것은 기능의 진화라기보다는 혁명에 가깝다고 볼 수 있다.

조지프 르두,『시냅스와 자아』

언어는 주어진 것을 초월하기 때문에 새로운 자아는 내일을 볼 수 있었다. 언어는 정신적 목표와 미래를 구현하기 때문에 새로운 자아는 육체적 욕망을 지연시키고 전환시킬 수 있었다. 결국 언어는 물질을 초월할 수 있었기에 물질적 재화를 정신적 상징으로 표현할 수 있었다. 이 모두는 인간 본성이 언어, 의사소통, 문화와 같은 새롭고 더 높은 수준에서 일부 재현된 것이었다.

켄 윌버,『에덴을 넘어』

인간의 본성 가운데 돋보이는 특징이 있다. 바로 언어의 사용이다. 언어가 언제 어떻게 탄생했는지 확실히 알기는 어렵다. 학자들은 여러 증거를 통해 조상들의 언어사용능력이 세밀한 수준으로 발전한 시기를 6만 년 전 즈음부터라고 추산한다. 언어의 기원이나 언어의 발달과정은 불분명하더라도 언어를 통해 인간이 특별한 존재가 되었다는 건 분명한 사실이다.

아기는 부모와 상호작용하면서 옹알이하다가 자연스레 말한다. 어느 지역에서 태어나든 본능적으로 언어를 구사한다. 그래서 노암 촘스키는 인간이 보편문법을 타고난다고 주장했다. 스티븐 핑커는 언어가 인간 두뇌의 구조 가운데 일부라고까지 주장했다. 아기는 부모나 타인의 언어를 분석해서는 언어의 일반 규칙을 파악해 무한한 수의 문장을 만드는 능력을 타고난다.

언어와 대화는 긴밀한 관계다. 언어는 대화하기 위해 만들어졌고, 타인과 대화할 때 가장 적절하게 사용된다. 책 읽기도 일종의 대화이다. 생각 자체가 언어에 의존한다. 인간은 혼자 있을 때조

2부. 자기 조명

차 자신과 대화하는 방식으로 생각한다. 우리는 언어로 세운 집에 거주하는 존재이다. 언어를 통해 정체성과 삶의 의미를 얻는다.

호모 사피엔스가 방계의 인간종들을 물리치고 유일한 인간 종이 될 수 있었던 이유 가운데 하나도 언어이다. 인간종들 가운데 언어사용능력이 가장 뛰어난 무리가 우리의 선조였고, 이 차이가 종의 흥망성쇠를 좌우했으리라고 추정된다. 4만 년 전에 호모 사피엔스와 네안데르탈인의 투쟁이 있었다. 네안데르탈인은 호모 사피엔스와 공통 조상에서 76만 5천 년 전에서 27만 5천 년 전 사이에 갈라져 나왔고, 20만 년 전에서 4만 년 전까지 유럽과 서아시아를 근거지로 삼아 활동했다. 그러다 4만 3천 년 전에 서아시아 지역에서 호모 사피엔스들이 유럽으로 진입하기 시작했고, 3천 년의 시간이 흐르자 네안데르탈인을 찾아보기 어려워졌다. 일부 산악지역에서 네안데르탈인 몇몇 무리가 목숨을 이어갔으나 그마저도 3만 5천 년 전에 모조리 멸종했다. 네안데르탈인 가운데 일부는 호모 사피엔스와 교배했고, 네안데르탈인 유전자의 3~4%가 현재 일부 사람들에게서 발견된다.

네안데르탈인은 뇌 용량에서 사피엔스와 큰 차이가 없었다. 체격은 사피엔스보다 우람했다. 그런데도 네안데르탈인이 패배했다. 네안데르탈인과 사피엔스의 차이 가운데 하나가 언어사용의 역량이었다. 네안데르탈인의 유골들을 분석하면, 그들은 기억과 언어기능에 관여하는 뇌의 측두엽이 호모 사피엔스보다 작았다. 네안데르탈인은 목구멍에서 허파를 연결하는 구조가 직선에 가까운 편인데 호모 사피엔스는 목구멍 뒤쪽에서 꺾임이 크게 있다. 사피엔스는 체류 공기량이 훨씬 많았고, 들이마시고 내쉬는 숨을 통해 성대를 울리면서 다양한 소리를 만들어냈다. 소리의 높낮이뿐만 아니라 빠르기, 억양, 강세까지 사피엔스는 목소리를 다채롭게 활용했다. 음성기호가 언어로 발달했고, 정교한 의사소통으로 단결력이 강해졌다. 집단의 응집력이 두 종족의 운명을 갈랐다.

사피엔스에게 언어의 중요성은 여전했다. 사람들과 어떤 관계를 맺느냐에 따라 생존과 번식이 판가름 났다. 이웃 부족과 갈등을 무마하고 협력을 도모할 때 치밀한 의사소통능력이 요구됐다. 부족끼리 연합할 때도 언어라는 촉매가 필요했다. 공통으로 사용되는 언어가 있어야만 대규모 집단이 유지될 수 있었다.

인간은 농경과 함께 글쓰기를 발달시켰다. 비록 인류사 내내 글을 읽고 쓸 수 있었던 사람은 극소수였으나 현대에 들어서 문맹이 줄어들고 글쓰기가 일상화되면서 커다란 변화를 일으키는 중이다. 책 읽기와 글쓰기의 보급으로 현대인의 마음이 확장됐고 감수성이 발달했다는 연구도 꽤 있다. 언어의 사용방식에 따라서 인간의 정신상태가 크게 달라진다.

인간의 언어사용은 단지 기능상의 진화라고 치부할 수 없다. 언어의 탑재는 혁명에 가까웠다. 언어의 기초를 제공하는 인지능력들이 출현하면서 인간의 뇌가 작동하는 방식이 급격하게 바뀌었다. 언어가 세계를 어떻게 변화시켰는지 침팬지와 비교해보자. 침팬지는 페르시안, 벵골, 터키시 앙고라, 시암, 랙돌, 시베리안, 브리티시 쇼트헤어, 러시안 블루, 스핑크스 등과 마주할 때 그 하나하나의 인상을 받아들이면서 각 개체를 파악할 것이다. 약간씩 생김새가 다른 개체들을 아우르는 특유의 공통점을 침팬지가 포착할 수 있겠지만, 고양이라는 개념을 떠올리기는 어려울 것이다. 반면에 인간은 언어를 사용해서 대상을 분류해서 추상화한다. 인간은 고양이라는 개념을 통해 다양한 개체들의 공통성을 단박에 포착한다. 우리는 고양이라는 개념을 통해 어슬렁거리는 어떤 생명체를 냉큼 규정한다.

언어가 탑재되면서 인간은 추상화할 수 있었다. 추상화를 통해 세계를 바라보는 방식이 뿌리째 달라졌다. 허구의 개념과 상징을 만들어냈고, 개념과 상징을 통해 자신과 세계를 이해했다. 우리가 아는 세계란 세계 자체가 아니라 세계에 대한 개념과 상징이다.

       2부. 자기 조명

언어의 혜택을 누리려면 대가를 치러야 했다. 언어가 현실 자체는 아닌데, 언어를 통해 표현된 현실이 진짜 현실이라고 혼동한다. 우리가 알고 있는 현실이란 진짜 현실이 아니라 현실을 묘사하는 언어일 뿐이다. 하지만 우리는 자신이 현실을 알고 있다고 믿어 의심치 않는다. 인간이 자신을 오해하는 일도 언어와 관련되어 있다. 나를 설명하는 언어가 나 자체는 아닌데도 언어로 설명된 나를 나 자신이라고 착각한다. 근사하게 자서전을 써놓은 뒤마치 자신이 실제로 글 속의 인물이라는 오해가 발생하는 것이다.

경이로운 신체

처음부터 타자들의 세계에 배당된 신체는 타자들의 자국을 지니고 있고 사회적 삶의 도가니 안에서 형성된다. 그 뒤에야 어떤 불확실성과 더불어 혹시 내가 정말 그렇게 하려 한다면 내 몸은 내 것이라고 주장할 수 있다. 나의 "의지"의 형성보다 먼저인 이 점을 내가 부인한다고 해도, 내가 내 옆에 가까이 두겠다고 선택하지 않은 타자들과 나를 나의 신체가 연결한다.

주디스 버틀러, 『불확실한 삶』

우리의 몸은 완벽하게 디자인된 고정불변의 기계가 아니다. 몸은 역사적 존재이며 끊임없이 변화한다. 자신의 내부환경 및 외계와의 면역학적 만남을 통해 우리의 몸은 끊임없이 자신을 주장하고 규정하며 새롭게 태어난다.

강신익, 『몸의 역사, 몸의 문화』

수십만 년 전에 인간의 방계가 많았듯 그보다 먼 과거엔 방계가 더 많았다. 생명은 끝없이 다양성을 추구한다. 여러 화석과 증거들로 미루어보건대 200만 년 전 아프리카에서는 적어도 세 종의 오스트랄로피테쿠스가 동시대에 살았다. 그들이 어떻게 살았을지 세세히 파악하기는 어려우나 직립보행을 했으리라 어림짐작할 수 있다.

직립보행은 인류사를 여는 서막이었다. 유인원들이 대개 주먹을 쥐고 앞발로 걷는 데 비해 인류의 선조들은 상체를 세운 뒤 걸었다. 허리를 곧추세우면서 신체구조는 크게 달라졌다. 공기의 저항을 줄이고자 유선형으로 몸이 변했다. 보행속도를 유지하면서 오래 걸을 수 있도록 팔다리뿐 아니라 호흡기관이 진화했다. 털이 퇴화했다. 뜀박질한 뒤 땀이 금방 식었다.

진화가 이로운 결과만 산출하지는 않는다. 얻는 게 있으면 잃는 게 있는 법이다. 직립보행은 인체에 무리를 가했다. 가뜩이나 무거운 머리가 지표면에서 가장 높은 곳에 있어 가냘픈 목으로 균형을 잡아야 하는 부담이 생겼다. 허리나 무릎에도 하중이 가해졌다. 네발로 보행하던 동물이 직립보행한 결과 우리는 목과 허리와 무릎에 통증을 겪는다.

탈이 날 때면 몸을 돌아보게 된다. 우리는 평소에 몸을 별로 의식하지 않고 살아간다. 몸은 소외되어 있다가 문제를 일으키면서 자신의 존재감을 압도적으로 드러낸다. 아플 때마다 우리의 존재가 얼마나 몸에 속박되어 있는지 새삼스레 체감한다.

건강은 현대인의 주요 관심사다. 음식의 열량을 따지고, 꼬박꼬박 운동하며, 햇볕 차단제를 바르고, 영양제를 챙기며, 숙면하고자 노력하고, 건강 정보를 얻고자 귀를 쫑긋 세운다. 이처럼 노력하더라도 건강의 필수인데 홀대하는 요인이 있다. 바로 타인이다.

인간의 신체는 타인의 신체와 정보를 주고받는 열린 체계이다. 마음을 나눈 사람 사이엔 눈으로 보이지 않는 긴밀한 연결망이 생긴다. 몸과 몸이 멀어지면 연결망이 느슨해지다가 끊어진다. 이별을 겪거나 가까운 사람이 세상을 떠날 때 건강이 급격하게 나빠진다. 그동안 몸 상태가 원활할 수 있도록 이바지하던 타인이 사라졌기 때문이다. 타인이 곁에 없으면 신체기능은 교란된다. 나의 몸이 제대로 작동하려면 남의 몸과 함께해야 한다. 건강이란 건강한 사람들 사이에서 함께 산다는 뜻이다. 몸과 몸이 섞이면서 몸이 만들어졌고 몸들 사이에서 몸이 유지되다가 몸들로부터 멀어져서 고통받는다.

타인이 곁에 있다가 없으면 괴로우니 아예 처음부터 가까운 사람을 만들지 않는 게 나아 보일지도 모른다. 하지만 고독이라는 지독한 고통이 들이닥친다. 인간의 몸은 타인의 몸과 상호작용해야만 건강할 수 있다. 사랑받지 못하는 사람은 고독의 고통에 처절하게 몸부림친다. 인간은 접촉을 염원한다. 우리가 거울 앞에서 자신을 끊임없이 단장하는 까닭도 몸을 통해 인간관계가 엮이기에 그렇다. 사랑받고 싶어 화장품을 사고, 식단조절을 통해 살을 빼며, 미용실에 가고, 운동하면서 맵시를 가꾼다.

몸은 타인과 연결되어 작동할 뿐만 아니라 마음과도 밀접하게 결부되어 있다. 예컨대, 심장은 고독이나 충격에 민감하게 반응한다. 영단어 Heart가 심장이자 마음을 뜻하듯 한자어 심장心腸도 마음을 반영하는 동시에 마음에 관여한다. 심장이식수술을 받은 환자의 성격이나 행동방식이 심장증여자와 유사해진다는 연구보고도 있다.

몸은 역동성을 지녔다. 몸무게는 매일 조금씩 달라진다. 키도 아침과 저녁이 다르다. 체세포는 1초에 580만 개가 교체된다. 날마다 3300억 개의 세포가 죽고 새롭게 태어난다. 세포마다 수명이 다르고 교체주기가 다르지만, 대부분 체세포는 25~30일 정도 살고 1년 정도 지나면 이전의 체세포는 모조리 사라진다. 세포는 그 자체로 경이로운 결과물이다. 린 마굴리스는 생명이란 공생 진화를 통해 살아남은 공생자들이라고 주장했다. 아주 작은 세포조차 미토콘드리아와 공생한다. 발전소 노릇을 하는 미토콘드리아를 통해 세포는 에너지를 얻는다. 세포 하나하나가 공생의 산물이다. 인간의 몸은 거대한 공생물이다.

우리 몸에는 알려지지 않은 공생자들이 수두룩하다. 특히 미생물은 관심을 더 받아 마땅한 생명체다. 체내 미생물들의 무게를 합치면 무려 1.5~1.4kg이나 된다. 그들의 숫자는 인체의 모든 세포 숫자보다도 많다. 위장관엔 대략 10,000종의 미생물이 살면서 소화를 돕고 800만 개의 유전자를 공급한다. 장내에서 활동하는 미생물들은 소화나 체중유지에 중요한 기능을 수행한다. 나아가 면역계를 총괄하면서 자가면역질환이나 제1형 당뇨병 등을 예방하며, 정보물질을 만들어서 성격이나 기분이나 감정이나 식욕에 영향을 미친다. 장내 미생물의 분포비율을 건강한 상태로 바꿔주면 불안이나 우울증세가 나아진다는 연구결과도 나왔다.

장내 미생물의 도움을 받는 데다 몸 자체의 면역계 덕분에 건강이 유지된다. 하지만 전 세계를 강타한 코로나19에서 알 수 있듯 인체는 낯선 병균의 침입에 취약한 측면도 다분하다. 육신은 노화되고, 탈이 나며, 질병에 걸리고, 상해를 입으며, 장애가 생긴다. 키가 크든 작든 피부색이나 이목구비가 어떠하든 우리는 몸을 통해 생겨나는 쾌락과 고충을 겪는다. 몸이 없다면 이 세계에 속할 수 없다. 몸을 이해한다는 건 삶의 희로애락을 이해하는 일이다.

몸은 우리가 부딪히는 한계이자 삶의 지평이다. 육체는 약하면서도 강하다. 스피노자는 자연법칙에 따라 신체가 무엇을 할 수 있는지, 신체능력의 한계란 어디까지인지 우리가 너무나 모른다고 촌평했다. 스피노자의 말마따나 우리는 몸에 대해 무지하다. 반면에 몸은 정직하다. 몸은 우리가 어떻게 살았는지를 고스란히 드러낸다. 몸을 들여다보면 삶이 보인다.

몸에 의존하는 뇌

몸은 무의식적인 마음이다!

캔더스 퍼트, 『감정의 분자』

그 누구도 쉽사리 체계의 바깥으로 외출하지 못한다고 하듯이 그 누구도 임의로 자신의 몸 바깥으로 나갈 수는 없다. 그러나 이 같은 몸의 주변자리에 대한 인식을 바탕으로 삶의 전체를 헤아리고 따질 수 있게 될 때 마침내 우리의 몸은 작고 견결한 실천들을 통해 외부성의 확보에 나설 수 있게 되는 것이다(인식의 전체성+실천의 일관성=외부성).

김영민, 『김영민의 공부론』

위급한 상황에서 우리는 머리를 감싸 쥔다. 뇌를 보호하려는 본능이다. 뇌는 무게가 몸무게의 2%밖에 되지 않아도 포도당의 20%가 뇌를 가용하는 데 쓰인다. 고비용의 기관인 만큼 뇌는 중요한 일을 수행한다.

인간의 뇌는 기나긴 세월을 거치면서 만들어졌다. 학자들의 추측에 따르면 최초의 뇌세포는 약 6억 년 전쯤 지렁이나 해파리와 비슷한 생명체에서 생겨났다. 그 뒤로 뇌세포의 축적을 통해 커진 뇌는 연결망이 복잡해지면서 한층 더 진화했다. 뇌에는 생명 운영과 환경 대응에 대한 작동원리가 태어날 때부터 깔려있다.

인간의 뇌는 크게 측두엽, 후두엽, 두정엽, 전두엽으로 이뤄진다. 뇌 부위 가운데 통제력을 관장하는 부위는 전전두엽으로써, 전두엽에서도 더 앞쪽에 있는 뇌 부위이다. 청소년들이 자신을 주체하기 어려운 까닭도 전전두엽이 다 성장하지 않았기에 그렇다. 20대 중반 이후 전전두엽의 성장이 마무리되면 청소년 시절보다 자제력이 올라간다. 전전두엽의 미발달이 자제력에 영향을 미치듯 뇌의 손상도 막대한 영향을 미친다.

그동안 폭력, 우울증, 중독, 나태 같은 현상 앞에서 인류사회는 당사자를 흉보거나 벌주는 데 급급했다. 그러나 과학이 발달할수록 문제의 책임을 한 개인에게만 전가할 수 없다는 사실을 깨닫는다. 과거에 귀신 들렸다면서 고문당하거나 처형당한 사람들은 조현증 환자였을 것이다. 그렇다면 학대나 다름없는 퇴마의식을 가하기보다는 치료받게 하는 것이 바람직한 대처이다. 마찬가지로 뇌가 손상되어서 범죄를 저지른 이들이 꽤 있을 것이다. 그렇다면 그들을 그저 오랫동안 가두거나 무작정 처단해버리는 건 현명한 대응이라고 할 수 없다. 징벌하는 데 열을 올리기보다는 범죄자를 치유하면서 진정으로 교도하는 것이 더 낫지 않을까? 나아가 사람이 왜 일탈하고 범죄를 저지르는지 파악하고자 더 분발해야 하지 않을까?

뇌에는 신경가소성이 있어서 특정 기능을 담당하는 부위가 손상되어도 신경세포들 사이에서 신경연접부가 새로 생겨나 이전 기능을 다른 부위가 대체할 수 있다. 신경가소성이란 성장과 재조직을 통해 변하는 신경회로의 성질을 가리킨다. 뇌 일부를 다쳐도 신경가소성 덕분에 뇌 상태가 회복될 수 있다. 젊은 시절엔 신경가소성이 원활해서 성격이나 행동이 단기간에 달라지기도 한다. 반면에 나이가 들면 좀처럼 바뀌지 않는다. 신경가소성의 저하로 성인의 학습속도는 어린이에 견주어 대폭 떨어진다. 그래도 신경가소성의 저하가 나쁘지만은 않다. 나이가 든다는 건 살아가는 방법을 터득했다는 뜻이므로 새로운 방식을 서둘러 익히기보다는 기존 방식을 유지하는 게 유리할 수 있다. 달라지려는 진보성이 자연스러운 경향이듯 전통을 유지하려는 보수성 역시 자연스러운 경향이다.

뇌의 구조는 최적의 합리성을 실현하고자 최선으로 설계된 결과가 아니다. 오랜 시간 속에서 절충하며 만들어졌다. 이러한 뇌의 한계로 말미암아 우리는 때때로 뚱딴지처럼 굴고, 분위기에 휩쓸려 멍청한 선택을 하며, 편향성을 지닌 데다 기억력마저 썩 좋지 못하다. 이처럼 불합리한 측면들이 있더라도 인간의 뇌는 그럭

저력 쓸 만하다.

뇌는 느낌과 감정을 정보원으로 삼아 작동한다. 예컨대, 기운이 처진다는 정보가 전송되면 뇌는 배고픔이라는 신호를 만들어낸다. 배고픔은 현재의 불균형상태를 개선하려는 충동이다. 이런 신체변화의 표상으로 생각이 떠오른다. 생각의 재료가 되는 충동과 정서는 뇌와 몸의 상호작용을 통해 만들어진다. 충동과 정서는 특정 상황에 맞는 행동을 하도록 우리를 유도한다.

미국의 철학자 힐러리 퍼트넘은 뇌를 쏙 빼서 통 속에 넣은 뒤 전선을 연결하면 어떻게 될지 상상의 나래를 펼쳤다. 이른바 통 속의 뇌 실험이다. 과학자들이 신체에서 떼어낸 뇌를 작동시키려고 연구했더니 인체처럼 복잡하게 상호작용할 수 있는 것이 필요했다. 뇌가 정보를 집적하고 느낌을 처리하려면 신체가 있어야 한다. 몸에서 떨어진 뇌는 커다란 호두에 불과하다.

뇌는 자신을 포함하는 몸에 의존하고, 몸은 자신을 포함한 세상에 의존한다. 우리의 뇌가 이 정도 크기가 된 것도 사회관계의 반영이다. 생물학자 로빈 던바는 뇌 용적이 자신이 속한 집단의 규모에 비례한다는 사실을 밝혀냈다. 집단의 크기가 확장될수록 그 안의 구성원들 사이의 상호관계는 훨씬 복잡해진다. 인간은 자신과 상대의 관계뿐만 아니라 상대와 또 다른 구성원들의 관계도 파악하려고 든다. 알아야 할 구성원이 많아지면 그만큼의 정보를 처리하고자 뇌의 용량이 커진다. 사회성이 높은 동물을 보면, 뇌의 용량이 크고 지능도 높다. 190만 년 전에서 1만 년 전 사이에 살았던 인류 조상들의 두개골 175점을 조사했더니 인구밀도가 더 높은 장소에서 발견된 두개골의 두께내 용량이 더 컸다. 집단이 커지고 경쟁이 심화하면서 더 높은 지능에 대한 선택압력이 증가했으리라 추정된다.

마음은 뇌와 긴밀하게 상호작용할 뿐 아니라 몸 전체와 결부되어 있다. 미국의 신경과학자 캔더스 퍼트의 연구진은 세포와 장기들이 정보물질을 통해 의사소통하는 방식을 입증했다. 정보물질은 뇌뿐 아니라 면역계와 소화계와 내분비계에서도 분비되고 수용되면서 몸 전체가 긴밀하게 매 순간 의사소통한다. 캔더스 퍼트는 상황을 파악하고 판단하는 기능은 뇌에서만 일어나지 않고 몸전체를 통해 이뤄진다면서 '움직이는 뇌'라는 개념을 제시했다.

사람의 마음이 있으려면 몸이 있어야 한다. 몸을 위해 마음은 여러 임무를 부지런하게 수행한다. 마음은 몸 전체의 하인이라고 이탈리아의 신경생리학자 안토니오 다마지오는 설명한다. 물론 마음은 몸에 봉사만 하지 않는다. 마음은 신체의 자동화된 반응을 조절한다. 외부에서 몸에 가해지는 영향을 예측하며 그에 따른 준비를 한다. 마음은 갖가지 정보를 바탕으로 변화를 일으키거나 현상태를 유지하고자 계획을 세우고 전략을 짠다.

뇌와 몸의 관계 가운데 주목할 점 가운데 하나는, 뇌가 자신의 신체상을 만들어내고는 그 신체상을 자신이라고 인식한다는 사실이다. 사지가 절단된 사람도 자신에게 없는 부위에 통증을 느낀다. 시각장애인은 지팡이를 자신의 신체처럼 감각한다. 안경을 오래 쓰는 사람에게 안경은 자신의 일부이다. 인간의 자아 감각은 조정된다. 사이보그가 만들어질 수 있는 이유이다. 인간의 자아는 외부에서 추가한 다른 요소도 수용하는 유연성이 있다.

자유의지는 있는가

다음의 사실을 의심하지는 말라. 즉 그대의 행위는 [그대가 행하는 것이 아니라] 행해진다! 모든 순간에 말이다! 인류는 항상 능동과 수동을 혼동해왔다. 그것은 인류가 영원히 범해온 문법상의 오류다.

프리드리히 니체, 『아침놀』

우리 행위가 가진 명백한 원인의 배후에는 우리가 공언하지 못하는 비밀스러운 원인이 분명히 존재하고 있으며, 이처럼 비밀스러운 원인의 배후에는 더 비밀스러운 원인이 또 자리잡고 있다. 우리의 일상적인 행동은 대부분 우리가 이해하지 못하는 감추어진 원인의 결과이다.

귀스타프 르 봉, 『군중심리』

누구나 알다시피 뇌는 분명 중요한 기관이다. 그런데 뇌의 중요성을 강조하다 못해 뇌가 나의 주인이며, 우리에게 자유의지가 없다는 주장이 불거지고 있다.

논쟁에 불을 지핀 인물은 미국의 신경과학자 벤자민 리벳이었다. 벤자민 리벳은 독일의 신경과학자 한스 코른후버에게서 영감을 받았다. 코른후버는 운동하기 전에 뇌에서 아주 짧게 전하가 생긴다는 것을 발견했다. 이 전하를 코른후버는 준비 전위라고 불렀다. 준비 전위란 어떤 의도의 근육운동이 이뤄지기 전에 두뇌에서 나타나는 전류 신호이다. 마음먹기에 앞서 신경계의 변화가 있다. 눈떠야겠다고 생각을 해서 눈뜨려는 뇌파가 발생하는 게 아니라 눈뜰 준비 전위가 일어난 뒤에 눈뜨겠다는 생각이 일어난다는 얘기이다.

벤자민 리벳은 후속연구를 통해 준비 전위가 발생한다는 코른후버의 연구를 입증했다. 나아가 운동을 결심하는 데 드는 시간 그리고 준비 전위가 생겨나는 시간을 면밀하게 계산했더니, 행동하고 싶은 욕구를 느끼기 0.2초 전에 준비 전위가 일어났다. 뇌의 전기 활동을 관찰하는 것만으로 앞으로 어떤 행동을 할지 예견할 수 있는 셈이다. 훗날 벤자민 리벳의 연구를 검증하는 실험이 세밀하게 이뤄졌다. 리벳의 실험결과와 아주 근소한 차이가 있었어도 행동결심을 하기 전에 준비 전위가 일어나는 건 분명했다.

사람들은 난감해졌다. 어떤 행동을 하겠다는 생각을 품기에 앞서 준비 전위가 일어나니 특정한 행동을 하도록 정해진 거라는 의혹이 들 수밖에 없었다. 주체적으로 행동을 결정하기보다는 뇌에 변화가 먼저 있고 그다음에 그 선택을 따르는 것으로 보이기에 그렇다. 일부 학자들은 자유의지가 환각이라는 주장의 근거로 리벳의 실험을 사용했다.

그러나 벤자민 리벳은 자유의지가 없다는 주장에 동의하지 않았다. 리벳에 따르면, 어떤 행동을 하려는 욕구의 의식이 생긴 뒤 그 의식을 실제로 행동으로 옮기는 아주 짧은 찰나에 의식의 결정을 거부하는 기회가 존재한다. 자발적 행위를 시작하는 과정은 우리가 의식하기 어려운 뇌의 영역에서 일어나지만, 행위가 시작되기 직전에 그 행위를 할지 안 할지 결정한다. 인간에게는 의식적 정신의 장이 있다. 의식적 정신의 장은 뇌의 활동을 통해 나타나고, 신경세포들을 통해 작용한다. 의식적 정신의 장은 뇌의 특정 부위가 관장하는 게 아니라 수많은 여러 부분을 통합해 작용하고 과거의 경험과 미래의 전망을 헤아려 선택한다.

과연 우리에게 자유의지가 있을까? 사실 자유의지에 대한 고민은 역사가 길다. 아우구스티누스는 자유의지가 아담에게만 있었을 뿐 그 이후 원죄를 대물림한 인간들은 악을 행할 자유밖에 없다고 주장했다. 기독교개혁의 포문을 연 마르틴 루터도 부자유한 의지에 관해 글을 썼다. 전지전능한 신이 변화불가능하고 오류불가능한 의지로 모든 것을 미리 결정하기 때문에 인간의 자유의지는 루터가 보기에 얼토당토아니한 망상일 따름이다. 뜬금없는 사건 같더라도 신의 의지에 따른 필연이다. 루터는 인간의 이성을 창녀에 빗댔고, 인간은 노예의지를 지녀서 은총이 아니고서는 구원받을 수 없다고 강변했다.

아우구스티누스와 루터처럼 내로라하는 신학자들이 자유의지에 의심의 칼을 겨눴으나 대체로 기독교는 자유의지를 장려했다. 아담과 이브가 자유의지로 선악과를 따먹으면서 죄를 지었다고 간주했다. 기독교는 악행을 할지 선행을 할지, 신에게 순종할지 거역할지 결정할 수 있는 자유의지가 있다면서 회심하라고 전도했다. 기독교의 영향 아래에 서구인들은 자유의지가 있다고 믿으며 자신이 삶을 만든다고 여겨왔다.

자유의지가 있다는 생각은 우리가 자신을 생각하는 방식과도 부합했다. 인간의 의식은 합목적성을 원한다. 모든 것에는 근거나 원인이 있으리라 가정하고는 사방에서 의미와 합목적성을 찾으려 든다. 어떤 일이 무슨 원인으로 일어났는지 파악하고자 노력하고, 세계가 합리적이라고 믿는다. 역사에 방향을 설정하고, 우리가 어디서 와서 어디로 가고 있는지 서사를 구성한다. 자기 생각이 실재와 일치하는지는 쉽게 검증되지 않는다. 당장 불이익이 크지 않다면 특정한 생각을 한동안 유지한다. 마찬가지로 자신에 대한 오해가 분명한 불이익을 가져다주지 않는 한 자신에 대한 착각이 이어진다.

예컨대, 나의 삶이란 사실 부질없을 수 있다. 그냥 태어났다가 덧없이 죽는 것이 진실일지도 모른다. 하지만 이런 견해는 의욕을 감퇴시킨다. 인생이 헛되다고 생각하는 사람은 축 처져서 지내다 어처구니없이 죽을 가능성이 크다. 이와 달리 자기 삶에 의미가 있다는 믿음이 확고하면 어떻게든 난관과 곤궁을 극복할 가능성이 커진다. 의지도 의미와 비슷하다. 환상에 불과할지 몰라도 자신의 의지로 자유로이 산다는 믿음은 인간의 기분을 좋게 했다. 인생을 자신이 결정한다는 믿음은 생존에 이로웠다. 그 결과 자유의지를 지닌다는 믿음이 퍼졌다.

인류는 오랜 세월 철학과 종교와 문화를 통해 자유의지가 있다는 믿음을 주입받았다. 현자들이 등장해서 인간의 자유의지가 환상이 아니냐는 의문을 슬그머니 비쳤으나 모두를 설득시키지는 못했다. 하지만 대다수 사람이 수용한다고 해서 진실이 되는 게 아니듯 다들 거부한다고 해서 거짓이 되지도 않는다. 19세기의 사

람들이 진화를 받아들이기 거북해했듯 현대인들도 자유의지가 있
느냐는 의문을 곱씹기 힘들어한다.

미국의 신경과학자 샘 해리스는 자유의지가 없다고 일갈했다.
내가 다르게 행동할 수도 있었다고 말하는 것은 어떤 일을 하고
난 뒤 뒤늦게 하는 허망한 생각일 뿐이며, 과거의 자신을 정직하
게 직시하지 않고 미래에 대한 희망을 투사하는 것에 지나지 않는
다고 지적했다. 내가 자유롭다는 믿음은 지난날에 왜 그랬는지는
모르지만, 앞으로는 왜 그러는지 정확히 알고 자유로이 행동할 수
있다는 오해를 깔고 있다.

사실 내 행동을 설명해줄 근본의 원인은 나에게조차 알쏭달쏭
하다. 이를테면 우리가 누군가와 사귈 때 그 사람의 장점을 말할
수 있지만 정작 왜 그 사람과만 내밀한 관계를 맺어야 하고 호감
은 왜 굳이 생겨나는지 명확하게 알지 못한다. 그냥 생화학적 신
경화학물의 분출에 따라 누군가를 좋아하고, 사회규범대로 관계
한다. 타인을 좋아하고 사귀는 경험은 자기 자신이 하더라도 좋아
하는 감정과 관계방식을 결정한 근본 원인은 자신이 아닌 셈이다.

우리 행위를 결정하는 이유에 대한 의식을 동반하지 않은 우리
행위에 대한 의식을 자유라고 스피노자는 촌평했다. 어렵게 표현
된 스피노자의 말을 풀어내면, 무엇이 자신의 행위를 결정하는지
알지 못하기에 우리는 자신이 자유롭다고 오해한다는 얘기이다.

자유의지를 고민할 수 있는 존재

철학적 문제들이 어려운 것은 그것들이 신성하거나 환원 불가
능하거나 무의미하거나 현실적인 과학이기 때문이 아니라, 호
모 사피엔스의 마음에 그런 문제를 해결하는 인지적 장비가 없
기 때문일 것이다. 우리는 천사가 아니라 유기체이고, 마음은
진리로 통하는 파이프라인이 아니라 생물학적 기관이다. 마음

은 조상들의 생사를 좌우한 문제들을 해결할 수 있도록 자연선택에 의해 진화했지, 정확함을 벗삼기 위해서나 온갖 질문에 답하기 위해 진화한 것이 아니다.

스티븐 핑커, 『마음은 어떻게 작동하는가』

뇌는 우리가 의식 있는 삶을 살아가기 위한 필요조건이다. 그러나 뇌가 우리의 의식 있는 삶과 동일한 것은 아니다. 필요조건은 충분조건이 아니다.

마르쿠스 가브리엘, 『나는 뇌가 아니다』

우리가 자기 행동의 원인을 속속들이 간파하지는 못하더라도 행동의 원인을 아예 모르지는 않는다. 자신을 잘 알면 알수록 자신의 말과 행동을 주체하게 된다.

미국의 신경과학자 마이클 가자니가에 따르면, 물리계인 뇌가 현상계인 삶을 결정하지 않는다. 두 차원은 연관되더라도 다른 원리로 구성된다. 뇌는 행위가 일어나는 곳이 아니다. 뇌에서 여러 행동에 관여하는 전류가 일어나더라도 의식으로 출현하기까지 시간이 걸린다. 우리는 뇌에서 보내온 모든 전기신호를 행동으로 옮기지 않는다. 무의식의 결정에 대해 거부권을 가진 셈이다. 어떤 생각을 하고 어떤 감정을 품을지 제어하지 못하지만, 무의식적으로 선택한 결과를 승인하지 않는 주체성을 지녔다. 뇌는 자동이더라도 우리는 자동인형이 아니다. 뇌가 우리를 조종한다고 주장하는 이들도 자신을 뇌파의 꼭두각시라고 자인하지 않는다.

뇌라는 물리체계가 우리를 결정하지 못하는 건 자명하다. 인간의 행동 하나에도 타인, 사회, 문화 등의 헤아릴 수 없이 많은 체계가 관여한다. 우리의 마음에서는 여러 힘이 부딪치면서 격돌한다. 살면서 겪는 경험이 뇌를 변화시킨다. 특히나 인간에겐 정신이 강력하게 작동한다. 우리는 복잡하게 상호작용하는 환경에 따라 이루어지는 창발적 정신상태를 따른다. 완벽한 자유의지를 갖고 있지 않더라도 삶을 이끄는 정신이 있다. 나의 정신상태에 뇌가 영향받는다. 뇌와 정신의 상호작용 속에서 인생이 빚어진다. 자기반성과 현실에 대한 검토를 통해 인간은 자극에 반응하는 수동적인 존재가 아니라 현실의 공동창조자가 된다.

고양이를 보면서 고양이의 뇌라고 하지 않는다. 인간도 마찬가지이다. 인간을 뇌로 한정해서 설명하는 건 인간에 대한 이해가 알량하다는 자백일 뿐이다. 일찍이 라이프니츠는 인간의 두뇌를 방앗간 크기로 확대해서 그 안을 아무리 헤집어도 의식을 찾지 못하리라고 내다봤다. 뇌는 의식을 소유하지 못한다. 뇌에 지나치게 집중된 조명을 우리 자신에게로 돌려야 한다.

내가 자유로운 의지를 지녔는지 아닌지의 혼란은 우리 자신이 수수께끼라서 생기는 문제이다. 좀처럼 풀리지 않는 난제들이 많다. 왜 우주가 있는지, 왜 생명이 탄생했는지, 생명의 역사에서 인간이란 어떤 의미인지, 어떻게 사는 게 맞는지 같은 문제들이 수북하게 쌓여있다. 종교와 철학에서 답하려고 애썼으나 모두가 동의하는 답을 제시하지는 못했다. 내가 누구인지에 대한 물음도 쉽게 답이 나오지 않는다. 과학의 발전을 통해 과거에는 몰랐던 사실들이 알려지더라도 여전히 나에게 나는 아슴푸레하기만 하다. 뇌는 세상의 진리를 탐구하기 위한 최적의 도구가 아니다. 우리는 한계 있는 도구를 갖고 자신을 알아내야 하기에 애처롭다.

이것이 꼭 나쁜 소식은 아니다. 나 자신을 잘 몰라서 당혹스럽지만, 바로 그 덕분에 더 많은 것을 알고자 노력한다. 고민하고 공부하는 만큼 예전보다 더 깊은 이해가 생긴다.

곰곰 생각해보면, 아주 긴 시간 진화를 거치면서 과거의 흔적을 지닌 인간에게 완벽한 자유의지가 있다는 발상 자체가 망상일지 모른다. 자유의지가 있는지 없는지 정확하게 판별할 수 있다는 생각도 지나친 욕심이다. 그럼에도 우리는 자유의지에 대해 고민할 수 있는 존재이다. 자유의지를 무작정 믿는 것이 아니라 자신을 관찰하면서 이해할 수 있다.

우리가 자유의지를 지니고 있으니 언제나 자율적으로 결정을 내린다는 믿음은 위험하다. 믿고 싶은 모습을 실제 자신이라고 착각하기에 그렇다. 우리는 자유롭게 의지를 행사하지 않는다. 일상 모든 부분에 통제력을 갖지 못한다. 수많은 상황이 특정한 선택을 유도하고 강요한다. 우리는 하루에도 수많은 결정을 내리는데, 자유의지로 이루어지는 건 많지 않다. 무엇을 먹을지, 누구를 만날지, 어떤 말을 할지, 밤을 어떻게 보낼지 등 자유롭게 선택하지 않는다. 상황에 휩쓸려서 자동으로 이루어진다. 직업만 보더라도 자유의지는 그다지 발휘되지 않는다. 살아오는 과정에서 처한 환경과 여러 우연의 결과로써 특정한 직업군에 종사한다.

때로는 지금과 아예 다른 선택을 할 수 있는 절대적 자유의지가 있는 것처럼 느껴지는데, 아도르노는 결단을 내리는 절대적 자유라는 관념이 환상이라고 갈파했다. 주위 상황과 아무런 연관 없이 이뤄지는 절대적 선택이란 뜬구름 같은 개념이다. 자유의지가 있다는 생각은 내가 세계로부터 독립되어 있다는 믿음을 기반으로 형성된다. 이건 심각한 오해이다. 나는 언제 어디서건 세계와 연결되어 있다. 자유의지라는 해묵은 오해에서 벗어나면 인간에 대한 이해가 또렷해진다. 사람이 바뀔 수 있는 부분에서는 변화를 부탁한다. 개인의 의지로는 변하기 어려운 부분에 대해서는 다른 방책을 찾는다.

자유의지에 대한 환상이 깨진다고 해서 삶이 결정되었다는 식의 허무주의로 치달을 까닭이 없다. 자유의지가 있다는 생각이나 없다는 생각 모두 관념에 지나지 않는다. 자유의지론이나 결정론은 대립하는 양극이지만, 둘 다 한갓진 이론이다. 이론이 요긴한 도구더라도 현실은 이론이 아니다. 자유의지론이나 결정론은 그 자체로 진리가 아니라 우리가 자유로운지 아니면 결정되어 있는지 돌아보게 하는 도구일 뿐이다.

자유의지론이나 결정론 자체가 서구의 논쟁이기도 하다. 서구인들은 한 인간을 개체로 바라보는 문화전통 속에서 자유를 부르짖거나 운명의 포로라고 개탄했다. 아시아 지역은 좀 달랐다. 개체 중심의 사고를 하기보다는 관계의 맥락과 변화의 역동성을 강조하기에 자유의지가 중요한 개념이 아니었다. 자유의지가 있는지 없는지 따지기보다는 수양을 통해 불만족하고 부자유한 상태에서 벗어나 조화롭고 행복한 상태에 이르려고 했다. 이러한 실용성은 본받을 만하다.

타고난 기질들

우리는 누구라도 선함을 성취할 수 있다고 믿는 척하기를 포기할 수 없다. 그것을 포기한다면, 아름다움이나 지성처럼 선함도 운이 좋아야 얻는 것임을 인정해야 한다. 일상의 삶에서 '의지의 자유'가 환상에 불과하다는 사실을 받아들여야 한다.

존 그레이, 『하찮은 인간, 호모 라피엔스』

우리는 이성의 지시를 잘 따르지 않는다. 특히 이성이 어떤 이데올로기에 사로잡혀 있는 경우에는 더욱 그렇다. 나에게도 천성이 있고, 당신에게도 천성이 있다. 누구에게나 천성이 있다. 우리는 그 천성을 찾아내고, 그 천성과 한바탕 씨름을 벌여야 한다. 그런 후에야 자신과 타협할 수 있다.

조던 피터슨, 『12가지 인생의 법칙: 혼돈의 해독제』

과연 우리는 자유로운가? 자신의 천성으로부터도 자유로운가? 그저 타고난 특성대로 살 수밖에 없는 운명인가?

세상은 특정한 방식을 가르치고, 우리는 따른다. 물론 교육 효과가 신통치 않을 때가 숱하다. 자신의 기질을 완강하게 뿜어내는 이들이 드물지 않은 걸 보면 말이다. 세상을 바꾸겠다고 투쟁하던 사람들도 정작 일상에서는 자신의 본성과 투쟁하기를 그치고는 기질대로 살아간다.

기질의 위력을 알 수 있는 일화가 있다. 프랑스 파리로 망명해 택시운전사로 일했던 홍세화가 귀국해 20년 만에 동창들을 만났다. 한때 뜨거운 마음으로 사회변화를 꿈꿨던 동창들이었다. 그러나 홍세화의 동창들은 과거에 되뇌던 이론과는 별 상관없이 무의식적으로 풍겼던 기질에 따라 살고 있었다. 너무도 변해버린 동창들을 보면서 홍세화는 상념에 젖었다.

교육받은 내용이나 상황에 따라 가치관은 변할 수 있더라도 타고난 기질은 좀처럼 변하지 않는다. 나를 구성하는 것들 가운데 다수는 내가 선택하지 않았다. 성별, 재능, 성향, 성 정체성 등이 주어진다. 어떤 가치관이 또 다른 가치관보다 선뜻 끌린다. 자신이 못마땅한 나머지 자신을 바꾸고자 애쓸 때 사용하는 것조차 내게 주어진 자질이다. 에리히 프롬은 활력, 인생에 대한 사랑, 용기 그리고 수많은 것들이 기질에 포함된다고 이야기했다.

특정한 기질을 갖고 태어난 자신이 환경 속에서 어떤 영향을 받아 변화해왔는지 헤아리면 자신을 깊이 이해할 수 있다. 정체성, 동기, 감수성, 의욕, 공포, 예민함, 부지런함, 사회성 등의 성질은 쉽게 바뀌지 않는다. 한 심리학자는 아기를 상대로 감정반응을 시험해서 측정했다. 신기한 사물이 등장하면 아기들은 움츠러들거나 궁금해하거나 울음을 터뜨리거나 찬찬히 만져봤다. 그는 아기들을 몇 해 간격으로 수십 년 동안 추적 관찰했다. 놀랍게도 생후 4개월 때 감정반응의 특성과 강도는 성인이 되어서도 이어졌다. 불안한 아기는 불안한 어른이 됐고, 담대한 아이는 담대한 성인이 됐다.

인간은 환경에 적응한다. 하지만 성격의 유연성에는 한계가 있다. 인간은 무엇이든 쓸 수 있는 백지가 아니다. 이미 무언가가 잔뜩 칠해진 채 태어나서는 그 위에 덧칠하는 그림에 가깝다. 사람을 눈사람 만들듯 뚝딱 만들어낼 수 없다. 이미 특정 기질을 갖고 태어난 우리는 인생의 문제들을 풀어가면서 조금씩 자신을 조정할 수 있을 따름이다.

현대 신경심리학계는 인간의 성격을 두고 왈가왈부하던 논란에 종지부를 찍고, 신경계에 기반을 두고 있는 다섯 요인이 인간의 성향을 빚어낸다고 설명한다. 다섯 요인은 외향성, 성실성, 신경성, 친화성, 개방성이다. 외향성이 높으면 바깥으로 돌아다니길 좋아하고, 낮으면 혼자 조용히 있어도 괜찮다. 성실성이 높으면 무언가를 꾸준히 하고, 낮으면 좀 더 한가롭게 생활한다. 신경성이 높으면 외부의 자극에 민감하고, 낮으면 덤덤하다. 친화성이 높으면 싹싹하고, 낮으면 무뚝뚝하다. 개방성이 높으면 이색적인 경험을 찾고, 낮으면 안정을 중시한다.

이밖에도 우리는 수많은 특질을 타고난다. 도덕성도 타고나는 심리적 자질일 수 있다. 법과 종교와 사회규범을 통해 도덕성을 강화해왔는데, 여전히 인류 모두가 선하지는 않다. 어릴 때부터 올곧게 행동하려는 아이가 있는가 하면 알랑거리며 꾀부리거나 일탈에 흥미를 보이는 아이가 있다. 대부분 우리는 모든 인간이 더 착해질 수 있다는 믿음을 지닌다. 우리의 믿음은 문명의 교양이자 타인에 대한 신뢰를 나타낸다. 그러나 어쩌면 인간의 실상에 눈감으려는 나약함일지도 모른다. 누구나 노력하면 선해진다는 믿음은 인간 본성에 대한 증명이 아니다. 별다른 성찰을 거치지 않은 낙관은 고민 끝에 내리는 비관보다 위험할 수 있다. 근거나 고증 없이 자기 멋대로 세상과 타인을 단정하니 말이다.

우리는 인간이 얼마든지 선해진다고 믿거나 아니면 적어도 믿는 척이라도 하려 한다. 하지만 인간의 선함은 다른 자질들만큼이나 운의 속성을 띤다. 누군가는 아름다운 외모나 탁월한 지성을 타고나듯 또 다른 누군가는 어려서부터 마음 씀씀이가 어여쁘고 반듯하다. 물론 지나 미도 노력으로 어느 정도 성취할 수 있고, 선 역시 그러하다. 다만 처음에 갖고 태어나는 자질에 차이가 있다는 애기이다. 좋은 사람이 되는 건 사람마다 똑같이 달성할 수 있는 목표가 아니며, 같은 노력을 한다고 해서 똑같은 성과가 나오지도 않는다.

개인 간의 차이는 현대사회처럼 경쟁이 극렬한 사회뿐만 아니라 수렵채집부족 구성원들 사이에서도 나타난다. 평생 구조주의자였던 클로드 레비스트로스조차 남비콰라족을 연구하다가 개인의 차이가 전적으로 사회에서 연유한 것은 아니라고 정직하게 토로했다. 사회에서 어느 정도 가공되더라도 인간은 제각각 다른 자질을 지닌다. 우리는 자신을 변화시키고자 분투하지만, 자꾸 실패하고 자주 좌절한다.

천성에 대한 이해는 인간을 바라보는 시선을 확장한다. 자신을 마음대로 만들 수 있다는 환상에서 벗어나야만 자신과 화해한다. 본연의 특성을 있는 그대로 수용할 때 새로운 희망도 생겨난다. 이렇게 되었으면 좋겠다는 막연한 희망이 아니라 나는 어떤 사람이라는 근거를 바탕으로 개선책을 동반한 희망 말이다. 자신과 현실을 억지로 부정하거나 무조건 긍정하지 않고 무던하게 인정한다면 진정한 변화를 모색할 수 있다.

운명과 변화

인간은 누구나 자신이 신이 되어 자신의 뜻을 집행하지 않으면 안 된다. 운명의 여신은, 행동하는 인간을 돌보실 뿐, 기도만 하는 인간은 돌보시지 않는다.

오비디우스, 『변신이야기』

운명은 결정론과는 그토록 부합하지 못하는 반면 자유와는 그
토록 잘 부합한다. 즉 자유는 수준의 선택에 있다.

질 들뢰즈, 『차이와 반복』

누군가를 오랜만에 만났을 때 상대의 겉모습은 예전과 달라졌어
도 기질은 여전할 가능성이 크다. 우리의 어린 시절을 돌아봐도
유유하게 이어지는 성향이 있다. 천성은 쉽사리 바꿀 수 없다. 갑
자기 사람이 변하면 죽는다는 애기는 괜한 우스개가 아니다. 사람
이 좀처럼 달라지지 않기에 "사람 고쳐 쓰는 거 아니다"라는 말이
시중에 떠돈다.

세뇌나 고문조차도 한계가 있다. 한국전쟁 때 북한과 중국에 잡
힌 미군 포로들은 세뇌당했다. 공산주의를 찬양하면서 미국의 위
선과 죄악을 신랄하게 비난했다. 하지만 세뇌가 그들을 통째로 바
꾸지는 못했다. 석방되자 예전 상태로 돌아갔다. 사이비종교에 세
뇌당한 사람들도 패거리에서 빠져나오기만 하면 사리분별력을 금
세 되찾는다.

고문도 비슷하다. 재일조선인 서승과 서준식은 한국에 유학을
왔다가 간첩으로 몰려 20년 가까이 고초를 겪었다. 두 형과 재회
하면서 동생 서경식은 몹시 놀랐다. 강산이 두 번이나 변할 시간
이 지났는데 두 형의 기질이 변하기는커녕 훨씬 강화됐다. 서경식
은 자신을 돌아봤을 때도 천성의 기질이 좀처럼 변하지 않았다는
걸 자각했다. 사람이 변한다는 말도 옳지만 변하지 않는다는 명제
도 옳지 않느냐고 서경식은 화두를 던졌다.

사람이 변하느냐는 질문에 대한 답은 어디에 중점을 두느냐에
따라 달라진다. 모든 건 조금씩 바뀌고 인간도 끊임없이 변화를
겪는다. 외양도 변모하고, 가치관도 변동한다. 이렇게 통시적 관
점에서 보면 인간은 분명 변한다. 그런데 한 인간의 본질에 초점
을 맞추면 사람이 쉽게 바뀌지 않는다는 답이 도출된다. 각자 기

질을 타고나는 가운데 살아가는 과정에서 겪은 경험을 통해 특정한 성격이 생긴다. 성격이란 현실적응의 산물이다. 시간이 흐르고 환경이 변하면 성격이 달라지나 성격의 토대가 된 기질은 쉽게 달라지지 않는다.

천성은 나를 즐겁게도 하지만 인생을 험난하게 만든다. 느긋한 기질은 평소엔 서글서글하고 태평한 동시에 정체되거나 태만하기 쉽다. 자극에 쉽게 흥분하는 기질은 열정이 많아서 여러 일을 힘차게 벌이지만 마무리가 야무지지 못하다. 나의 단점이 나의 장점이다. 나는 나로 말미암아 울고 웃는다.

눈여겨보니 포커게임에 참여한 사람에 우리를 비유할 수 있다. 우리는 원치 않아도 특정한 패를 손에 쥔 채 경기장에 내던진 상태다. 자신의 패가 유리하거나 불리할 수 있다. 그렇다고 승부가 결정된 건 아니다. 앞으로 어떤 카드가 들어오느냐에 따라 상황이 급변한다. 처음에 주어진 패와 훗날 들어올 카드는 내가 어찌할 수 없다. 하지만 승부가 순전히 카드로만 결정되지는 않는다. 우리의 역량에 따라 승패가 판가름 난다. 주어진 패 가운데 어떤 카드를 버리고 나중에 들어올 카드와 어떤 조합을 도모할지는 내가 결정한다. 나의 카드가 무엇인지보다 더 중요한 게 있다. 타인과의 관계다. 내가 좋은 패를 가져도 상대가 더 좋으면 진다. 나의 패가 탐탁잖아도 상대가 지레 포기하면 이긴다. 우리는 경기에서 승리하도록 무표정한 얼굴을 연출하거나 일부러 호기로운 태도를 보인다. 상대를 도발해서 판단력을 흐트러뜨리기도 한다. 각자 자신에게 주어진 조건 안에서 승리하고자 애쓰고 분발한다.

세상은 쉴 새 없이 바뀌고, 우리 역시 줄기차게 변한다. 어떤 누구도 자기 삶을 예견할 수 없다. 인생은 기대한 대로 흘러가지 않는다. 운명이 있더라도 인간은 운명에 굴복하지 않는다. 자유를 추구하면서 운명을 바꾼다. 운명과 자유에 대한 함의는 불교의 가르침과 상통한다. 지금의 나는 과거 수많은 관계의 결과이다. 내가 모든 걸 가늠할 수 없지만 어떤 것도 우연히 이뤄진 건 없다. 모든 것이 인연과 관계를 통해 생겨난다. 이것이 업이다. 업이라고 하면 속박된 숙명론을 연상하기도 하는데, 실제로는 자유의 실마리를 제공한다. 지금 내가 다른 행동을 한다면 주변이 바뀌고 미래가 변한다. 업은 자신이 하기 나름이다.

유전자도 일종의 운명이자 업일지 모른다. 유전자의 조합결과는 그 누구도 확신하지 못한다. 똑똑한 남녀가 문제아를 낳을 수 있다. 평범한 집안에서 놀라운 재능을 지닌 아이가 태어난다. 번듯한 집안에서 교육의 혜택을 듬뿍 받은 사람이 징그러운 범죄자가 되기도 한다. 인간은 워낙 많은 요인에 영향받아서 그 누구도 자신이 왜 이렇게 되었는지 모든 변수를 추적할 수 없다. 인간의 특성을 유전자로 설명하려는 환원주의는 한계가 뚜렷하다. 인간의 탄생과 성장에는 유전학으로 설명되지 않고 통제도 할 수 없는 분산과 변이가 발생한다. 유전학의 관점으로도 운명이 있는 꼴이다. 여기서 운명이란 엄격하게 예정된 결과라는 의미가 아니다. 그 누구도 의도하지 않은 데다 조작할 수도 없다는 의미이다. 우리에게 영향을 미치는 요소 가운데는 우리가 어찌할 수 없는 것들이 허다하다. 바로 그렇기에 운명이 있다.

운명이란 어찌할 수 없다는 체념의 숙명론이 아니라 더 깊은 차원에서 자신을 수용하는 지혜이다. 내가 나로서 존재하는 건 우연에 불과하지만, 다른 관점에서 보면 내가 이렇게 된 건 운명이다. 우연을 운명으로 흔쾌히 받아들이고 자신이 변화시킬 수 있는 자유의 영역을 넓혀갈 때 인간은 성숙해진다.

좋든 싫든 나는 나이다. 되돌릴 수도 물릴 수도 없다. 최선을 다해 살아야 하는 운명이다. 그렇다면 운명을 사랑해야 한다. 운명이 정해져 있는 것처럼 느껴져도 자신의 노력으로 운명마저 바뀐다. 사람을 사랑하면서 사랑스러운 삶을 살면 우리의 운명은 사랑스러워진다.

2부. 자기 조명

5장. 내 안의 낯선 나

무의식이 억압된 것과 일치하지 않는다는 사실을 우리는
알았다. 억압된 모든 것이 무의식이라는 것은 여전히
사실이다. 그러나 무의식적인 모든 것이 억압된 것은
아니다. 자아의 일부 역시― 그 일부가 얼마나 중요한
것인가를 누가 알랴― 무의식일 수 있다. 아니 의심할 나위
없이 무의식이다.
― 지그문트 프로이트, 「자아와 이드」

인류의 모든 행위와 생각은 자신이 느낀 욕구의 충족이나
고통의 완화와 관련이 있다. 정신 활동과 그 전개 과정을
이해하려면 이 사실을 반드시 기억해야 한다. 모든 인간의
노력과 창조 뒤에는 감정과 욕망이라는 동기가 숨어 있다.
욕망이 숭고한 모습의 가면을 쓸 수는 있겠지만, 그렇다고
해도 마찬가지다.
― 알베르트 아인슈타인, 『나는 어떻게 세상을 보는가』

자기에게 자지러지다

인간들에게 모든 것은 이질적이 됩니다. 서방 세계에는 자신들
이 인간들이면서도 어쩌면 원숭이일 수도 있다고 생각하는 사
람들이 있었고, 사회주의 세계에서 살면서도 종종 인간들처럼
행동했던 원숭이들이 있었습니다.

안토니오 네그리, 『네그리의 제국 강의』

자신이 미쳤다는 생각은 철저히 직관에 반한다. 우리는 자신이
지극히 정상이고 대체로 선량하다고 생각한다. 발을 못 맞추는
건 나머지 사람들이라고…. 그렇지만 성숙은 자신의 광기를 감
지하고, 적절한 때에 변명하지 않고 인정하는 능력에서 시작된
다. 만일 수시로 자신이란 사람에 대해 당황스러워하지 않는다
면 자기 이해를 향한 여정은 시작되지도 않은 것이다.

알랭 드 보통, 『낭만적 연애와 그 후의 일상』

우리는 자신을 썩 괜찮은 사람이라고 여긴다. 이따금 우울하면 자
신이 엉망진창이라고 자학하다가도 평소엔 남들보다 낫다는 환
상에 취해 있다. 환상은 이중생활 속에서 유지된다. 우리는 지킬
박사와 하이드처럼 둘로 분열되어 있다. 성을 대하는 태도만 해도
이중적이다. 남들과 함께 있을 때 마치 성욕이 없는 것처럼 굴다
가 뒤돌아서서 호박씨를 깐다. 분열된 태도가 어느 정도 강제되기
는 한다. 성욕을 그대로 드러내기가 어려운 사회 환경이기에 그렇
다. 우리는 갖가지 환상에 휘말리기 일쑤고, 거의 언제든지 애정
행각을 벌일 수도 있다. 하지만 막상 쉽게 잠자리를 했다가는 험
악한 구설수에 휩싸인다.

세상의 손가락질을 피하고자 우리는 가면을 쓴다. 점잔을 떨면
서 자신의 욕망을 가린다. 그런데 충동은 가식마저도 벗겨버린다.

밤이면 어리석은 짐승으로 변모한다. 주경야독하겠다고 스스로 약속했더라도 어영부영 밤을 탕진한다. 살을 빼겠다고 선포했으나 외로운 밤이면 허겁지겁 가공식품을 흡입한다. 후회할 게 뻔한 그 행동을 멈추지 못한다.

우리는 공원과 비슷하다. 나무를 심고 산책로도 조성했다. 수풀과 덤불을 정돈하면서 운치를 더해 사람들이 자주 찾는다. 그러나 홍수나 지진이 나면 실체가 드러난다. 정성껏 가꾼 공원이 흙더미로 돌변한다. 우리도 오랫동안 피로에 짓눌리거나 느닷없이 봉변을 당하면 그동안 인내하면서 이룩한 인격이 허물어진다. 애써 감추려고 했던 것이 불거져 나온다.

내면에는 차마 인정하고 싶지 않은 것이 득시글하다. 우리는 사람만큼 깜찍하고 아름다운 존재가 어디 있냐며 경탄하다가도 사람만큼 끔찍하고 아찔한 존재도 없다며 몸서리친다. 피땀을 머금고 발전한 민주주의 역사에 마음이 고양되다가도 인류사 내내 벌어진 폭력과 광기에 등골이 싸늘해진다. 인간을 착하다거나 나쁘다고 단순하게 가름할 수 없다. 우리는 복잡하다.

그동안 우리는 자신이 괜찮은 사람인 척 위선을 떨어왔다. 물론 실상을 직시하지 않으려 해도 어렴풋하게나마 알고 있다. 나는 내가 생각해오던 사람이 아니라는 진실 말이다. 자신이라고 생각하는 모습과 실제 자기 모습 사이엔 간극이 크다. 그 괴리를 목격할 때마다 자지러진다.

자신에게 경악한 적이 없는 사람은 아직 아이일 뿐이다. 우리는 살아가는 내내 실망하고 침울해지는 과정을 거친다. 자신이 동일시하던 이상적인 모습과 불일치한 자신을 직면해야만 달라지려는 마음가짐이 생긴다. 자신이 온전하지 못하다는 자각은 개선을 시도한다. 자신에게 당혹감을 느끼면서 성숙의 여정이 시작된다. 자신을 일관되고 한결같다고 믿는 사람보다 상황에 따라 얼마든지 변한다는 사실을 아는 사람이 총명하다.

자기 자신이 당황스럽지만 바로 그런 당황스러운 상태를 뚫고 헤쳐 나오려고 하면서 철학자가 된다고 쇼펜하우어는 이야기했다. 나 자신에게 놀라워하고, 경이감을 느끼는 건 대단히 철학적인 감정이다. 자신과 세계를 낯설게 바라보면서 일어나는 호기심과 경외심을 통해 인간의 정신은 성장한다.

금기를 위반하며 생기는 쾌락

위반이란 금기를 제거하는 것이 아니라, 금기를 한번 걷어 올리는 행위이다. 에로티즘의 근본은 거기에 있으며, 종교의 근본 또한 거기에 있다.

조르주 바타유, 『에로티즘』

위험부담이 없는 부적절한 정사는 단지 쾌락에만 관계할 뿐이지만 "교수대에 대한 도전"처럼 ― 위반의 행위로 ― 경험되는 정사는 향락을 불러일으킨다. 향락은, 우리의 쾌락은 금지된 영역으로의 진입에서 오는 전율을 필요로 한다는, 즉 우리의 쾌락은 어떤 불쾌를 포함하는 앎에서 비롯된 "잉여"이다.

슬라보예 지젝, 『그들은 자기가 하는 일을 알지 못하나이다』

진정 바라지 않으나 진짜로 일어나면 어떨까 싶은 일들이 있다. 평소라면 엄두도 안 나는 행동을 한 번쯤 저지르고 싶은 마음이 생겨난다. 상사의 얼굴에다 사표를 날리고 싶고, 무대에 올라가 관객들 위로 몸을 날리고 싶으며, 권력자들 앞에서 홀딱 벗고 끈적한 추파를 날리고 싶을 때가 있고, 노름으로 재산을 몽땅 날리고 싶은 충동이 일어나기도 한다.

우리는 타인의 기괴한 행위에 불쾌하면서도 야릇한 쾌락을 느낀다. 이를테면 탈레반이 바미안석불을 파괴했을 때 세계 대다수 사람은 충격과 노염에 휩싸였다. 하지만 동시에 어떤 얄망궂은 쾌락을 느꼈을지 모른다. 귀중한 것이 박살 날 때 생겨나는 향락 말이다. 이와 비슷하게 숭례문이 불에 타 소실되었을 때 한국인들은 안타까워하며 격앙됐다. 그런데 마음속 깊은 곳을 들여다보면 먼지 한 톨 만큼이라도 몹쓸 짜릿함이 있을 수 있다. 각별한 것이 사라질 때 어마어마한 상실감과 함께 요사스러운 황홀함이 빚어진다. 일본에서도 극진하게 아름다웠던 금각사가 방화에 잿더미가된 일이 있었다.

이런 관점에서 보면, 빈대를 잡으려다 초가삼간 태운다는 속담을 색다르게 해석할 수 있다. 원래 뜻은 작은 일을 고치려다가 큰일을 그르친다는 의미이다. 그런데 빈대를 잡으려는 건 명분일 뿐이고 모든 걸 없애버리고 싶은 욕망이 숨겨져 있지 않았을까? 모조리 불사르고 싶은 욕망이 도사리고 있던 차에 빈대가 방아쇠가된 건 아닐까?

우리는 철두철미하게 선하지 않다. 누구나 도덕과 규범을 의식하지만, 어떤 누구도 365일 지키지는 않는다. 누군가 자신이 법없이도 사는 사람이라고 떠벌린다면 그 사람은 그저 남들에게 으스대고 싶은 사람일 뿐이다. 정말 법이 없어도 되는 사람이라기보다는 남들의 시선이 없으면 안 되는 사람에 불과하다.

인간은 주목받을 수 있다면 위험한 행동도 일부러 저지른다. 위험천만한 행동에 호기심을 보이며 동경하는 이들이 꽤 있다. 탈레반이 무기를 들고 자신들을 홍보했을 때 세계의 적잖은 남녀가 열광하면서 아프가니스탄으로 몰려갔다. 또래 집단에서 우월한 지위를 차지하고자 위험한 일을 자초한다. 재레드 다이아몬드는 1만 년 전에는 사자나 이방인에 맞서 과시 행동을 했다면 현대인은 난폭운전이나 불법 약물을 통해 자신의 지위를 높이려 한다고 설명했다.

존재감을 얻기 위해 사회규범을 위반한다. 사회규범을 어긴 사람은 수치심을 느끼는 동시에 남들이 하지 못 하는 일을 했다는 우월감을 얻는다. 기묘한 우월감이 우리를 유혹한다. 상상의 날개가 펴진다. 대쪽 같은 사람이더라도 선을 넘고 싶은 욕망이 마음속 후미진 곳에서 용암처럼 부글거린다. 마음의 용암이 들끓을 때 잠재울 수 있는 사람은 흔치 않다. 남들이 보지 않는 곳에서 용암을 터뜨리고, 우리의 기억 곳곳엔 현무암이 남는다. 감정은 그 감정과 반대되는 더 강력한 감정에 의하지 않고는 억제되거나 제거될 수 없다고 스피노자는 콕 집었다. 감정이나 욕망을 억누를수록 나중에 더 기괴한 형태로 등장한다.

자신에 대한 이해가 높다는 건 자신을 부드럽게 다스릴 수 있다는 뜻이다. 우리는 자신을 다스리지 못하는 편이라 사회는 금기와 법률을 동원해서 감독한다. 금기와 법률을 통해 질서가 유지되는데, 금기와 법률이 범죄를 유발하는 측면도 있다. 우리의 자아는 무시당하면 골낸다. 하지 말라고 하면 하고 싶은 마음이 더 굴뚝같아진다. 외부의 강제가 있으면 심보가 고약해져서 원래 하려 했던 행동조차도 일부러 안 하게 된다.

반발심이 왜 일어날까? 외부의 명령은 자아의 비위에 거슬린다. 인간은 자아에 사로잡혀 있고 자아는 금지를 언짢아한다. 기독교 경전 「로마서」를 보면, 탐내지 말라는 계율 때문에 마음속에서 죄가 떠올랐으며 모든 탐나는 마음이 일어나게 됐다는 내용이 있다. 금지의 율법이 없었다면 욕망이 강하게 일어나지 않았을지도 모른다. 하지 말라고 단속하자 거역하고 싶어진다. 금지를 위반하면 죄의식이 생겨나는데, 죄책감이 우리를 멈춰 세우지 않는다. 도리어 위반을 탐스럽게 해주는 향미료가 되어준다. 죄책감 때문에 향락이 발생한다.

동물은 금기를 의식하지 못한다. 금기가 있다면 철저하게 복종하고 준수한다. 반면에 인간은 금기에 복종하면서도 몰래몰래 위반한다. 사람들이 저마다 선을 넘지만 그렇다고 세상이 그어놓은 선이 사라지지는 않는다. 위반할 때의 쾌감을 얻기 위해서라도 금기가 강력하게 있어야만 하고, 위반할 때 생기는 고뇌는 일종의 원죄체험이라고 조르주 바타유는 주장했다.

유대신화에 따르면 인간은 선악과를 따먹지 말라는 신의 금기를 어겼다. 신은 전지전능하다. 선악과를 따먹지 말라고 하면 더 따먹고 싶다는 걸 모를 수가 없다. 그런데도 신은 선악과를 놔두었다. 그렇다면 인간이 선악과를 따먹는 건 신의 계획이 아니었을까? 전지전능한 신은 인간이 금기를 위반해 낙원에서 쫓겨나 방황하다가 결국 다시 자신을 찾으리란 걸 알고 있었을 것이다. 선악과를 따먹으면서 자신에게 눈뜨는 일이 인간의 운명이고, 원죄란 성장하는 과정에서 자신의 내면을 들여다보고 수용해야 하는 것들의 상징이다.

현재 우리는 선악과를 따먹어 낙원에서 추방됐다. 마음이 혼란스럽고, 자신과 티격태격하는 상태다. 하지 말라는 걸 하려는 욕망과 억제하려는 마음 사이의 내전이 격렬하게 벌어진다. 자신을 억제하는 데 쓰는 기운이 너무나 심각한 나머지 삶이 시든다.

자신의 욕망을 감쪽같이 숨기더라도 깡그리 없앨 수는 없다. 자신이 눌러왔던 욕망이 꿈에 나온다. 우리는 꿈에 출현한 욕망의 실체에 화들짝 놀라서 깬다.

밤이면 상영되는 영화

전의식에서 의식에 이르는 이러한 통로가 낮 동안에는 저항이 부과한 검열 때문에 꿈-사고가 차단되어 있다는 것을 우리는 이미 경험을 통해 알고 있다. 밤이 되면 꿈-사고는 의식으로 가는 통로를 만들어낸다.

지그문트 프로이트, 『꿈의 해석』

꿈은 개인화한 신화고 신화는 보편화된 꿈이며, 꿈과 신화는 대략 동일한 방식으로 정신의 운동 원리를 상징적으로 드러낸다.

조셉 캠벨, 『천의 얼굴을 가진 영웅』

밤이면 한 편의 영화가 시작한다. 잠의 영화관으로 눈감고 들어가면 무언가가 나타난다. 꿈이라는 신비로운 영화이다. 나는 영화의 주인공이 되기도 하고 구경꾼이 되기도 한다. 나의 꿈인데 나의 의도대로 전개되지는 않는다. 저절로 펼쳐진다. 학창시절로 돌아가고, 그리운 사람을 만나며, 누군가에게 쫓기며, 현실에서 불가능한 체험을 한다. 우리는 무슨 꿈을 꿀지 모른 채 밤마다 잠의 극장에 빠져든다.

잠자는 동안 수면 주기는 여러 번 변동하는데, 눈동자가 빠르게 움직이는 급속안구운동 단계에서 대부분 꿈이 출현한다. 우리는 하룻밤에 많은 꿈을 꾼다. 하나의 꿈은 짧으면 5분에서 길면 20분까지 이어진다. 사람이 자는 평균 8시간 중 꿈꾸는 시간이 2시간에 이른다. 우리가 100살까지 산다면 무려 8년을 꿈꾸는 셈이다.

이처럼 인생에서 꿈이 차지하는 비중이 높은데도 우리는 좀처럼 꿈을 기억하지 못한다. 한밤중 급속안구운동 단계에서 꾼 꿈은 기억하기 어렵다. 그 뒤로 수면 주기가 이어지면서 꿈이 지워지기에 그렇다. 아침에 깨어나기 전의 꿈은 보다 선명하게 기억된다.

비록 꿈이 가뭇하더라도 우리는 여러 체험을 한 뒤 현실로 돌아온다. 꿈은 우리에게 많은 걸 알려준다. 꿈을 통해 과학의 중요한 발견이 이뤄진 적도 있다. 독일의 화학자 아우구스트 케쿨레는 꿈속에서 자기 꼬리를 문 뱀을 보고는 벤젠의 고리형 분자구조를 연상해냈다. 미국의 약리학자 오토 뢰비도 신경세포와 신경세포 사이의 연접부를 정보가 원활하게 통과하도록 신경전달물질이 도와준다는 발상을 꿈속에서 얻었다. 오토 뢰비는 꿈 내용을 실험해봤고, 그의 연구는 신경과학이론의 토대를 닦아주었다.

물론 모든 꿈이 영감을 주지는 않는다. 그렇다면 꿈을 왜 꾸는가? 꿈에 관해 여러 주장이 있는데, 저마다 음미할 가치가 있다.

프로이트는 꿈을 소원성취라고 여겼다. 우리가 바라던 욕망이 꿈을 통해서 이뤄지는데, 욕망은 검열당하기에 꿈에서도 변형되어 나타난다. 프로이트는 꿈을 곧이곧대로 받아들여서는 안 되고, 꿈에 감춰진 알맹이를 해독해야 한다고 목소리를 높였다. 반면에 칼 융은 꿈에 목적이 있다고 주장했다. 융에 따르면, 꿈은 자기실현의 방향이거나 집단무의식의 출현이며, 운명을 알려주는 영적 신호이다. 현재 자신이 처한 곤경에서 벗어나는 방법을 꿈이 선사하기도 한다.

현대과학의 관점에서 꿈은 심야에 이뤄지는 쓰레기처분에 가깝다. 업체에서 쓰레기를 치우고 분리해 재활용하듯 최근에 겪은 일들을 뇌가 정돈하는 과정이 꿈이라고 간주한다. 쓸데없는 건 버리고 기억할 건 간수되는 과정이 꿈이다. 사람들이 꾸는 꿈의 내용을 조사하면, 최근에 겪은 일화를 재료로 삼아 재구성된 이야기가 주를 이룬다. 꿈꿀 때 활성화되는 뇌 부위는 학습할 때 작동하는 뇌 부위와 겹친다. 꿈이 정보처리라고 추정하는 근거이다.

꿈꾸지 않으면 어떻게 될까? 동물실험이 이루어졌다. 뇌파를 측정해서 급속안구운동 단계에 이르렀을 때 동물이 꿈꾸지 못하도록 방해했다. 그러자 동물들은 음식을 섭취하지 못했을 때보다 더 빨리 죽었다. 사람에게도 실험이 이뤄진 적이 있는데, 참가자는 며칠 지나지 않아 정신건강이 파탄됐다.

잠잘 때 뇌는 어느 정도 휴식을 취하는 것으로 보인다. 사실 여부를 확인하면서 오류를 점검하는 안와전두피질과 미래를 예측하고 자신을 관장하는 배외측 전전두피질이 작동하지 않는다. 감각신호와 공각지각을 처리하는 측두두정피질도 정지된다. 꿈이 비논리적이고 현실에서 불가능한 일들이 일어나도 우리가 문제 삼지 않는 이유이다.

잠자는 동안 많은 것이 바뀐다. 뇌파의 진동수가 달라진다. 깊은 수면 단계에 접어들면 뇌간에서는 평소에 발생하지 않는 파동을 방출해 시각피질을 자극한다. 아세틸콜린이 대량 분비되면서 연상작용이 강력하게 일어나고, 오래된 기억들이 호환된다.

꿈은 여전히 더 탐색해야 할 내면의 신비이다. 의식이 들었을 때 부리나케 현실에 돌입하지 않고 찬찬히 꿈을 되짚어보면 자신이 좀 더 환해진다. 날마다 신비롭게 연출되는 꿈을 곰곰 음미하는 사람과 꿈을 돌아볼 새도 없는 사람 가운데 누구의 인생이 풍요롭고 건강할까?

악몽조차도 나 자신을 이해하게 도와주는 매개이다. 악몽은 문제가 있으니 시급히 개선하라는 경고이다. 악몽을 꾸면 소스라치면서 깨어난다. 방금 꾼 악몽을 생각하지 않을 수 없다. 악몽을 찬찬히 더듬어보면 더듬거리더라도 진실의 말이 나온다. 진실과 대면하면 자신이 왜 이런 악몽을 꾸었는지 알 수 있다. 악몽이란 나를 일깨우는 충격요법이다.

아침이면 꿈이 신기루처럼 스러진다. 그런데 깨어있는 상황에서도 우리는 꿈을 꾼다. 백일몽이다. 돈벼락을 맞아 부자가 되고, 인기가 치솟아 유명해지며, 매력적인 사람과 사랑을 나누는 상상이 저절로 펼쳐진다. 때론 오싹하거나 섬뜩한 몽상에 빠지기도 한다. 백일몽은 고개를 절레절레 저으면 흩어지지만, 몽상을 만들어 낸 내 안의 무언가는 끄떡하지 않는다.

한바탕 기나긴 꿈

어쩌면 삶 전체가 일장춘몽이 아닐까? ― 또는 보다 단호히 말하면, 꿈과 현실, 환영과 실재하는 객관을 구분하는 확실한 기준이 있는 걸까?

아르투르 쇼펜하우어, 『의지와 표상으로서의 세계』

우리의 내부에 있는 지극히 오래된 이러한 인간성의 한 부분이 꿈속에서 행해지고 있다. 왜냐하면 그것을 기초로 해서 더 높은 이성이 발전해왔고 나아가 그것은 모든 개인 속에서 아직도 발전해가고 있기 때문이다.

프리드리히 니체,『인간적인 너무나 인간적인1』

꿈의 망각은 자연스럽다. 깨어서도 생생하게 기억하고 있다면 현실과 꿈의 구별이 어려워진다. 자신에게 들어온 정보가 내부의 자극인지 외부의 신호인지 알지 못하면 곤란에 처한다. 꿈속에서 연예인이 유혹했다고 해서 방송국으로 달려가면 경찰에 연행된다.

그토록 생생했던 꿈의 무대는 삽시간에 막을 내린다. 기억에 관여하는 노르아드레날린이 분비되지 않아 꿈은 좀처럼 기억되지 않는다. 기억하려고 안간힘을 쓰지 않으면 냉큼 휘발된다. 우리는 꿈을 꾸었다는 사실조차 잊어버린다. 마치 전생 같다. 전생을 기억하는 사람이 거의 없고 전생 자체가 의심받는다. 꿈도 비슷한 신세이다. 꿈은 아침이슬처럼 사라지고, 자신은 꿈꾸지 않는다는 사람이 부지기수다. 하지만 증발해버렸어도 아침이슬 덕분에 대지가 촉촉하게 젖으면서 새로운 생명이 움튼다. 마찬가지로 꿈 덕분에 우리의 정신은 풋풋해진다.

선조들은 인간의 비밀을 꿈이 품고 있다고 여겼다. 꿈에서 겪은 일을 깨어서 하는 일만큼 중요하게 다뤘고, 꿈을 통해 다른 차원을 체험했다. 자각몽 기술도 개발했다. 자각몽이란 꿈속에서 깨어나 꿈을 유지하는 상태이다. 오늘날에도 자각몽을 하는 사람이 있다. 예컨대 소설가 박완서는 괴한에게 쫓길 때마다 이것이 꿈이라는 사실을 자각한 뒤 하늘을 날아 도망쳤다. 이렇게 꿈을 꿈이라고 자각할 수 있다면 현실에서는 도무지 불가능한 체험을 할 수 있다.

요즘엔 자각몽을 하는 사람이 드물다. 꿈을 탐구하는 사람도 찾

2부. 자기 조명

아보기 어렵다. 현대인들은 꿈을 잊어버린 채 꿈결처럼 살아간다. 우리는 꿈을 쓸데없다고 여기고 현실에 몰두하는데, 이런 태도는 꿈속에서 헤매는 자신과 비슷하다. 꿈이든 현실이든 우리는 특정한 상황에 붙들려 있다. 꿈에서는 꿈에 사로잡혀 있고, 현실에서는 현실에 틀어박혀 있다.

일찍이 장자는 꿈과 현실의 구분에 물음표를 던졌다. 장자는 꿈에 나비가 되어 훨훨 날아다니면서 기뻐했다. 꿈이라는 걸 자각하지 못한 채 자신이 나비인 줄 알았다. 그러다 문득 장자가 되어있었다. 의문이 들었다. 장자가 꿈에 나비가 된 것인가 나비가 꿈에 장자가 된 것인가.

호접지몽 이야기를 들은 대부분 사람은 나비가 된 꿈을 꾸고 나서 장자가 심오한 잠꼬대를 했다고 치부한다. 현실과 꿈은 분명히 다르다. 꿈이라는 사실을 자각하면 꿈이 깨지면서 깨어난다. 반면에 현실에서는 현실을 자각하더라도 현실이 깨지지 않는다. 아무리 마뜩잖은 현실이라도 쭉 이어진다.

이처럼 현실과 꿈은 분간되지만, 흡사한 면도 있다. 꿈의 내용이 저절로 펼쳐지듯 현실은 제멋대로 전개된다. 내 앞의 타인들이 어떻게 행동할지 가늠하기 어렵듯 꿈에 등장한 인물들이 어떤 행동을 할지 알지 못한다. 꿈속에서 꿈꾸고 있다는 사실을 자각하지 못하듯 생시일 때도 자신의 상태를 자각하지 못한다. 왜 이렇게 살아야 하는지 모른 채 인생이 한편의 꿈처럼 흘러간다. 그렇다면 지금의 현실이 아주 길고 긴 꿈은 아닐까? 삶이 꿈이라면 어쩌겠는가?

나의 삶이 다른 세계에 사는 나비의 꿈이 아니라는 걸 증명하기란 쉽지 않은 일이다. 정말 현실 같은 꿈을 꾸고 있는데 거기서 벗어나지 못한다면 꿈과 현실을 어떻게 구분할 수 있느냐고 영화 〈매트릭스〉에서 모피어스는 질문을 던졌다. 모피어스Morpheus는 그리스신화에서 꿈의 신 이름이다. 모피어스의 질문을 곱씹을 필요가 있다. 인생이란 한바탕 기나긴 꿈속을 방황하는 일과 비슷하니 말이다.

우리는 헤매면서 산다. 꿈에서 깨어나듯 현실에서 깨어날 필요가 있다. 우리가 깨어나도록 꿈이 돕는다. 그 꿈들은 오로지 나의 내면에서만 나타난다. 그렇다면 그 꿈들은 나에게 무언가 전하려는 게 있는 셈이다.

꿈에 관심을 기울이면 삶이 변한다. 꿈은 자신의 심층과 이어진 통로이다. 내면에 고이 간직된 신비로운 힘의 표현이 꿈이다. 오직 나만을 위한 영화가 나날이 제작되어 상영된다. 꿈을 통해 우리는 내면의 심층과 접속한다. 꿈을 음미할수록 내면의 심오함에 눈뜬다. 그럼 깨어있을 때도 직관과 통찰이 한층 깊어지고, 인생은 한결 생생해진다. 날마다 지치지 않고 꿈을 만들어내는 힘을 낮에도 활용할 수 있다.

불확실한 기억

기억을 에피소드처럼 되살리는 일은 — 그 기억이 얼마나 중요하든 간에 — 단지 앨범 속의 사진을 응시하는 것과는 다르다. 기억의 회상은 창조적 과정이다. 뇌가 저장하는 것은 오직 핵심 기억뿐이라고 여겨진다. 그 핵심 기억은 되살려질 때 빼고 보태고 다듬고 비트는 과정에 의해 정교해지고 재구성된다.

에릭 캔델, 『기억을 찾아서』

그러니까 저도 제 기억들에 오류가 있음을 알고 있어요! 이게 인생과 사용법 사이의 대립이자, 우리가 제시하는 게임의 법칙과 실제 삶의 절정 사이의 대립입니다. 실제 삶은 질서를 만드는 작업을 덮어버리고 계속해서 파괴하는데, 다행히도 다른 곳에서는 그렇게 하지 않지요.

조르주 폐렉, 『나는 태어났다』

꿈이 신기하듯 삶도 신기하다. 우리는 몸도 잘 가누지 못한 채 기저귀를 차고 기어 다녔다. 까마득한 과거를 부인하려는 나에게 사진과 영상은 아장아장 걷던 꼬맹이가 나였다는 엄연한 증거이다. 나는 툭하면 울먹이던 아이였다. 하지만 과거는 어느새 꿈처럼 희미해진다.

아련해졌어도 과거는 상당 부분 남는다. 기억을 통해 나는 존립한다. 기억은 자의식을 생성시킬 때 필요한 근거이다. 자의식은 고차원의 의식이다. 고차원의 복잡한 자의식은 일화 기억에 의존해서 발달하므로 양쪽의 해마가 없이 태어난 사람은 고차원의 의식이 발달하지 않을 거라고 미국의 신경과학자 제럴드 에덜먼은 추정했다. 특정한 일화를 장기기억으로 갈무리하면서 인생 서사를 구성할 때 해마가 활약한다. 해마가 손상된 환자들의 경우 일화 기억과 서사 능력은 유지되지만, 일화 기억이 장기기억으로 전환되지 않는다. 이러한 증세를 겪은 유명한 환자가 있다. 헨리 몰레이슨이다. 그는 아홉 살 때 자전거 사고로 머리를 다친 뒤 경련이 자주 일어나 20대 중반에 뇌수술을 받았다. 그런데 의사의 실수로 해마 일부가 제거되는 바람에 그 뒤로 새로운 기억을 만들어내지 못했다. 이전의 장기기억은 그대로였으나 영화 〈메멘토〉의 주인공처럼 방금 겪은 일을 기억하지 못했다. 그는 20대라고 생각했고, 거울을 볼 때마다 소스라쳤다. 충격받았던 기억조차 지워졌으므로 그는 날마다 똑같은 고통을 겪었다.

기억이 자신의 근거가 되어주므로 자기를 이해하려면 기억을 꼭 탐구해야 한다. 우리는 과거를 떠올리면서 그때 왜 그런 행동을 했는지, 그 경험이 나의 삶에 어떤 영향을 미쳤는지 살피면서 조금씩 성숙한다.

과거는 기억으로서 내게 머무는데, 균일하게 존재하지 않는다.

지난날을 돌이켜봤을 때 어마어마한 시간 가운데 기억나는 건 듬성듬성하다. 과거의 특정한 순간을 과장해서 기억하는 반면 대부분은 가물가물하다. 그 누구도 자기 삶의 모든 순간을 정밀하게 기억하지 못한다. 특정한 기억만 편중되게 간직한다. 따라서 기억은 우리를 설명하는 근거로 부족하다.

1986년 1월에 미국 우주왕복선이 발사되고 73초만에 폭발했다. 이튿날에 연구진은 사고 소식을 들었을 때 어디에서 무엇을 하고 있었으며 어떤 느낌이었는지 수많은 사람에게 묻고는 상세히 기록했다. 2년 6개월이 지나서 똑같은 질문을 다시 던지고는 이전의 답과 비교했다. 답변내용이 일치한 사람은 한 명도 없었다. 응답자의 1/4은 일치하는 내용이 하나도 없었다. 그런데 기막히게도 대다수 사람은 자신의 기억에 대해 확신하고 있었다.

과거를 고스란히 기억하는 사람은 없다. 기억은 오염된다. 삭제되고 변경되며 날조된다. 자신이 겪었더라도 정말 경험했는지 불분명한 상태가 되기도 하며, 심지어 상상했던 일이 실제로 일어난 일이라고 착각되기도 한다. 왜곡되기 쉬운 불확실한 기억을 통해 자신을 규정하니 우리의 정체성이 혼란스러울 수밖에 없다.

기억과 진실 사이엔 괴리가 있다. 우리는 하나같이 젊은 날에 미성숙했고 어리석었다. 그런데 과거를 잊어버리고 괜찮은 사람인 척 군다. 그러다 자신에 대한 환상이 깨진다. 잊어버린 지난날을 기억하는 누군가와 마주할 때이다. 예컨대 헤어진 애인과 오랜만에 만나 대화해보면, 기억이란 것이 얼마나 자의적이고 편파적인지 대번에 깨닫는다.

과거를 하나도 빠짐없이 기억하는 건 재앙이다. 보르헤스의 단편소설에 나오는 푸네스는 모든 걸 기억하지만 그의 삶은 기억하는 일에 몽땅 소진된다. 과거를 잃어버리고 잊어버려야만 지금 이 순간을 살 수 있다. 과거는 기억의 형태로 계속 변형된다. 기억이란 사건에 대한 객관적인 서술이 아니라 무슨 일이 일어났는지에 대한 주관적인 느낌의 집합에 가깝다. 바로 그렇기에 우리의 기억은 변변찮으면서도 완강하다. 영화 〈이터널 선샤인〉처럼 지우고 싶은 기억만 도려낼 수 없다. 기억을 간직할지 망각할지 결정하는 주체는 내가 아니다.

내가 통제할 수 없는 기억 가운데 아주 황홀한 것들도 있다. 어느 겨울날 마들렌 과자를 홍차에 찍어 먹었을 때 불현듯이 되살아나는 기억처럼, 우리는 살아가면서 마주치는 대상들을 통해 잊고 지냈던 과거와 만난다. 그런데 비자발적 기억 가운데는 불편한 것도 수두룩하다. 과거와 비슷한 상황에 놓이면 그때의 고통이 엄습한다. 참전했던 군인이 폭죽 소리를 들으면 축제의 환희가 생기는 게 아니라 전쟁의 공포가 되살아난다. 마음의 부상에 따른 후유증이다. 어떤 기억은 반복해서 나를 덮친다. 꿈까지 집요하게 쫓아다닌다.

우리는 과거를 객관적으로 기억하지 못한다. 인상 깊은 몇 가지를 취사선택해서 재구성해낼 수 있을 뿐이다. 자아는 일관된 정체성을 유지하려 하므로 자아정체성에 방해되는 일화를 제거한다. 과거를 매끄럽게 이어붙이면서 과거부터 지금까지 일관된 정체성으로 살아가는 존재라고 자신을 생각한다.

나는 생각한다?

그는 어리석지 않았다. 그로 하여금 그 시대의 엄청난 범죄자들 가운데 한 사람이 되게 한 것은 (결코 어리석음과 동일한 것이 아닌) 순전히 무사유였다.

한나 아렌트, 『예루살렘의 아이히만』

우리는 뇌가 매순간 처리하는 정보의 극히 일부만을 의식한다. 생각, 기분, 인식, 행동 등 경험의 변화를 계속 느끼고는 있지만, 이런 변화를 일으키는 신경 수준의 사건들에 대해서는 거의 아무것도 모른다. 사실 당신 얼굴을 슬쩍 보거나 목소리만 들어 보아도, 다른 사람들은 당신의 내적 상태나 동기를 당신보다 더 잘 알아차리는 경우가 많다.

샘 해리스, 『신이 절대로 답할 수 없는 몇 가지』

과거는 그림자 같다. 보이지도 들리지도 않는데, 도대체 과거는 어디에 드리워져 있을까? 바로 내면이다. 과거는 내면에 저장된다. 미래에 대한 상상도 내면에서 펼쳐진다. 각자의 내면이 있는데, 우리는 내면을 잘 모른다. 그래서 자기가 낯설어지는 순간이 누구에게나 찾아온다. 자신이 무엇인지 스스로 증명하기란 말처럼 쉬운 일이 아니다.

데카르트는 인간의 핵심을 증명하려고 분투했다. 그는 의심이라는 도구를 사용했다. 데카르트는 모든 것을 의심했다. 얼마든지 감각의 착시나 환상에 속을 수 있으므로 모든 걸 의심해서 확실하지 않은 것들을 걷어냈다. 의심하고 의심한 끝에 딱 하나는 의심할 수 없었다. 생각하는 의식이었다. 의식만큼은 실재한다. 의식이 무엇인지 의문의 여지가 있더라도 내가 의식하고 있다는 건 의심할 수 없다. 나는 생각하다 고로 존재한다는 명제가 이렇게 탄생했다. 기독교의 위세가 무지막지했던 시대에 데카르트는 신앙이 아니라 생각하는 의식을 인간의 핵심으로 정의했다. 데카르트의 시도는 종교의 그늘에서 벗어나 인간의 자율성이 등장했다는 나팔 소리였다. 종교의 장막을 젖히고 이성을 통해 탐구하는 합리주의의 흐름이 불거졌다.

데카르트의 주장처럼 우리에게 의식이 있다는 건 틀림없는 사실이다. 그런데 생각을 내가 스스로 하는지는 미심쩍다. 가만가만히 따지면, 내가 자유롭게 생각한다기보다는 생각이 출현한다. 내가 생각하는 것이라면 생각하고 싶지 않을 때 생각을 멈출 수 있어야 한다. 그러나 생각을 자유자재로 멈췄다가 원할 때 다시 할 수 있는 사람은 없다. 의도와 상관없이 생각들이 안개처럼 자욱하게 생겨나더니 한순간에 의식을 뒤덮어버린다. 대부분 생각은 거의 무작위적이고 무의식적이다.

니체는 데카르트를 순진한 자기관찰자라고 평가했다. 니체는 주어 '자아'가 '생각한다'는 주장은 사실의 왜곡이라며 데카르트를 저격했다. 생각이 생겨나지만 생각하는 주체가 자아는 아니다. 자아가 생각하기에 앞서 생각이 일어난다. 우리는 생각이 작동되고 있다는 걸 뒤늦게 인식할 뿐이다. 인생의 많은 문제는 생각과 자신을 동일시하는 데서 비롯된다.

훗날 과학기술이 더 발달해서 우리의 머릿속 생각을 읽어내는 장치가 생겨나면 어떻게 될까? 생각을 모조리 읽어내는 장치의 발명은 용의자의 자백이 필요한 수사관이나 애인의 거짓말을 간파하고 싶은 사람에게는 유용할 것이다. 그러나 대다수 사람에겐 재앙일 것이다.

생각은 낯선 무언가의 작용이다. 생각이 어디서 생겨나는지 살펴보면 출처가 불확실하다. 우리는 꼬리에 꼬리를 무는 생각의 흐름 속에서 길을 잃는다. 생각이 마치 현실인 것처럼 걱정하며 시름에 잠긴다. 번뇌의 폭풍이 휘몰아칠 때면 생각에 고문당하는 지경에 이른다. 생각에 대해서 너무 많이 생각한다.

어차피 생각이 그치지 않는다면 생각이 어떻게 생겨나는지 생각하고자 의식을 작동시키는 건 어떨까? 물론 생각의 뿌리는 쉽게 발견되지 않는다. 그래도 생각의 뿌리를 찾으려는 노력을 통해 자신과 가까워진다. 심마니는 가파른 산봉우리와 비탈진 골짜기를 수십 번 오르내린 끝에 간신히 산삼을 찾는다. 내면을 탐색하는 행위도 비슷하다. 당장 생각의 뿌리를 찾아서 생각의 흐름을 제어하지 못하더라도 생각에 대해서 깊게 생각하는 계기를 맞이한다. 스스로 생각하는 힘이 생겨난다. 나 자신을 반성하는 자기

의식이 뚜렷해진다.

그동안 생각의 소용돌이 속에서 혼란스러웠다면 반성하는 자기의식 덕분에 우리는 내면을 어느 정도 다스리게 된다. 반성한다는 건 돌이켜 생각한다는 뜻이다. 돌이켜 생각한다는 건 생각이 쏟아지는 대로 생각하는 객체가 아니라 생각을 다스리는 주체가 된다는 의미이다. 저절로 생겨나는 생각을 알아차리고 지켜보기 시작하면 생각에 휘말리지 않을 수 있다.

종잡을 수 없는 정신세계

만약 행정 부처의 하급 공무원들이 몽땅 일을 하지 않는다면, 행정부의 일은 거의 처리되지 못할 것이다. 이와 마찬가지로, 만약 어떤 사람의 지각체계와 언어체계, 운동체계가 작동을 멈춘다면 그 사람은 자신의 기능을 제대로 발휘하기가 어렵다는 사실을 깨닫게 될 것이다.

티모시 윌슨, 『내 안의 낯선 나』

어떤 절대적인 의미에서 일관되게 고정된 개인이란 존재하지 않는다. 우리의 자아, 우리의 영혼은 끊임없이 변화하는 특성과 기억 패턴의 망으로 이루어져 있다. 이 망이 충분히 일관되기에 우리는 자신이 자아-영혼을 갖고 있다고 느끼고, 타인도 우리가 자아-영혼을 갖고 있는 것처럼 대하는 것이다.

마이클 셔머, 『천국의 발명』

생각을 다스리기가 어렵다. 집중하려고 해도 번잡한 생각이 툭 튀어나와 집중력을 흐트러뜨린다. 주의력은 유리성처럼 귀하고 약하다. 대수롭지 않은 자극에도 주의력은 깨진다.

우리의 의식은 꼬마와 닮았다. 진득하게 앉아 있기를 어려워하는 아이들처럼 생각의 흐름은 어수선하기 짝이 없다. 현대에 들어서 일군의 소설가들은 의식의 흐름대로 잡다한 생각들의 파편을 긁어모았다. 그런 작품들은 인간의 의식상태를 엿볼 수 있는 자료가 되어준다.

갖은 잡념에 우리는 시달린다. 잘 나가다가 삐끗했던 과거를 후회하고 막막한 미래에 안절부절못하며 넘실거리는 욕망에 치여 하루하루가 출렁거린다. 과거와 미래를 정신없이 넘나들고, 생존과 번식과 관련해서 감정과 생각이 들끓는다. 마음이 잠시라도 잠잠하지 않은 이유다.

혼자만의 시간을 가질 때면 마음이 조금이나마 아늑해진다. 외부로 향한 의식을 내면으로 돌리면 자기에게 다가간다. 고요해지면 내면의 실체를 발견할 수 있다. 내 안의 실체에 대해서 여러 이름이 붙는데, 그 가운데 하나가 무의식이다. 실험심리학자 구스타프 페흐너는 정신이라는 빙산의 일부라고 의식을 묘사했다. 프로이트가 페흐너의 비유를 사용하면서 빙산에 빗대는 표현이 널리 퍼졌다. 수면 위로 올라온 빙산의 일부에 의식을 견준 표현은 설득력이 있지만 아주 적절한 비유는 아니다. 수면 위로 올라온 부분이 거의 없을지도 모르기 때문이다.

인간이 매초 받아들이는 정보는 1,100만개에 이른다고 한다. 이 가운데 의식을 갖고 처리하는 것은 40개 남짓이다. 의식은 1초에 40번의 주기로 신경세포에서 동기화된 정보를 한꺼번에 처리한다. 우리의 정신은 수많은 뇌기능체계가 병렬식으로 연결된 그물망에 가깝다. 대부분 정보는 무의식체계가 알아서 해결한다. 중요한 정보만 의식으로 넘어온다. 갖가지 잡념조차도 무의식상태에서 회오리치는 오만 가지 정보들 가운데 나름 엄선된 것들이다. 온갖 정보가 경합을 벌이는 중에 일부가 의식으로 부상한다. 감각인상의 표상과 이전의 기억, 거기에 덧붙여진 상상, 현재 생겨나는 느낌과 감정 등이 의식으로 넘어온다. 의식이라는 무대로 수많은 생각이 출현한다. 하나의 생각이 등장했다가 금세 퇴장하고 또 다른 생각이 난입하는 일이 줄기차게 벌어진다.

의식에 나타난 생각 중에는 긴박하게 대응해야 할 신호도 있지만, 털어버려야 할 번뇌도 산더미다. 의식은 생존과 번식을 위해 기회를 모색한다. 나의 대표로 행세하는 의식은 대통령과 비슷하다. 대부분 일은 정부 각처에서 어련히 해결하는 와중에 굵직굵직한 사안이 있을 때만 대통령이 몸소 나선다. 공무원들이 알아서 일하지 않고 대통령이 실무 전반을 관장하려 든다면 행정업무가 마비된다. 마찬가지로 의식이 모든 걸 따지려고 들면 도저히 살수가 없다. 자신을 보호하고자 대부분의 정보처리는 의식 밖에서 이뤄진다.

의식을 사용할 때 기운 소모가 굉장하다. 우리가 늦은 밤이면 휴대전화기를 멍하니 바라보는 까닭도 의식을 작동시키는 데 값 비싼 비용이 들기에 그렇다. 생존과 번식에 관련된 상황일 때는 기운을 절약하지 않는다. 싸움하거나 사랑에 빠질 때 기운이 강렬하게 뿜어지면서 의식상태가 생생해진다.

내면을 파고들면 경이로운 무의식과 마주한다. 무의식은 의식이 작동하는 토대이다. 역동적으로 꿈틀거리는 무의식의 세계에 직접 접근하는 길은 아직 요원하다. 행동을 바꾸겠다고 결연히 맹세해도 하루아침에 달라지기가 어려운 까닭은 무의식이 공고하기에 그렇다. 물론 무의식과 의식은 연결되어 있어서 자신을 바꾸겠다는 의식이 견고하면 무의식도 점차 달라진다.

나의 변호사

인간의 뇌는 논쟁에서 승리하기 위한 정밀한 기계 장치, 즉 주인이 옳다는 것을 다른 사람에게 확신시키면서 동시에 주인 자신도 그렇게 확신하도록 만드는 기계 장치다. 뇌는 수임료만 받으면 의뢰인이 도덕적으로나 논리적으로나 가치가 있든 말든 그 가치를 세상에 확신시키는 유능한 변호사와 같다. 변호사처럼 인간의 뇌도 승리를 원하지 진실을 원하지 않는다.

로버트 라이트, 『도덕적 동물』

기수가 코끼리의 본심을 반드시 다 알 필요는 없다. 코끼리가 방금 무슨 일을 저질렀든 기수는 그것을 사후 조작하듯 설명하는 기술이 뛰어나고, 코끼리가 앞으로 하고 싶은 일에 대해서도 그 정당화의 근거를 잘 마련한다. 인간이 언어라는 것을 만들어 내고 그것으로 서로에 대해 험담하기 시작한 때부터, 코끼리의 입장에서는 24시간 내내 일하는 이 홍보 회사를 등에 태우고 다닐 가치가 충분히 있었다.

조너선 하이트, 『바른 마음』

무의식에는 별의별 기능이 다 있는데, 변호사 기능도 탑재되어 있다. 그 결과 우리는 언제 어디서든 자신을 합리화하는 데 능수능란하다.

내면의 변호사는 사사건건 등장한다. 한 연구에서는 거의 똑같은 물건들 가운데 하나를 고르라고 주문했다. 사람은 대부분 오른손잡이라 쉽게 잡을 수 있는 우측에 놓인 걸 선호해서 다들 오른쪽에 있던 물건을 골랐다. 그런데 왜 그걸 골랐냐고 묻자 집기가 편해서 골랐다고 답변한 사람은 없었다. 자신이 선택한 물건이 눈에 띄었다거나 질감이 끌린다거나 하는 식으로 답했다. 이미 이뤄진 결정을 변호사가 그럴싸하게 꾸며대는 것이다.

변호사는 우리에게 두 종류의 환상을 유발한다. 첫째, 자신의 통제력이 크다는 환상이다. 수많은 말썽을 일으켜도 변호사가 출동해서 합리화해준다. 그 때문에 자신이 얼마나 오락가락하고 뒤죽박죽인지 자각하지 못한다. 둘째, 자기 자신이 실제보다 괜찮은 사람이라는 환상이다. 변호사가 아첨하면 우리는 자신이 훌륭하다고 믿어버린다.

우리 안의 변호사는 1962년에 행해진 뇌량절개수술을 통해 드러났다. 뇌량은 우뇌와 좌뇌를 연결하는 신경섬유다발이다. 좌뇌와 우뇌가 분리되면 발작이 감소한다는 동물실험결과가 있었다. 간질환자가 머리를 다쳐 뇌량이 손상되자 발작증세가 줄었다는 보고도 있었다. 이를 바탕으로 신경외과의사 조지프 보건은 일상생활이 어려웠던 중증 간질환자를 설득해서 뇌량을 잘랐다. 간질의 강도는 현저히 낮아졌고, 발작의 횟수도 줄었다. 정신건강에도 큰 문제가 없었다. 다만 특이한 현상이 나타났다. 우뇌와 좌뇌가 따로 작동했다.

뇌량절개수술은 그 뒤로도 많이 이뤄졌고, 신기한 사례가 속출했다. 한 여자는 왼손과 오른손으로 집는 옷이 너무나 달랐다. 좌뇌와 우뇌가 각기 다른 옷을 원한 것이다. 한 남자는 왼손으로는 아내를 끌어안으면서 오른손으로는 때렸다. 사랑과 미움이라는 양가감정이 나뉘어서 출현한 것이다. 뇌량이 절단된 환자는 내면갈등의 생생한 증거다. 좌뇌 모르게 우뇌와 소통하거나 우뇌 모르게 좌뇌와 소통하는 방법이 개발되어 있다. 개발된 방법을 통해 뇌량이 절개된 사람의 좌뇌에게 학교를 졸업하면 무슨 일을 하고 싶으냐고 물었더니 망설이지 않고 제도사가 되겠다고 답했다. 똑같은 질문을 우뇌에게 하자 자동차경주자라고 썼다. 좌뇌는 무신론자이지만 우뇌는 신앙이 있는 사례도 있었다.

마이클 가자니가는 수술받은 간질환자 수십 명을 연구해서는 좌뇌 안의 특별한 뇌 회로를 발견했다. 좌뇌 안에는 질서와 의미를 부여하는 뇌 회로가 있는데, 이를 해석기라고 마이클 가자니가는 불렀다. 좌뇌의 해석기는 사방에서 쏟아지는 정보를 파악하면서 어떻게든 일관된 서사를 지어낸다. 이유를 모르더라도 자신이 삽을 쥐고 있으면, 해석기는 운동하려고 삽을 들었다거나 인생이 원래 삽질 아니냐면서 능청스레 이야기를 만든다. 우리가 평소에 주절주절 떠드는 내용도 좌뇌의 해석기에서 흘러나오는 언어들이다. 좌뇌의 해석기가 내면의 변호사다.

우리는 변호사 때문에 진짜 나를 직면하지 못한다. 범죄를 저지른 사람들 가운데 자신이 악랄했다고 시인하는 사람은 드물다. 대다수 범죄자는 억울하다고 호소한다. 어쩔 수 없었다거나 자신보다 나쁜 사람들이 쎄고 쎘는데 자기만 잡혔다고 분개한다. 통절하게 속죄할 생각이 없는 범죄자들의 뻔뻔한 모습에 기막힐 테지만, 그들과 우리는 정도의 차이만 있을 뿐이다.

세상엔 다양한 환자들이 많고, 그 가운데 내면의 변호사를 유감없이 드러내는 사례가 있다. 질병인식불능증 환자와 카프그라스 증후군 환자이다. 한 질병인식불능증의 환자는 우뇌가 손상되어 몸의 좌측이 마비되었다. 우뇌가 손상되는 바람에 좌뇌에서 작동하는 변호사의 허풍을 제어하지 못했다. 왼편이 마비되었는데도 환자는 왼손을 움직일 수 있다고 대답했다. 걸을 수 있느냐는 질문에도 자신 있게 그렇다고 답했다. 질병인식불능증 환자는 실상을 아는 게 아니라 변호사가 떠벌이는 걸 사실이라고 믿었다. 카프그라스증후군 환자는 가까운 사람들에게 친숙함을 느끼지 못한다. 부모를 보면서도 애착을 전혀 느끼지 못한다. 카프그라스증후군 환자들은 내 안의 변호사가 소리치는 내용을 믿어버린다. 어머니나 아버지를 닮았으나 그들은 외계인이나 복제인간이라고 말이다.

나의 무죄를 언제나 주장하는 변호사 때문에 우리는 자신의 흑심을 직시하지 못한다. 변호사의 현란한 변명을 면죄부 삼아 자신이 옳다는 착각 속에서 생존과 번식의 수레바퀴를 굴린다. 우리는 잘못을 자인하지 못하는 죄수이거나 지어낸 이야기를 사실이라고 믿는 환자이다.

아집이란 내 안의 변호사에게 사로잡힌 상태를 일컫는다. 아집에서 벗어나려면 변호사의 나불거림에 홀리지 말고, 진짜 자신이 나서야 한다. 변호사가 떠드는 내용을 따르지 않을 때, 자유가 펼쳐진다. 내면을 탐구하지 않으면 결코 얻지 못할 자유이다.

2부. 자기 조명

3부. 자기 향상

6장. 내면의 건강

젊은 사람이 철학하기를 주저해서는 안 되며 늙었다고 해도
철학에 싫증을 내면 안 된다. 왜냐하면 어느 누구도 마음의
건강을 얻기에 너무 이르거나 늦지 않았기 때문이다.
철학할 나이가 오지 않았거나 이미 지나갔다고 말하는
사람은 행복을 위한 나이가 자신에게 아직 오지 않았거나
이미 지나갔다고 말하는 것과 다름없다. 따라서 젊은이건
노인이건 철학을 탐구해야 한다. 그가 나이를 먹음에
따라 지나간 일들에 감사하며 축복 속에서 젊게 되도록,
또한 그가 미래를 두려워하지 않음으로 인해, 비록 나이가
젊지만 노련하게 되도록…
— 에피쿠로스, 「메노이케우스에게 보내는 편지」

실수는 더 이상 슬퍼해야 할 불가피한 사건이거나 속죄하고
용서해야 할 도덕적 죄가 아니다. 그것은 지성을 사용하는
잘못된 방법에 대한 교훈이면서 더 나은 미래의 과정에
관한 가르침이다. 그것은 개선, 발전, 재조정의 필요를
나타내는 것이다. 목적은 성장이며, 판단 기준은 개선된다.
인간은 그가 이미 소유하고 있는 기준과 이상을 양심적으로
사용할 의무와 더불어 가장 발전된 기준과 이상을 개발할
의무를 가지고 있다. 도덕적 삶은 형식주의와 완고한
반복에 빠지지 않게 된다. 그것은 유연하고, 생생하며,
성장하는 것이 된다.
— 존 듀이, 『철학의 재구성』

자신을 점검하는 시기

사람에게 가장 귀한 것은 자기를 돌아볼 줄 아는 일이다. 사람
이 사람 된 까닭이 바로 여기에 있다. 진화가 된 끝을 의식이라
할 것인데, 의식은 생명이 스스로를 돌아봄 곧 자기반성이라 할
수 있다. 그리고 그 행동하는 스스로를 돌아보는 생각의 초점
혹은 중심이 자아다.

함석헌, 『뜻으로 본 한국역사』

자신에 대한 사랑이 윤리가 된 지금 자아는 도덕적 가치를 지니
게 되었다. 나와 타인의 관계가 아닌 나와 나 자신의 관계가 절
대적으로 필요한 조건이 된 것이다. 그것은 나를 사랑하고 나
자신을 발현시키고 스스로 즐길 것을 명령한다. 도덕의 목표는
타인에서 자기로 옮아왔다.

엘리자베트 바댕테르, 『남과 여』

우리는 다부지게 살려고 노력한다. 새해가 되면 금연계획을 세운
다. 술 생각이 나도 고개를 절레절레 젓는다. 몸에 좋다는 건강기
능식품을 챙겨 먹는다. 산책하고 산을 오르고 책도 읽는다. 병원
에서 정기검진을 받고, 전화기를 끄고 일찍 잠자리에 든다.

그런데 막상 건강이 뭐냐고 물으면 답하기가 쉽지 않다. 건강은
아픈 데가 없는 상태, 즉 질병에 반대되는 상태라고 흔히 설명된
다. 건강 그 자체로 정립되기보다는 질병을 먼저 전제하고 나중에
건강이란 개념을 형성하는 것이다. 하지만 특정한 병이 없더라도
불안하고 산만하면 건강한 상태라고 보기 어렵다.

지향하고 행위하는 모든 것으로서의 건강이라는 개념을 미국의
철학자 존 듀이는 제시했다. 생활방식과 동떨어진 건강이란 있을
수 없다. 정의로움과 즐거움을 추구하면서 인생이 조화로울 때 건

강하다. 건강이란 삶의 의미와 재미가 있으면서 생생하게 살아가는 주체성을 의미한다. 주체성의 관점에서 바라보면 질병이 없어도 건강하지 않을 수 있고 근육질이 아니더라도 건강할 수 있다.

인간은 홀로 굳건할 수 없다. 외부와의 관계가 원활해야 건강할 수 있다. 건강에 영향을 미치는 요인이 하도 많아서 그 모든 것을 헤아리기 쉽지 않다. 공기, 물, 음식, 인간관계, 주거환경, 노동시간, 노동의 종류와 스트레스의 강도, 지인들의 지위와 자기만족도, 자신이 속한 사회의 상황 등 수많은 것들이 건강에 영향을 미친다. 이 모든 요인을 파악하기란 만만치 않다. 그래도 우리는 자신의 안팎을 헤아리면서 건강을 챙긴다.

자기 점검은 건강의 필수과정이다. 자신을 찬찬히 짚으면 기분이 저조해지고 약간의 우울함이 동반된다. 잘살고 있는지 회의감이 든다. 자신을 살피는 와중에 묵직하고 심각한 고민이 생겨난다. 당장 힘들고 슬프고 화난다면 상담받는 게 좋다. 그런데 상담은 진통제 노릇에 그치는 경우가 다분하다. 결국에는 자신의 의지가 관건이다. 우리는 모두 존재의 의문이라는 총상을 입었다. 총알이 박혔을 때 빨간약을 바른다고 아물지 않듯 진통제를 맞은 다음엔 총알을 빼내겠다는 당찬 마음이 필요하다. 겉으로 드러난 증상만 없애는 건 더 큰 고통을 뒤로 미루는 일밖에 되지 않는다. 그 누구도 나를 대신해 나의 문제를 고쳐주지 않는다.

나의 고통은 내가 살아온 방식이 낳은 산물이다. 지난날 나의 행동으로 말미암아 오늘에 이르렀다. 자신을 괴롭히는 문제에 대한 답을 찾는 동시에 문제가 더 이상 문제가 되지 않도록 나 자신을 바꿔야 온전히 치유된다.

겪고 있는 고통을 납득할 수 없다면 무엇보다 자신의 문제부터 풀어야 한다고 미국의 유전학자 바버라 매클린톡은 이야기했다. 바버라 매클린톡은 자신의 문제부터 풀면 끙끙대던 일의 해결책이 보이고, 엉킨 실타래가 언제 풀리는지 알 수 있다고 나긋하게 귀띔했다. 자신의 문제부터 해결한다는 뜻은 최우선으로 해야 할 일을 자신이 안다는 의미이다. 난관에 봉착했을 때 문제의 실마리는 성찰이다. 바버라 매클린톡은 좀처럼 연구가 진척되지 않을 때 실험실에서 벗어나 한참을 걸으면서 자신을 돌아봤다.

성찰한다는 건 변화의 기회를 만든다는 의미이다. 뒤숭숭한 마음을 관찰하고 이해할 때 우리는 자신과 더 친근해진다.

직감과 성찰

반성이란 그 말이 가리키는 대로 우리 자신에게로 돌아가는 의식의 힘이다. 우리 자신을 '대상으로' 놓고 자신의 존재와 가치를 헤아리는 능력이다. 그러므로 반성은 단지 아는 게 아니라 자신을 아는 것이요, 그냥 아는 게 아니라 안다는 것을 아는 것이다. 이처럼 안쪽 깊은 곳에서 자신을 개별화함으로써, 지금까지 감각과 활동의 순환 속에서 흩어지고 나누어졌던 생명 요소가 처음으로 '중심'에 모인다.

테야르 드 샤르댕, 『인간현상』

힘들이지 않고 발휘되는 것처럼 보이는 재능이 사실은 끈질긴 노력과 인내심의 산물일 때가 많다. 예술적 영감의 경우, 이 힘든 노고는 학습의 규율이며 기술의 수련 결과이다. 통찰력과 문제 해결의 경우에는 장기적이지만 무의식적 사유의 산물이다. 직관에 관해서는 관찰과 경험의 분석이 그런 노고이다.

마이클 폴리, 『행복할 권리』

미국의 신경과학자 조지프 르두는 우리의 인지처리방식에 두 가지 경로가 있다고 주장했다. 첫째 경로는 오랫동안 형성된 원시적인 통로이다. 강력하고 거침없으며 신속하다. 또 다른 경로는 최근에 생겨난 길이다. 정교하고 신중하지만 더디다.

이러한 연구결과는 행동경제학의 산파 구실을 했다. 대니얼 카너먼과 아모스 트버스키는 인간의 인지구조가 제약되었다면서 행동경제학을 창시했다. 행동경제학에 따르면, 체계1과 체계2를 통해 의사결정이 이뤄진다. 체계1은 아주 빠르게 자동화되어있는데 반해 체계2는 천천히 조심하면서 처리한다. 우리는 자신이 체계2라고 믿으나 체계1이 행동 대부분에 관여한다. 우리는 하나하나 심사숙고하지 않는다. 대충 재빨리 대응하며 살아간다.

체계1의 방식으로 직감이 작동한다. 직감이 일상에서 유용하더라도 직감에 따른 행동이 늘 좋은 결과를 산출하지는 않는다. 성찰을 거치지 않고 이뤄지는 행동은 후회를 부르기 일쑤인데, 냅다 나오는 반응을 통제하기 쉽지 않다. 숙고할 여건이 되지 못할 때도 허다하다. 일하고 장보고 연애하고 외식하고 애 키우고 세금도 내려면 여러 사안을 오래 붙들기 어렵다. 얼른 결정을 내려야 한다. 게다가 길게 고민한다고 해서 최선의 판단을 한다는 보장이 없다. 장고 끝에 악수를 둔다는 바둑의 경구처럼, 무엇이 더 나은지 가늠하기 어려운 상황에서 번민하다가 최악의 선택을 하는 경우가 심심치 않다. 피곤한 상황에서는 결정을 미루는 게 현명한데, 현실은 일단 정하라고 압박한다.

직감은 쉽게 이뤄지는 데 반해 성찰은 어렵게 일어난다. 성찰하는 데는 기운의 소모가 크다. 이런 까닭에 우리는 좀처럼 사유하지 않는다. 프랑스의 철학자 질 들뢰즈에 따르면, 사유란 인식능력의 자연스러운 실행이고 우리의 인식능력이 선한 본성과 선한 의지를 지닌다는 건 검증되지 않았다. 사유는 일상의 고상한 취미 속에서 이뤄지기보다는 돌발적인 충격 속에서 이뤄진다고 들뢰즈는 웅변했다. 우리는 평소에 자동처리체계에 자신을 맡긴 채 직감에 따라 선택하고 행동한다. 예전처럼 반응할 수 없는 충격을 겪고 나서야 사유를 시작한다. 누군가 성숙했다면 그 사람은 가슴

뼈근한 충격을 받았음을 암시한다.

충격이 변화의 동력이지만 충격은 괴롭다. 그렇다면 충격을 받기 전에 사유와 성찰을 할 수 있다면 인생이 더 건강해지지 않을까? 직감에 따라 반응하던 습관을 줄이고 평소에도 세심하게 의식을 작동시킨다면 후회할 선택을 덜 하게 된다. 성숙은 과거의 잘못을 반복하지 않는 변화이다. 성찰을 통해 자동화된 행동을 멈출 줄 아는 사람이 성숙하다. 성숙한 사람은 자기에게서 거리를 두고, 정직하게 자신을 관찰하며, 불러올 결과를 예상하고, 이전의 잘못된 행동을 바로잡으며, 장기계획을 세우고 실현하고자 진력한다.

그런데 우리는 자신에게 거리를 두는 일에 아직 숙련되지는 않았다. 회화를 보더라도 화가들이 자신을 주제로 삼아 작업한 기간은 얼마 되지 않았다. 자신을 관찰하면서 그린 자화상이 등장한 시기는 기껏해야 중세 이후이다. 사회학자 노르베르트 엘리아스는 근대에 들어서야 인간은 자신과 거리를 둘 수 있는 수준에 도달했다고 주장했다. 자신에 대한 이해는 자연에 대한 이해와 연동된다. 근대에 들어서 사람들은 자연에 대해 거리를 두고 관찰했고, 자연환경을 기계적인 작용으로 이해하기 시작했다. 과학의 발전은 인간의 자아중심성을 부셨다. 지구를 중심으로 태양과 달과 별이 회전하는 게 아니라 지구가 태양 주위를 돈다는 사실은 엄청난 충격이었다. 인간의 위치가 우주의 중심에서 가장자리로 옮겨졌다. 종교 교리가 아닌 학문연구를 근거로 자연을 인식하게 됐다. 자연을 관찰하고 이해하듯 사람들은 시나브로 자신을 관찰하고 이해하기 시작했다. 자신을 성찰하는 분위기가 깔렸다.

현대는 성찰의 시대이다. 우리는 조상들보다 훨씬 빈번하게 성찰한다. 성찰할수록 자신을 더 알게 된다. 그동안 자동으로 행동하면서도 자유롭다고 착각해온 인류가 이제는 다양하고 풍부한 지식을 바탕으로 더 나은 선택을 할 수 있다. 이기적 유전자의 지배에서 벗어날 가능성도 열렸다. 맹목적으로 끌고 가는 힘에 맞서서 자신이 진정 원하는 방향으로 경로수정을 할 수 있다. 예컨대, 성욕은 번식을 목적으로 각인된 강력한 본능이다. 성욕에 의해 누군가에게 다가가고 사랑에 빠지며 성행위를 한다. 그런데 현대인은 이성을 통해 성욕을 다스리거나 아니면 피임한다. 과거의 대다수 선조는 상상도 못 하던 일이다.

이성에 따른 성찰을 통해 인간은 본능에 지배당하지 않고 자신을 다스린다. 과거에 조상들은 어찌할 수 없는 운명에 체념했다면 우리에겐 운명마저 개척하는 지식이 주어지고 있다.『손자병법』에 따르면, 지피지기면 백전불태다. 우리가 평생 상대해야 하는 적은 나 자신이다. 나 자신을 속속들이 잘 알면 아슬아슬하던 나날이 그윽하게 태평해진다.

거짓을 해소하는 진실

모든 영성은 정직, 곧 자신에 대해 자신에게 정직한 것이 모든 영적 탐구의 필수라고 강조한다. 가장 크고 위험한 부정직은 양면적인 인간의 본성을 부인하고 거부하는 것이다.
어니스트 커츠, 캐서린 케첨,『불완전함의 영성』

우리는 사실을 조작할 때는 무의식적으로 하고, 그 결과를 즐길 때는 의식적으로 한다. 식사하는 사람은 식당에 있지만 요리사는 부엌에 있는 셈이다. 이렇게 무의식적으로 사실을 요리해내는 것의 이점은 그것이 잘 먹힌다는 점이다. 그러나 그 반대급부로 인해 우리는 자기 자신에 대해 잘 모르게 된다.
대니얼 길버트,『행복에 걸려 비틀거리다』

내면의 변호사에게서 벗어나 자신을 구석구석 살피는 일이 성찰이다. 평소에 우리는 변호사에 홀려서 좀처럼 성찰하지 않는다. 그러다 자신의 실상을 마주하면서 충격을 받는다. 마치 보정한 사진을 자신이라고 믿다가 깨끗한 거울 앞에서 경악하는 꼴이다.

대다수 사람은 자신이 똑똑한 데다 도덕성도 높다고 평가한다. 물론 우리가 슬기롭고 선한 사람일 수 있다. 세상엔 그런 사람들이 있다. 문제는 세상 사람들 대다수가 평균 이상의 괜찮은 사람일 수는 없다는 점이다. 평균이 성립하려면 상당수가 평균보다 밑에 있어야 한다. 하지만 자신을 평균 이하라고 인식하는 사람은 찾아보기 힘들다. 우리는 자신을 유능하고 영리하고 고매한 사람이라고 뻥튀기해서 남들에게 홍보할 뿐만 아니라 자기 스스로 믿어버린다. 인간은 타인을 바라볼 때 환상을 갖듯 자신을 바라볼 때도 환상 속에 있다.

사회심리학자 앤서니 그린월드는 베네펙턴스beneffectance라는 개념을 창안했다. 베네펙턴스란 benefit과 effect의 합성어로, 긍정의 결과에는 자신의 기여를 과장하되 부정의 결과에는 자기 책임을 줄이려는 경향을 가리킨다. 좋은 행동을 하면 자신이 좋은 인품을 지녔다고 자평하고, 나쁜 행동을 하면 어쩔 수 없었다면서 상황 탓을 한다. 반면에 타인이 나쁜 행동을 했으면 사정을 헤아리기보다는 그 사람 자체가 악질이라고 단정한다.

이러한 이중잣대는 신앙에서도 나타난다. 사람들은 자기 신앙의 이유로 신비체험과 우주의 선한 설계를 제시했지만, 남들은 위안을 얻거나 죽음이 두려워서 신을 믿는다고 답변했다. 자신의 믿음은 합리적이라고 여긴 데 비해 타인들의 믿음은 취약한 감정에서 발생한다고 간주했다. 자신과 달리 타인은 비합리적으로 믿는다면서 낮춰보는 것이다.

자신을 미화하는 마음이 작동하는 데는 그럴 만한 이유가 있기는 하다. 자신에 대한 정보는 자신이 가장 많이 지녔다. 나를 나보다 잘 아는 사람이 없으니 나의 정보를 과장하더라도 타인은 일단 믿을 수밖에 없다. 정보의 비대칭 속에서 타인을 속인다. 부풀려진 정보도 타인에게 가치가 있다. 아예 정보가 없는 것보다는 나으니 말이다. 또, 타인과 협력하거나 짝짓기할 때 자신을 있는 그대로 드러내는 사람은 외면받기 쉽다는 점이 분장의 유혹을 일으킨다. 타인에게 사랑받고 싶은 마음에 자신을 꾸민다. 미화된 모습을 자신의 실상이라고 믿으면 자신감이 생긴다. 자신감이 상승하면 좀 더 유리한 위치에서 타인과 관계를 맺을 수 있다.

인간은 각자 허세가 들어간 개인정보를 유통하는 광고업자인 동시에 상대를 감별하는 평가사이다. 우리는 무의식중에 타인을 속이려 하기에 타인도 나를 속이려 한다는 걸 감지한다. 그래서 아주 깐깐하게 타인을 대한다. 반면에 자신을 미화해서 인식하는 본능 때문에 타인 눈의 티끌은 보면서 자기 눈의 들보는 보지 못한다.

사람을 판단하는 방식에는 두 가지가 있다. 첫째 방식은 행동 관찰이다. 이 방식은 흔히 상대방을 평가할 때 사용한다. 선한 인상을 지녔더라도 나쁜 짓을 하면 악당이다. 둘째 방식은 변호사의 판단이다. 내면의 변호사가 일러주는 대로 판단하는 방식으로 자신과 자신이 좋아하는 사람에게만 사용한다. 팔이 안으로 굽는 이유다. 잘못된 행동을 저질러도 변호사가 어떻게든 무마한다. 변호사의 판단을 신봉하다 보니 자신의 이중잣대를 자각하지 못한다.

이중잣대로 말미암아 우리는 타인을 비교적 정확하게 간파하지만 자기를 심각하게 오해한다. 내면의 변호사는 미화한 자신의 정보를 뿌리고, 씁쓸한 진실과 마주치지 못하도록 가로막는다. 우리는 변호사가 호도한 환상 속에서 자신을 괜찮은 사람이라고 믿어버린다. 자신의 행동을 주시하지 않을 뿐 아니라 자신의 진실을 목격하고도 덮어버린다. 하지만 살다 보면 착각은 깨지게 마련이다. 타인은 나를 행동관찰법으로 판단하기에 그렇다. 나를 지켜보던 누군가의 말이 화살처럼 박힌다. 지적당한 내용을 진작에 충분히 소화한 상태라면 아프지 않다. 이미 수용한 사실을 새삼스레 언급한 것에 불과하니 말이다. 상대의 말이 나에게 조금도 해당하지 않는다면 괜한 억지이거나 심술에 불과하니 별 타격을 주지 못한다. 그렇다면 타인의 말이 마음에 꽂히는 순간은 언제인가? 아직 내가 받아들일 수 없는 진실이 발사됐을 때이다. 상대의 말은 내가 훌륭한 사람이 아니라는 진실에 명중되면서 나의 자존심을 쪼개버린다.

내가 유능하고 괜찮은 사람이 아니라는 증거들 앞에서 인지부조화가 일어난다. 인지부조화란 현실과 인식 사이에 괴리를 가리키는 개념이다. 인지부조화는 정신의 고통을 유발해 생각과 행동의 일치를 추구하게 만든다. 자신이 훌륭한 사람이라는 생각에 맞춰 행동을 변화시켜야 하는데, 대개 행동을 바꾸지 않는다. 생각을 바꾼다. 이기적인 꿍꿍이를 정당화하는 데 우리는 천재이다. 자신은 좋은 사람인데, 상대 때문에 이렇게 행동할 수밖에 없었다고 말이다.

실제보다 자신이 더 사랑스럽고 더 선하다는 착각 때문에 우리는 개선의 기회를 놓친다. 자기 미화가 흉악한 범죄는 아니나 자신을 이해하지 못하게 만드는 원인이다. 변호사의 지저귐에 홀리면 상황을 객관적으로 파악하지 못한다. 타인 역시 변호사에 사로잡혀 자신을 무고한 사람이라고 믿어 의심치 않는다. 서로 자신의 믿음을 강화하는 근거들만 수집해서는 자신을 방어하는 데만 치중한다. 첨예한 대립의 원인은 자신에 대한 미화다.

내가 나를 속이면서 여러 문제가 생긴다. 정신병의 근본 원인 가운데 하나가 거짓말이라고 미국의 정신의학자 스캇 벡은 진단했다. 외부에서 들어온 거짓말과 변호사의 거짓말이 뒤범벅되면서 정신건강이 깨진다. 정신건강을 회복하려면 자신을 에워싼 거짓을 파헤치고 진실을 찾고자 노력해야 한다.

자기도취라는 환상은 내면의 변호사가 입혀주는 근사한 투명망

토이다. 그동안 자신이 예쁘고 멋지다고 어깨를 으쓱하는데 사실
남들은 우리의 알몸을 보고 있다.

상처받은 내면아이

진정한 자아를 잃었을 때, 사람들은 자신의 진실한 감정, 욕구,
바람을 잃게 된다. 그 대신에 거짓자아가 요구하는 감정들을 경
험하게 된다. 예를 들어 '아주 착한 사람이 되는 것'은 보편적인
거짓자아의 모습이다.

존 브래드쇼, 『상처받은 내면아이 치유』

정서적인 면에서 볼 때 대부분 사람은 아직 어린애들이다. 유치
원과 놀이터를 지배하는 감정과 태도들은 어른의 삶에서도 그
대로 지속되지만 좀 더 그럴싸하게 들리는 용어들로 은폐되어
있을 뿐이다. 거의 모든 사람의 내면에는 아이가 도사리고 있으
며 그 아이는 사실 어른의 모습을 흉내 내는 데 지나지 않는다.

데이비드 호킨스, 『나의 눈』

대중문화엔 아이가 난데없이 어른이 되거나 어른이 아이로 돌아
가는 작품이 꼬박꼬박 만들어진다. 이런 작품이 인기를 끄는 까닭
은 누구에게나 아이 같은 속성이 있기 때문일 것이다. 마음을 다
친 채 어른이 되고, 어른이면서도 여전히 아이와 다를 거 없는 사
람들의 상태가 대중문화에 반영된다.

인간은 취약하다. 특히 어릴 때 다치기 쉽다. 몸에 생긴 상처에
는 새살이 나지만 상처받아 생긴 심리문제는 저절로 낫지 않는다.
유년시절에 다친 마음도 아프지만, 마음의 상처가 일으키는 문제
들로 고통의 악순환에 빠진다. 상대방의 의도를 왜곡한다. 무난히
넘어갈 일에 과민반응을 보인다. 타인과 불필요한 거리감을 자아

낸다. 자연스럽게 생겨나는 감정을 깨닫지 못하도록 막는다. 자신을 가장 가엾은 존재로 여긴다. 비틀린 마음 때문에 하루하루 비틀거린다.

마음의 상처는 흉터 효과를 일으킨다. 한 실험에서 참가자들 얼굴에 흉터를 그린 뒤 눈치채지 못하게 감쪽같이 지웠다. 실험참가자들은 평상시의 얼굴이었지만 자신에게 흉터가 있다고 믿은 채로 누군가를 만났다. 대화가 끝나고 난 뒤 사람들은 상대방이 자신의 흉터에 반응했다고 토로했다. 대화상대를 찍은 영상을 보여주었더니 대화상대가 시선을 피하고 고개를 다른 쪽으로 돌리면서 자신의 얼굴 흉터를 께름칙하게 여겼다고 구체적으로 답변하기까지 했다. 얼굴에 흉터가 없었음에도 상대방의 행동을 곡해한 것이다.

마음에 흉터를 지닌 채 살아가는 이들이 드물지 않다. 그들은 평소에는 멀쩡해 보여도 과거의 기억이 떠오르면 세계에 대한 해석방식이 순식간에 바뀐다. 표정과 눈빛, 목소리의 어조와 몸에서 풍기는 분위기, 신체의 활동을 조절하는 자율신경체계가 별안간에 달라진다. 토라진 아이처럼 군다. 이러한 마음의 흉터를 일군의 심리학자들은 상처받은 내면아이라고 부른다.

세상은 낙원이 아니다. 받아들이기 힘든 경험을 겪는다. 그러면 충격을 다시 받지 않고자 방어하는 마음가짐이 생긴다. 하지만 미숙한 방어태세는 오히려 화근이 된다. 상처받은 내면아이란 마음이 찢어졌을 때 서투르게 반응했던 유년시절의 방식에 고착된 상태이다. 다른 대처법을 익히지 못했으면 특정한 상황이 되었을 때 아이처럼 행동할 수밖에 없다. 과거부터 누적되어 전승되는 불안이나 공포나 분노나 설움을 끌어들여 현 상황을 왜곡하는 것이다.

상처받은 내면아이에게 점령당한 유명인사로 쇼펜하우어가 있다. 그는 엄마에게 사랑받지 못했고, 부모의 불화를 그악스럽게 겪었다. 마음의 응어리를 풀어내지 못한 쇼펜하우어는 타인을 신뢰하지 못했다. 그는 솟구치는 발악을 다독이기는커녕 현란하게 독설로 내뱉었다. 쇼펜하우어의 글에는 기발한 통찰도 많지만 삐뚤어진 응석도 상당수다.

마음의 상처가 아물지 않으면 여러 특징이 있다. 첫째, 아이들이 담요나 인형에 집착하듯 물건이나 사람에 집착한다. 둘째, 불행했던 시절을 보상받고자 권력과 돈에 대한 강박이 심하다. 셋째, 값싼 즐거움과 알량한 위로에 취약하다. 넷째, 어릴 때 겪은 비슷한 상황을 일부러 자초해서 고통받으려는 것처럼 보이기도 한다. 다섯째, 결혼해서 자식을 낳아도 자신의 욕망을 투사한다. 부모에게서 받지 못한 관심을 자식에게서 받고자 자기 곁에 머물도록 자식을 교묘하게 세뇌한다. 그리고 아이들에게 잘해주고 싶으나 막상 자신의 부모처럼 군다.

우리의 정신이 자기연민에 빠진 내면아이에게 장악당하면 인생은 서글픈 서러움에 잠식된다. 과거의 내가 현재의 나를 갉아먹는다. 익숙한 고통을 그리워하고, 아픈 어둠으로 기어가려는 관성에 맞서 열렬하게 저항하지 않으면 과거는 되풀이된다.

미래를 향해 내달린다고 과거로부터 해방되지 않는다. 과거를 무시하는 것이 아니라 응시할 때 자유의 씨앗은 움튼다. 자신의 어둠으로 들어가서 얼어붙은 내면아이를 토닥여준다면 앙금이 녹으면서 오열하게 마련이다. 눈물을 뜨겁게 흘려 가슴이 녹아야만 치유되고, 다르게 대처하는 힘도 생겨난다. 반복에는 치유의 움직임이 있다. 질 들뢰즈는 우리를 병들게 하는 것이 반복이듯 치유하는 것도 반복이라고 통찰했다. 과거의 행태를 되풀이하는 자신이 한심하더라도 반복 속에 변화가 있다. 과거의 판박이처럼 보여도 과거와 다른 차이가 생겨난다. 과거를 답습하지 않을 기회가 반복 속에 주어진다.

살다 보면 앞으로만 나아갈 수 없다. 뒤돌아보면서 아픔을 끌어안는 시기가 필요하다. 자신을 되짚으며 치유하는 과정이 순탄치 않다. 다시 보고 싶지 않아 장막으로 가린 과거를 들추면 오물로 더러워진 아기가 있다. 내면아이를 씻기고 부둥켜안는 일은 어렵다. 하지만 치유의 길로 나가야 한다. 자신의 아픈 마음을 얼싸안아 보듬으면 변화가 일어난다.

상처받은 내면아이가 있다는 건 부끄러운 일이 아니다. 아이같이 굴면서도 자신의 행태를 내버려 두는 것이 창피한 일이다. 자신의 약점과 결핍과 상처를 들여다보고 어루만질 때, 인생의 많은 문제가 풀린다.

부정편향

어린아이들에게 행복해지는 법을 잘 가르칠 필요가 있다. 불행이 머리 위에 떨어졌을 때 행복해지는 법을 말하는 것이 아니다. 그런 것이 아니라 상황이 그다지 나쁘지도 않고, 인생의 괴로움이 사소한 근심거리나 걱정거리밖에 없을 때 행복해지는 법을 말하는 것이다.

알랭, 『행복론』

행복한 자의 세계는 불행한 자의 세계와는 다른 세계이다.
루트비히 비트겐슈타인, 『논리철학 논고』

마음이 아픈 사람들이 너무나 차고 넘친다. 항우울제가 무시무시하게 팔린다. 항우울제의 판매량은 현재 우리가 얼마나 불행한지 알려주는 증거이다.

현대인만 우울한 건 아니다. 인간은 대대로 부정적이었다. 생존하는 데 마뜩잖은 태도가 이로웠기에 그렇다. 과거를 곱씹으며 후회하고 앞날의 위험에 가슴 졸이던 사람들이 살아남아 우리의 조상이 됐다. 그들의 성향을 물려받아 우리는 부정편향을 띤다. 부정편향이란 탐탁잖게 지각하고 표현하는 심리작동방식을 가리키는 개념이다.

우리는 자신을 다독이기보다 다그치고, 세상을 수용하기보다 비난하는 데 많은 시간을 쓴다. 대학생들이 2주에 걸쳐서 떠오르는 생각들을 정직하게 서술했더니 무려 60~70% 정도가 부정적이었다. 심신의학자 디팩 초프라는 우리가 하루에 35,000개의 부정적인 생각을 한다고 주장했다. 꿈마저 부정적이다. 1만 개의 꿈 사례를 모아본 결과 2/3가 슬픔과 불안 그리고 분노의 내용이었다. 누군가와 정답게 지내는 꿈보다 타인을 미워하고 싸우는 꿈이 두 배나 많았다.

기억도 부정성에 무게를 둔다. 최근 경험을 떠올려보라는 요청에 사람들은 부정적인 경험을 연상한다. 기억이 보관되는 과정에서도 부정적인 기억이 유리하다. 긍정적인 경험은 12초 넘게 정체되는 과정을 거친 뒤에야 장기기억에 저장된다. 반면에 부정적인 경험은 곧바로 장기기억에 간수된다. 우리의 무의식은 생존에 도움 되는 것들을 수집해서 장차 겪을 위험에 대비하므로 부정적인 기억을 선호한다. 괜찮았던 대다수 날은 쉽사리 지워지고 나빴던 몇몇 순간은 오랫동안 강렬히 기억되는 이유다.

언어도 부정적이다. 영어사전에 수록된 정서단어를 살피면 62%가 부정적이다. 일상에서도 부정적 단어들이 빈번하게 사용된다. 우리는 헐뜯는 말들을 뇌까리고, 비속어와 욕설을 습관처럼 내뱉는다. 평소의 대화 내용을 녹음해서 찬찬히 듣는다면 기절초풍한다.

사회를 둘러보면, 부정적인 사람이 긍정적인 사람보다 똑똑하다고 평가받는다. 세상에 문제가 득시글하기에 비판할 필요성이 있다. 그러나 너무나 많은 사람이 언어를 빼딱하게 구사한다. 다른 진영을 공격하고자 모진 언어를 남발하고, 험담과 비방으로 여론이 형성된다.

얼굴 근육도 부정편향을 띤다. 인간은 공통된 얼굴 근육을 통해 동일한 감정을 표현한다. 섬에서만 평생 산 태평양 군도의 토착민도 머나먼 타국의 이방인 사진을 봤을 때 사진 속 인물이 감정을 거의 정확하게 맞춘다. 인간의 기본 표정은 여섯 가지이다. 분노, 놀람, 공포, 혐오, 슬픔, 기쁨이다. 태어날 때부터 시력을 상실해서 타인의 얼굴을 본 적 없는 아기도 여섯 가지의 표정을 짓는다. 타고나는 기본 표정에서 기쁨을 뺀 나머지는 부정적인 것과 관련 있다.

의사결정을 할 때 이용하는 정보도 부정적이다. 예컨대 한 음식점의 후기를 찾아보니 의견이 갈린다. 이때 우리는 후하게 평가한 사람들의 의견보다는 박하게 평가한 사람들의 의견에 솔깃해하면서 그 음식점에 가지 않을 가능성이 크다. 우리는 무의식중에 긍정적인 정보보다 부정적인 정보를 중시하고, 부정적인 정보에 근거해서 행동을 결정한다.

현대는 과거보다 훨씬 유복해졌고 안전해졌는데 불만과 불안은 꼼짝하지 않는다. 대부분 사람은 세계를 못마땅하게 인식하고, 살아가는 태도도 떨떠름하다. 가만히 있으면 부정편향이 작동하면서 걱정과 불만이 생겨난다. 심리학자 미하이 칙센트미하이는 심리의 엔트로피라는 개념을 통해 우리가 불안의 무질서 상태로 치닫는다고 설명했다. 엔트로피란 열의 성질을 설명하기 위해 도입된 개념이었는데, 요즘엔 자연에서 일어나는 변화의 방향을 제시하는 물리량으로 사용한다. 우리가 체험하는 모든 현상과 과정은 엔트로피가 증가하는 방향으로 일어난다. 휴식을 취하지 않으면 심리의 엔트로피가 증가해 초조해지며 혼란해진다.

부정편향이 우리를 성난 고슴도치로 만든다. 자기 내면에 문제가 있다는 걸 인정해야 고칠 마음이 든다. 부정편향을 변화시키려면 자신의 치우침을 자각해야 한다.

마음속 구멍

이 세상에 살아있는 동안 우리에게 영원한 정신적 평정이란 없다. 왜냐하면 '생명' 자체가 '운동'이며, 의욕이나 두려움 없이는 결코 존재할 수 없고, 감각 없이는 살 수 없기 때문이다.

토마스 홉스, 『리바이어던』

마치 전례 없는 성과에도 불구하고 알 수 없는 유리천장에 부딪혀 행복이 그 이상으로 올라가지 못하는 것 같다. 우리가 모든 사람에게 무상으로 음식을 제공하고 존재하는 모든 질병을 치료하고 세계평화를 이룬다 해도, 그 유리천장이 깨진다는 보장은 없다. 진정한 행복을 획득하는 것이 노화와 죽음의 극복보다 쉽지는 않을 듯하다.

유발 하라리, 『호모 데우스』

우리의 눈엔 많은 것이 거슬린다. 불평은 마르지 않는 분수처럼 솟구친다. 그런데 왜 이토록 투덜거리는지 해명하려는 연구는 찾아보기 어렵다. 학자들도 날마다 구시렁거리는 데다가 불평을 자연스러워해서 딱히 탐구할 필요성을 느끼지 못하기 때문일 것이다. 불평불만은 대다수 사람에게 평생 이어지는 습성이다.

상담실은 공증을 받은 투정 집합소이다. 우리는 상담사의 맞장구를 기대하며 세계의 냉혹한 부조리에 대해 불만을 토로한다. 우리의 하소연에는 일리가 있다. 분명 세상엔 잘못된 게 바글바글하다. 그런데 문제는 아니꼬운 일이 해결되더라도 얼마 지나지 않아 또 다른 불만이 생긴다는 것이다. 우리에게 시급한 건 자기 고통의 근원이 무엇인지 진실로 궁금해하는 일이다.

불만이란 인간의 고질병이다. 우리가 불만이라는 만성질환을 갖게 된 이유에 대해서 여러 가지를 추론할 수 있다. 우선, 불만이 이로워서 본능처럼 작동하는 측면이 있다. 불만을 품은 사람이 생존과 번식에 성공했을 가능성이 크다. 성에 안 찬 사람은 자신의 상황을 개선하려고 했을 테고, 더 좋은 집, 더 풍요로운 환경, 더 나은 기술, 더 단련된 신체, 성공률이 더 높은 짝짓기 전략을 개발하고자 노력했을 것이다. 자연스럽게 불만이 생겨나는 측면도 있다. 신체의 생화학적 작동방식은 유전자를 전파하고자 기나긴 세대를 통해 설계됐다. 생존과 번식에 도움 되는 상황이 아닐 때 고통스러운 불만이 생겨난다. 허기지고 외로우면 음식과 애인을 다급하게 찾는다. 불만의 고통을 잠재우고자 여러 대책을 물색한다.

이처럼 불만을 통해 삶이 유지되고 개선되더라도 불만이 평소 상태라는 건 심각한 문제이다. 현재 골칫거리를 해결해도 골치 자체가 해소되지 않는다. 불쾌한 경보음처럼 끊임없이 생겨나는 불만에 우리는 등 떠밀려 쾌락을 악착같이 좇는다. 그러나 쾌락은 짧고 불만은 길다.

우리의 마음에 불만이라는 구멍이 뚫려있는 셈이다. 마음에 뚫린 구멍은 상황이 나아진다고 메워지지 않는다. 사글세 살던 사람에게 집이 생기면 세상을 다 얻은 것 같지만 얼마 지나지 않아 자기 집이 너무 작아 보인다. 더 좋은 동네가 눈에 들어온다. 익숙해지면 모든 게 당연해진다. 감사라는 햇살이 마음에 비치지 않으면 불만은 곰팡이처럼 퍼진다.

현대에 접어들면서 대다수의 살림살이는 눈이 휘둥그레질 정도로 나아졌다. 우리는 과거의 왕조차 꿈꾸지 못한 호사와 편리를 누리고 있다. 한밤중에 호랑이나 산적의 습격을 받아 비명횡사하지 않는다. 영문도 모른 채 시름시름 앓다 사망하는 일도 거의 없어졌다. 그럼에도 현대문명의 성취가 마음속 구멍을 메우지는 못했다. 날마다 잘 먹어서 배가 볼록 나왔는데도 불만이라는 허기는 더 많은 걸 요구한다. 우리의 마음이 항구라면, 가끔 만족이라는 배가 들르는 데 비해 불만이라는 파도는 끊임없이 밀려온다.

불만을 자초하며 불행해지는 심리를 지성인들은 간파했다. 인간에게 마음의 평정이 항구적일 수는 없다고 토마스 홉스는 일갈했다. 생명이란 운동이라서 일상이 부산스러워질 수밖에 없고, 의욕이나 두려움이 생겨나며, 끝없이 불안과 공포와 불만에 따른 불행으로 마음이 어지러워진다고 홉스는 개탄했다. 쇼펜하우어는 지속적인 충족을 줄 수 없기에 만족감은 오류이자 망상이라고 목청을 돋우었다. 행복하려면 건강과 이기심 그리고 어리석음이 갖춰져 있어야 하는데, 다른 것이 충분해도 어리석음이 없다면 아무 소용이 없다고 플로베르는 강변했다. 프로이트는 천지창조의 계획에 인간의 행복이 포함되지 않은 거 아니냐고 한숨을 내쉬었다. 사는 동안 대부분의 갈구가 채워지지 않다가 이따금 만족을 얻는데, 간절하게 바라던 무언가도 얻고 나면 성취감이 옅어지면서 다시 불만이 용솟음친다.

삶의 불만을 누그러뜨리는 방법이 없을까? 우리의 뇌는 긍정, 중립, 부정으로 현실을 분류한다. 현실이 마뜩잖다고 해서 온통 나쁜 것으로 그득하지 않다. 단지 뇌가 현실에다 부정이라는 딱지를 붙였을 뿐이다. 툴툴거리는 습관을 제어하면서 현실을 긍정하거나 적어도 중립의 관점으로 경험할 때 인간은 성숙해진다. 이러한 성숙을 프랑스 물리학자 출신의 승려 마티유 리카르가 선보인다. 세계에서 가장 행복한 사람이라고도 불리는 마티유 리카르는 긍정 상태를 연장할 수 있다면서 정신수양을 권한다. 그처럼 뇌 신경구조를 재편성하면 기분이 한결 나아지고, 외부세계와의 갈등을 한껏 줄일 수 있다고 독일의 신경과학자 볼프 싱어는 설명한다. 물론 이런 변화가 우리 모두에게 일어난다면 지상천국이 될 텐데 너무 이상적이라서 현실가능성은 없어 보인다고 덧붙였지만 말이다.

우리 가운데 상당수가 현실을 탐탁잖게 인식하려는 경향의 뇌를 타고났다. 하루아침에 자기 자신과 세상을 긍정하기는 어렵지만 불가능하지도 않다. 뇌는 끊임없이 변한다. 불만이라는 수렁에서 벗어나고자 노력한다면 변화가 생긴다. 누구나 약점과 단점, 결핍과 장애, 소수자성과 기벽이 있다. 그렇다고 그것들이 고통만 일으키지는 않는다. 사람은 자신의 어둠을 통해 더 깊어진다. 성에 안 차서 성난 마음도 그저 결핍의 고통이 아니다. 불만의 구멍은 자신을 들여다보게 해주는 통로이다.

인생은 불만에서 만족으로 가는 여정이다. 외부에서 무언가를 더 쟁취한다고 흡족한 상태가 되지는 않는다. 도리어 내면의 변화를 통해 만족이 이뤄진다. 인생에서 가장 중요한 성장은 추레하고 비겁하고 경솔하고 저속하고 옹졸하고 음흉하고 치사하고 건방지고 조잔하고 천박한 마음을 직면하고 변화시키는 일이다.

감정의 노예가 아닌 주인

매력적인 사람을 만났습니까? 그러면 당신에게 필요한 자원은 자제력입니다. 아프거나 힘이 듭니까? 그러면 체력이 필요합니다. 누가 욕을 합니까? 그러면 인내가 필요합니다. 이런 훈련을 오래 쌓으면, 일이 생길 때마다 거기에 맞는 내적 자원을 동원하는 것이 습관이 됩니다. 그러면 흔들리지 않습니다.

에픽테토스, 『엥케이리디온』

의식적 응답은 의식 표면에 떠오르는 에너지를, 무의식을 통합하는 데 사용하겠다는 의도로써 품어 안고 건설적으로 내면화시키려는 의식적인 선택이다. 의식적 응답 행동의 주체는 '책임'이다. 당신은 '내면에 펼쳐지는 감정 상태를 바깥으로 다른 사람에게 투사하지 않고, 그것을 무조건적으로 느낌으로써' 의식적으로 반응한다.

마이클 브라운, 『현존수업』

자동으로 뿜어지는 불만을 다스리기가 쉽지 않듯 몸에서 생겨나는 대부분 활동도 좀처럼 제어하기 어렵다. 호흡, 심장박동, 혈액순환, 소화, 면역, 신경조절, 체온 등 신체 내부의 과정에 우리가 관여할 수 있는 건 없다시피 하다. 우리가 통제할 수 있는 건 거의 행동뿐이다.

내가 어떻게 행동할지는 현재 나의 감정 상태가 어떠냐에 따라 좌우된다. 우리는 무의식중에 수많은 선택지를 검토한다. 이전에 경험했을 때 일정한 만족을 주었거나 만족할 것 같은 행동을 고른다. 평소엔 관성처럼 움직이는데, 감정이 변하면 행동이 바뀐다. 새로운 감정이 불거져 신경계의 변동이 일어나고 마음속으로 고민이 생기면 새로운 선택지를 찾는다.

감정의 기본 범주는 여섯 가지이다. 얼굴의 여섯 가지 기본 표정은 타고난 여섯 가지 감정을 토대로 형성됐다. 인간의 기본 감정은 분노, 놀람, 공포, 혐오, 슬픔, 기쁨으로 이 여섯 가지 기본 감정 밑에 좀 더 세밀한 감정들이 있다. 하나의 감정은 다른 감정과 섞이면서 감정이 무궁무진해진다. 감정이 일어나면 안면근육이 움직이면서 특정한 표정이 생겨난다.

느낌과 감정을 통해 우리는 자신이 처한 현실에 대응한다. 몸상태가 어떤지, 여태껏 어떻게 살아왔는지, 남들이 나를 어떻게 대하는지, 세상에서 위치가 어떠한지 느낌과 감정이 생생하게 알려준다. 느낌과 감정은 특정한 행동을 하도록 유도하는 연료이다. 자신이 어떤 상황에서 어떤 감정을 느끼고 어떻게 반응할지 아는 건 중요하다. 사람들과 어떤 관계를 맺고 싶은지, 어떤 배우자를 원하는지, 어떤 일에 적합한지 같은 형태의 판단들도 감정반응예측을 통해 추론할 수 있다. 감정의 작동방식을 파악하면 자신의 미래를 보다 정확하게 예견할 수 있다.

신경과학계에서는 인지과정을 다룰 때 느낌과 감정을 빼먹는 경향이 있다. 느낌과 감정을 연구하기가 쉽지 않아서 벌어지는 현상이다. 우리도 흔히 감정과 이성을 나눠서 생각한다. 그런데 이성은 홀로 고고하게 작용하지 않는다. 감정의 안내를 받아야만 활약할 수 있다. 감정이 이성의 길잡이 노릇을 한다는 건 여러 환자를 통해 밝혔다. 감정을 관장하는 뇌 부위를 다친 사람은 여느 사람들과 수리 이해력은 비슷했지만 선택하는 데 어려움을 겪었다. 판단하려면 무엇이 더 좋다는 감정이 필수이다. 감정이 적절한 방향을 제시하면서 알맞은 선택지로 이끌지 않으면 결정하지 못한다. 이성작용에는 감정이 깊게 관여한다.

감정은 특정 행동을 유발한다. 선조들은 감정에 따라 행동해서 생존과 번식에 성공했다. 열불이 나면 폭력을 불사했고, 두려우면 꽁무니를 뺐으며, 기쁘면 타인에게 다가가 어울렸다. 상황에 따라 감정이 샘솟도록 우리의 신경계가 설정되어 있다. 감정에 자극받아 행동하는 건 어쩔 수 없는 측면이 있다. 그렇다고 감정을 마구 발산하는 건 지옥으로 가는 지름길이다.

지혜로운 사람은 자신의 상황을 유연하게 해석한다. 추진하던 일이 엎어졌을 때 인생이 망했다며 자학하면 좌절에다 절망이 더해지면서 더 괴로워진다. 반면에 실패를 통해 교훈을 얻었다고 해석할 수 있다면 좌절은 귀한 경험이 된다. 살면서 겪는 시련과 시행착오는 그 자체로 고통이 아니다. 우리가 고통으로 해석하기에 괴로운 것이다. 외부상황이 감정을 결정하지 않는다. 상황에 대한 해석이 감정과 경험을 결정한다.

한 실험에서 이중맹검법에 따라 참가자들에게 아드레날린 또는 위약을 투여했다. 아드레날린을 투입한 참가자들의 심박수가 올라갔고, 호흡은 가빠졌으며, 얼굴은 붉게 달아올랐다. 이때 실험보조자가 행복한 척하거나 화가 난 척 연기했다. 실험보조자가 어떤 반응을 하느냐에 따라 참가자들의 반응이 달라졌다. 행복해하는 사람들 곁에 있을 땐 자신이 행복해서 흥분했다고 여겼다. 화가 난 사람들 옆에 있을 땐 짜증이 났다고 여겼다. 자신의 해석을 바탕으로 감정이 일어났다. 똑같은 생리 신호조차도 해석에 따라 결과가 달라진다.

성숙한 해석기술이 감정을 관리하는 한 방법이라면, 다른 방법은 표현의 세련성이다. 감정을 막무가내로 짓누르면 속병을 앓게 된다. 감정은 외부로 나가야 한다. 그런데 감정을 단 하나의 방식으로 표출해야 한다는 법은 없다. 얼마든지 부드럽게 내보낼 수 있다. 이를테면, 화가 났더라도 벼락 치듯 버럭 하거나 무언가를 부수거나 상대에게 뾰족한 말을 게워내야 하는 건 아니다. 성숙한 사람은 욱하지 않고 자신이 화가 난 이유를 차분히 전달한다. 그러면 궁극적으로 자신이 바라는 바를 얻어내는 데도 효과적이다. 분노는 자신을 보호하는 불이지만 종종 자신과 주위를 잿더미로 만든다. 천불이 난다고 폭력을 저지르면 자기 삶이 곤란해질 뿐이다. 마음의 불길을 어떻게 다스리느냐에 따라 인생의 빛깔이 달라진다. 분노는 왕들의 왕이지만 굴레만 씌우면 충실한 하인이라고 루미는 통찰했다.

이성은 감정의 노예라서 감정에 봉사하고 복종하는 것 이외의 역할을 자처할 수 없다고 영국의 철학자 데이비드 흄은 서술했다. 시대를 앞서간 데이비드 흄의 통찰은 현대 인지과학 연구와도 상응한다. 하지만 데이비드 흄 자신은 감정의 노예로 살지 않았다. 그는 감정을 다스리면서 이성을 발휘해 사유했다. 우리도 마찬가지다. 이성이 감정에 얽매여있더라도 우리는 감정이란 재료를 요리할 수 있다. 우리에게는 약간의 독성이 있거나 당분간 삼가야 할 재료가 있다. 특정한 감정에 중독되지 않도록 조절해야 한다. 폭군 같던 감정의 지배로부터 해방되면 삶은 개운해진다.

외부의 자극과 자신의 행동 사이에는 약간의 시간이 있다. 자극이 곧장 행동으로 이어지는 시간을 지연시키면 자기 행동이 일으킬 결과를 예측할 수 있다. 이렇게 행동과 미래의 인과관계를 이해하면서 우리는 총명해진다. 감정의 근원을 직면하는 가운데 감정을 현명하게 다스리는 힘이 자유이다. 자유란 감정대로 행동하는 게 아니라 어떻게 행동할지 선택하는 힘이다. 자유로운 사람은 감정의 노예가 아니라 주인이 된다.

쾌락의 말 다스리기

승리하는 사람은 반드시 강한 자다. 강한 자는 반드시 남의 힘을 쓰는 자다. 남의 힘을 쓸 수 있는 사람은 반드시 남의 마음을 얻는 자다. 사람의 마음을 얻을 수 있는 사람은 반드시 자신의 주인이 된 자다. 따라서 마음은 몸의 근본이며 몸은 나라의 근본이다. 자신의 주인이 되고도 사람을 잃는 자는 없다.

유안, 『회남자』

절제라고 적절히 지칭되는 미덕은 신체에 기원을 둔 그러한 욕구들을 통제하는 점에 있다. 건강과 재산에 대한 고려에 의거해 규정되는 범위 내에서 이 욕구들을 억제하는 것이 신중의 역할이다. 그러나 우아함, 적정성, 섬세함, 겸허함이 요구하는 한도 내에서 이들 욕구들을 제한하는 것은 절제의 임무다.

애덤 스미스, 『도덕감정론』

인생이라는 무대에 등장하는 수많은 배우 가운데 이성이 처음부터 주인공으로 등장하지는 않는다. 단역을 거쳐 조연이 되었다가 주인공으로 발탁된다. 물론 이성이 조연일지 아니면 주연으로 발돋움할지는 우리의 의지에 달렸다. 이성이 주연으로 등극하려는 힘과 단역으로 내치려는 힘이 내면에서 대결하고 있다.

『까타 우파니샤드』를 보면 의미심장한 경구가 실려 있다. 인간은 늘 훌륭함과 쾌락에 부딪히는데, 현자는 그 두 가지를 알아보고 구별하지만 어리석은 사람은 그저 흘러가는 대로 몸을 맡기므로 쾌락을 선택하게 된다는 내용이다.

소크라테스는 몸을 마차에, 마음을 두 마리의 말에 비유했다. 마차를 끄는 첫째 말은 이성이다. 이성의 말은 번영을 위해 착실하게 달린다. 또 다른 말은 쾌락이다. 쾌락의 말은 쉽게 흥분하는데다 유혹에 취약하다. 우리는 이성의 말을 따르다가도 곧잘 쾌락의 말이 가는 대로 내달려버린다. 쾌락의 말이 날뛸 때마다 쾌락은 잠깐일 뿐 황폐한 후회가 뒤따르는데, 쾌락에 대한 탐심을 다스리기가 쉽지 않다.

지그문트 프로이트는 욕망과 자아의 투쟁을 제시했다. 이름을 붙이기도 어려운 온갖 충동과 욕망이 들끓는 가운데 자아는 욕망을 억압하면서 훗날을 도모한다. 하지만 욕망의 승화란 어려운 일이다. 절절한 욕망에 자아는 쩔쩔맨다.

오늘날, 욕망과 이성의 갈등은 관찰되는 수준에 이르렀다. 뇌를 촬영한 결과, 쾌락을 즉각 얻을 때 활성화되는 뇌 부위와 장래에 더 큰 보상을 받으리라 기대할 때 활성화되는 뇌 부위가 달랐다. 하나의 마음은 당장 쾌락을 취하길 원하고, 또 다른 마음은 미래를 염두에 두고 유혹을 거부한다. 자신이 어디에 가치를 두느냐에 승패가 갈린다.

우리는 미래의 보상보다 눈앞의 쾌락을 선호하는 편이다. 지금 노는 건 확실한 쾌락을 보장한다. 반면에 미래는 불확실하다. 쾌락의 유예가 커다란 보상으로 돌아올 수 있으나 헛고생이 될 수도 있다. 미래만 바라보며 살 수 없다. 기운이 탄탄하고 다짐이 단단하면 욕망을 지연시키지만, 갈수록 목표는 흐려지고 의지는 흐트러진다. 욕망의 극복은 매우 어렵다. 무거운 뚜껑으로 눌러놓아도 냄비가 열을 받으면 끓어 넘친다. 쾌락을 향한 인간의 욕망도 그러하다. 만나면 안 되는 사람을 한동안 멀리해도 계속 거부하기 어렵다. 기운이 떨어지는 밤이면 연락한다. 욕망은 어김없이 출몰하고, 우리는 어이없이 굴복한다.

지친 나머지 자신을 팽개치는 사람들을 보면서 미국의 심리학자 로이 바우마이스터는 자아고갈이라는 개념을 고안했다. 자아고갈이란 자신을 제어하는 능력이 소진된 상태이다. 자기를 조절하는 힘이 거덜 났을 때 온갖 부정적인 감정이 나부끼고, 그동안 억제했던 행동을 저지른다. 쾌락의 말이 이끄는 대로 끌려가 버리는 꼴이다.

현재 우리는 자신을 붙잡고 격렬하게 씨름하는 중이다. 나 자신이란 세상에서 가장 이기기 어려운 상대이다. 자신에게 승리하는 것이 으뜸이라고 고타마 싯다르타는 『법구경』에서 설법했다. 『도덕경』에도 정말 강한 것은 자신을 이기는 것이라는 가르침이 담겼다. 유교는 수신제가치국평천하를 강조한다. 나를 갈고 닦는 일은 가정을 가지런히 하고 나라를 다스리며 천하를 평탄케 하는 일과 연결된다. 왕양명은 산속에 있는 도적의 무리를 깨뜨릴 수 있지만 내 마음속에 있는 도둑은 깨뜨리기가 어렵다고 했다. 기독교 경전 「잠언16:32」엔 노하기를 더디게 하는 건 용서보다 낫고 마음을 다스리는 사람이 성을 점령한 사람보다 낫다는 구절이 있다. 세계를 정복하는 일보다 자신을 정복하는 일이 훨씬 어렵다.

그래도 다행스러운 점은 절제력이 나아지고 있다는 사실이다. 감정과 충동의 폭발은 차츰차츰 줄어들고, 합리성과 도덕성은 향상되고 있다. 과거의 성인들보다 지금의 청소년들이 자기절제를 잘 한다고 노르베르트 엘리아스는 논평했다. 옛날에는 교육받은 귀족들도 수틀리면 목숨을 걸고 싸웠다. 살인은 전 세계에서 빈번하게 일어났다. 폭력에 휘말리지 않고 장수하는 일은 드물었다. 격정이 치밀면 다짜고짜 폭발시킨 선조들에 비해 현대인은 자신을 제어하고 있으며, 타인에게도 친절해지고 있다. 스티븐 핑커는 여러 자료를 통해 세상이 나아지고 있음을 보여줬다. 진화인류학자 리처드 랭엄과 브라이언 헤어도 인류는 다정함으로 길들여진 종이며, 친화성이 인간을 인간으로 만드는 동력이었다고 주장해

주목받았다.

인류사를 통시적으로 바라보면 시야가 넓어진다. 현재 상황만 보면 세상이 삭막할 수 있는데, 과거는 훨씬 참담했다. 지금 현실에 넌더리가 나더라도 먼 옛날로 돌아가서 살고픈 사람은 없을 것이다. 현대인은 조상들보다 자신을 능숙하게 다스리면서 더 나은 삶을 살 가능성을 갖고 있다. 앞으로 우리의 노력에 따라 세상은 더 개선될 것이다.

인류사 내내 가장 이기기 힘든 적이 나 자신이다. 그런데 자신을 이해하고 다스리는 지식과 방법이 축적되어 전해진다. 과거를 참고해서 자신의 주인이 될 시간이다.

나의 민주화

동일한 사람이 토요일 밤에는 양심의 가책 없이 행복하게 술을 마시고 담배를 피우고 도박을 하고 술에 흠뻑 젖고 성매매를 할 수 있지만, 일요일 아침에는 정반대의 가치를 진정으로 신봉할 수 있다.

조지 레이코프, 『폴리티컬 마인드』

자율과 진실성, 자아 개념을 이해하는 데 핵심이 되는 것은 '통합'이라는 심리 과정이다. 이들이 어느 정도 통합되어 있는지, 핵심 자아와 얼마나 조화를 이루고 있는지에 따라 인간 심리의 다양한 측면이 나타난다. 어떤 행동을 시작하고 관리하는 과정들이 자아에 통합될 때 비로소 그 행동은 자율적이고 진실할 수 있다.

에드워드 데시, 『마음의 작동법』

사람으로서 갖춰야 할 덕목이더라도 자기절제가 꼭 좋지 않을 수 있다. 절제가 지나쳐서 자기억압이 된다면 말이다. 가혹한 통제는 자해이자 학대다. 게다가 강제로 억눌린 모습을 자신이라고 오해하게 만든다. 자기를 모질게 뭉개는 사람은 속이 뭉크러져도 남들에게는 괜찮다고 답한다. 그러다 갑자기 괴상하게 행동한다.

내면을 정직하게 들여다보면, 수많은 욕망이 주도권을 놓고 옥신각신한다. 질퍽하게 놀려는 욕망도 있고, 경건한 마음가짐으로 종교행사에 참여하려는 욕망도 있다. 상황에 따라 지배 욕망이 달라지면서 같은 사람이라고 볼 수 없을 만큼 모순되는 행동을 하게 된다.

자기억압이란 하나의 욕망이 독재하는 일이다. 독재자는 특정한 행동방식만을 내세우고는 그 밖의 다른 욕망 모두를 짓밟으려고 한다. 물론 오만 가지 욕망이 그냥 쫓겨나지 않는다. 독재자를 거꾸러뜨리고자 덤빈다. 내면이 혼란스럽다 보니 현대인들 가운데 상당수가 특정한 모습을 유지하느라 신경증이나 강박증을 앓는다. 건강해지려면 내면의 다양성을 소탕하는 게 아니라 인정해줘야 한다. 다채로운 욕망의 씨앗들이 마음에 뿌려져 있다. 그동안 특정 욕망이 독재하면서 다른 욕망을 억압했기에 잘 몰랐을 따름이다. 전 세계에서 왕과 독재자를 물리치면서 민주화가 일어났듯 정신이 여물면 내면에서도 민주화가 일어난다. 독재에 저항하는 일은 우리의 의무이자 운명이다.

민주화는 사회구성원이 투표권을 갖는 정치제도의 개혁만을 의미하지 않는다. 민주화의 물결이 정치를 넘어 모든 분야로 퍼지고, 일상에서 자유와 평등이 이뤄져야 진정한 민주화이다. 독재에서 민주주의로 옮겨갈 때 혼란스럽다. 혼란기를 잘 넘기면 경제성장뿐만 아니라 시민들의 만족도와 건강 수준이 올라간다. 마찬가지로 내 안의 다양성을 인정하고 북돋는 과정이 혼란스럽다. 과도기의 혼란은 더 큰 조화를 이뤄내기 위한 진통이다. 그동안 짓이기던 욕망을 대면하고 융합하면 그것들 때문에 더 이상 괴롭지 않게 된다. 나와 하나가 되었으니 말이다. 억압을 걷어내고 내면의 수많은 마음과 어우러지면 인생은 휘황찬란해진다.

갖가지 욕망을 수용하면서 더 큰 내가 되어가는 과정이 내면의 민주화이다. 나를 옥죄던 습관에서 벗어나 온전한 자신이 되면 싱싱하게 명랑해진다. 타인과 부딪칠 일도 줄어든다. 내가 나와 반목하기에 남과 다툰다. 세상의 전쟁은 마음의 내전이 확대된 현상이다. 내가 나랑 치고받으면 맛있는 걸 먹고 경치 좋은 데 돌아다니더라도 행복할 수 없다. 우선 나와 싸우는 일을 끝내는 데서 행복이 시작한다.

내면의 민주화가 이루어진다고 끝이 아니다. 사회정치 영역에서 민주화 이후의 민주주의를 심화해나가는 일이 중요하듯 내면의 여러 속성을 인정하되 적절하게 향상해야 한다. 욕망에 시민권을 주더라도 내면의 광장은 하나다. 다양한 욕망이 광장에 등장할 수 있도록 개방성을 높이는 동시에 광장문화도 성숙해져야 한다.

마음속에는 질투와 미움, 환멸과 냉소, 열등감과 분노, 수치심과 죄책감 등이 자리한다. 그들을 광장으로 초청하면 처음엔 난동을 피우는데, 흥분은 차차 누그러진다. 햇살이 쏟아지는 광장에 들어서면 억압당해서 행패 부리던 것들이 한결 온순해진다. 나의 통합은 한반도 통일에 비유할 수 있다. 의식이 남한이라면 무의식의 부정적인 것들은 북한이다. 북한의 남침으로 한반도는 전쟁의 소용돌이에 휘말렸고, 오랜 시간 분단된 채 너무나 큰 고통을 초래하고 있다. 나의 통합이란 남한과 북한의 통일이다. 휴전선을 거둬내고 남한과 북한이 평화롭게 통일되면 한국의 위상이 올라가듯 내면의 여러 마음을 통합하면 나 자신의 존재감이 격상한다.

낯선 욕망이나 부정적인 감정은 나를 망치려고 등장하지 않는다. 변화의 촉매로 나타난다. 기쁨으로 가득할 때 인간은 자신을 돌아보지 않는다. 햇살이 사라지고 어둠에 휘감겨야만 반성한다. 자신을 돌아보면서 부정과 긍정을 융화해야 온전해진다. 온전한 존재의 예로 달라이 라마를 들 수 있다. 달라이 라마라도 슬픈 소식을 들으면 펑펑 운다. 하지만 슬픔에 사로잡히지 않는다. 그는 울다가도 즐거운 일이 있으면 다시 웃는다.

우리 안에 우주가 있다. 우주에서 별의별 일들이 다 일어나듯 내 안에서도 마찬가지다. 내면의 악랄함과 비루함과 음탕함과 저열함과 괴기함을 인정한다고 해서 괴물이 되거나 세상이 멸망하지 않는다. 외려 그동안 외면했던 어둠을 통합하며 존재감이 한층 더 깊어진다. 우리에게는 자신의 모든 속성을 품으려는 의지가 있고, 얼마나 조화롭게 통합되느냐에 따라 인격의 성숙도가 달라진다. 자기 안의 다양성을 우그러뜨리면서 그럴싸한 몇몇 부분만 취사선택하는 것이 아니라 그 모두를 아우를 때 멋진 사람이 된다.

마음을 평가하는 마음이 있어서 우리는 자신이 얼마나 통합되었고 성숙했는지 어렴풋하게라도 안다. 마음을 평가하는 마음에 따라 내면을 점검하면서 만족스러우면 현 상태를 유지하고, 성에 안 차면 변화를 꾀한다. 인간은 분열된 상태에 불만을 느끼고는 내면을 통합하려 한다. 내면을 통합할 때 흐뭇한 만족감이 찾아든다. 마음을 평가하는 마음 덕분에 나쁜 상태를 줄이고 좋은 상태를 늘려간다. 그렇게 우리의 연륜은 영글어가고, 인생의 행복은 그윽해진다.

타인과 비교하려는 마음

집단 내에서의 지위와 짝짓기 시장에서의 시장성을 결정할 때 중요한 것은 자기 자신을 어떻게 보느냐가 아니라 남이 여러분을 어떻게 보느냐는 것이다. 그들이 여러분을 같은 연령집단에 속한 다른 사람들과 비교해, 여러분에게 어떤 등급을 매기느냐는 것이다.

주디스 리치 해리스, 『개성의 탄생』

사람들이 사회적 비교를 하는 주된 이유는 지위를 중시하기 때문이다. 그리고 지위에는 당연히 사회적 비교의 측면이 있다. 우리가 성취와 소유에서 만족감을 느끼는 이유 중 하나는 모든 사람이 그것을 누릴 수 없다는 사실을 알기 때문이다.

배리 슈워츠, 『점심메뉴 고르기도 어려운 사람들』

내면의 건강을 살피는 과정에서 고민하지 않을 수 없는 존재가 있다. 타인이다. 마음은 내가 이 세상을 잘 살아가도록 돕는데, 이 세상은 타인과 함께 살아가는 곳이다. 인간관계를 통해 삶이 변동한다. 우리의 마음이 타인에게 민감할 수밖에 없는 이유다.

인간은 타인의 정보에 흥분하는 심리를 지닌다. 우리가 주로 이야기하는 내용도 타인에 대한 정보이다. 로빈 던바 연구진이 사람들이 무슨 얘기를 나누는지 살펴봤더니 다들 사람에 관한 정보를 주고받았다. 나한테 무슨 일이 있었고 너는 무얼 겪었는지, 누구와 누구랑 싸웠고 누구랑 누군가가 사귀며 아무개의 근황은 어떻고 요즘 누가 잘 나가는지 공유하길 즐겼다.

우리는 타인의 정보를 수집할 때 즐거움을 느낀다. 전 세계인들은 걸핏하면 유명인사를 검색한다. 한창 인기를 끄는 사람에 대해 알고자 많은 시간을 낭비한다. 하잘것없는 정보라도 얻고자 발을 동동 구른다. 타인에 대한 갖가지 정보들을 바탕으로 우리의 마음은 어떤 사람과 친해져야 하고, 특정한 유형의 사람에게는 어떻게 대응해야 할지 전략을 짠다.

우리는 타인을 분석하고 비교하고 단정하고 차등하는 본능이 있다. 언제 어디서든 타인을 보자마자 감별이 이뤄진다. 처음 본 상대를 무의식중에 자신이 알고 있는 사람들과 대조하면서 어느 정도의 위치에 속하는지 서열화한다. 상대가 사회에서 어떤 위치일지 비교적 정확하게 가늠하지만 불공정하고 부정확할 때도 다분하다. 자신의 이해관계에 따라 평가하기 때문이다. 선악과 미추와 호오는 그 자체의 특성이 아니라 내 마음이 빚어낸 결과인데, 우리는 원래 상대에게 그런 특성이 있다고 착각한다.

사람은 세상에 존재하는 차이를 포용하기보다는 거부감이나 혐오감을 품는다. 차이에 대한 혐오감은 강력한 장벽이다. 그 증거로 프랑스의 사회학자 피에르 부르디외는 계급끼리의 결혼을 제시했다. 친구나 애인이나 배우자를 보면 자신과 비슷한 사람이다. 이런 현상은 우리가 차이를 다양성이 아니라 위계의 의미로 가치판단하고 있음을 함의한다. 우리는 타인을 대할 때 연봉, 외모, 직업, 학력, 거주지 등으로 등급을 매긴다. 그리고 자신과 같은 등급이라고 여기는 사람들과 교류한다.

타인에 대한 가치판단과 위계 분류가 노상 일어나는데, 우리는 타인을 변별하고 있다는 사실 자체를 좀처럼 자각하지 못한다. 타인에 대한 평가가 틀릴 때가 많은데도 상대를 재단하는 일을 멈추지 못한다. 가까운 친구 사이라도 비교하는 습관은 수그러지지 않는다. 자신의 분류체계 안에 어떻게든 위치 지으려 안달복달한다.

사람이 지닌 차이를 위계로 평가하지 않고 동등한 가치를 지닌 차이로 받아들일 수 없을까? 이 문제에 관해 정치철학자 한나 아렌트가 숙고했다. 아렌트는 인간이 다원성을 지녔다고 주장했다. 아렌트에 따르면, 인간의 다원성은 동등성과 차이성이라는 이중의 성격을 지니고 있다. 인간은 동등하다. 동등하지 않다면 인간은 서로를 이해하지 못할 것이다. 그렇다고 동등하기만 하다면 타인에게 굳이 말할 이유가 없다. 말하지 않아도 타인이 나를 이해할 것이다. 인간은 차이가 있어서 구별되므로 서로를 이해하고자 대화하고 행동한다. 이렇게 인간은 동등하게 차이를 지녔다. 서로 똑같지 않다는 의미에서 차이가 있지만 각자 차이가 있다는 의미에서 동등하다. 인간의 차이와 동일성 속에서 사회는 다원성을 지닌다. 인류사회의 다원성을 긍정하면 타인과 비교해 우열을 따지지 않게 된다.

강박적으로 타인과 자신을 비교하는 건 자기애가 모자라기 때문이다. 자기애가 부족하면 어떻게든 타인보다 우위를 차지하려 든다. 그래야 사랑받을 수 있을 거 같기 때문이다. 자신을 사랑하지 못하면 타인을 사랑하지도 못한다. 반면에 자신을 사랑하면 타인들로부터 사랑받는 데 스스럼없고 사랑을 줄 때도 원활하다. 믿음, 소망, 사랑 모두 소중한 가치이지만 그 가운데 으뜸은 사랑이다. 나를 진정으로 아끼고 사랑하면 인생에 꼬여있는 많은 실타래가 풀린다.

자존심과 자기애

자존감이 기본의 선이 되는 이유가 명백해진다. 그것이 없이는 어떤 것도 할 가치가 없는 것으로 보이며, 또는 비록 어떤 것이 우리에게 가치가 있는 것일지라도 우리는 그것을 추구하고자 하는 의지를 갖지 못하게 된다. 모든 욕구와 활동은 공허하게 되고 우리는 무감각과 냉소에 빠지게 된다.

존 롤스, 『정의론』

모든 사람이 또는 거의 모든 사람이 어떤 것 또는 어떤 속성을 갖고 있을 때, 그것은 자존심의 기초가 되지 않는다. 자부심 또는 자존심은 차별적인 특성들에 기초하고 있으며, 이런 이유로 자부심이 자부심인 것이다.

로버트 노직, 『아나키에서 유토피아로』

자기애란 마음의 건강을 알려주는 단서이다. 자신의 다양성을 수용해서 통합하면 자기애가 생긴다. 자기애가 탄탄하면 타인과 비교하는 마음이 줄어든다. 자기애는 인생길을 씩씩하게 나아갈 때 꼭 갖춰야 하는 튼튼한 신발과 같다.

자기애는 자존심과 다르다. 자존심은 자기를 높이려는 마음이다. 자신이 남들보다 더 우월하다는 증거를 기둥으로 삼아 이뤄진 건축물이 자존심이다. 자존심이 약한 건 남들의 아래라고 인식한다는 의미다. 자신이 우월하다는 증거를 못 찾으면 자존심은 흔들린다. 지위 향상을 위해 할 수 있는 일이 없는 상황에서 자신의 지위가 실제로 낮다면 자존심이 고꾸라진다.

자존심이 지나치게 조장되면서 수많은 병리 현상이 생겨나고 있다. 하늘을 찌를 듯이 치솟은 자존심을 떠받치려면 타인의 인정이 필요하다. 허약한 자존심은 누군가를 밑에 깔아야만 세워지고, 타인으로부터 관심을 받아야만 겨우 유지된다. 수많은 사람이 자신보다 못한 존재를 어떻게든 만들어서 윽박지르는 까닭도 자존심 때문이다. 그런데 세상엔 자신보다 뛰어난 사람이 있을 수밖에 없다. 그들을 대할 때마다 자존심이 꺾인다. 자존심이 꺾여 골나면 자신의 울화를 만만한 상대에게 푼다. 타인을 깎아내리고, 남들 위에 올라타려 든다. 협잡과 질투와 비난의 밑바닥에 파리한 자존심이 도사린다. 자존심에 잡아먹힌 사람들은 출세하고자 삶이 병드는 지경에 이르기까지 자신을 몰아붙인다.

자존심이 아닌 무엇을 추구해야 할지 알려주는 연구가 있다. 심리학자 리처드 라이언의 연구진은 누구에게나 세 가지의 외적 열망과 세 가지의 내적 열망이 있다고 전제했다. 외적 열망이란 부와 명예 그리고 신체매력에 대한 열망이다. 내적 열망이란 자기 능력의 인식과 자율성 그리고 관계에 대한 열망이다. 자기 능력의 발휘, 성숙한 자유로움, 타인들과 만족스러운 관계에 대한 바람이 내적 열망이다. 여섯 가지 열망의 중요성을 바탕으로 통계분석을 하자 놀라운 사실들이 드러났다. 외적 열망 가운데 하나라도 내적 열망보다 월등하게 높으면 정신건강이 좋지 못했다. 외적 열망이 강하면 불안했고 우울했으며 사회적 상호작용은 낮은 데다 자아도취의 경향을 보였다. 반면에 내적 열망이 크면 정신이 건강했고 자기애와 활력이 있었다.

외적 열망은 도구의 성격을 띤다. 부와 명예와 신체매력은 또 다른 목표를 이루기 위한 수단이다. 부는 편리함과 연결되고, 명예는 기회를 창출하며, 신체매력은 타인의 관심을 획득한다. 내적 열망도 어느 정도 도구의 성격이 있다. 그럼에도 외적 열망과 내적 열망 사이에는 엄연히 차이가 있다. 만족감 여부이다. 외적 열망은 충족되더라도 또 다른 무언가를 얻으려는 갈망을 유발한다. 반면에 내적 열망은 충족되면 그 자체로 만족스럽다. 내면의 만족감을 길잡이 삼아 인생이라는 미로를 헤쳐 나가는 사람이 건강하다. 건강한 사람은 더 나은 사람이 되고자 노력하고, 이타심이 발달했으며, 인간관계를 사근사근하게 맺으며 산다.

현대인의 많은 문제는 외적 열망에 지나치게 사로잡힌 데에서 비롯된다. 자신이 누구인지도 모른 채 얼마나 가졌는지에만 집착한다. 외적 열망이 강한데 자신의 욕망을 실현하기가 어렵다고 전망하는 사람들은 정신건강이 나쁘다. 외적 열망이 강한데 자신의 욕망을 실현할 가능성이 크다고 예상한 사람들도 정신건강이 나쁘다. 정신건강은 자신이 바라는 바의 실현 가능성이 아니라 무엇을 염원하느냐에 따라 정해지는 셈이다. 외적 열망은 암만 성취해도 온전히 채워지는 느낌이 들지 않는다. 결핍감과 불만족을 양산한다.

외적 열망이 자존심과 연관된다면 내적 열망은 자기애와 연결된다. 자존심이 센 사람은 기존의 모습을 관성처럼 지키려 들면서 변화를 거부한다면 자기애가 있는 사람은 자유로워서 기꺼이 변한다. 자존심에 사로잡히면 차이를 위계로 인식해서 타인보다 높이 오르고자 아득바득한다. 이와 달리 자기애가 있으면 차이를 인간의 특징으로 받아들인다. 자기애는 타인에 대한 애정으로 이어진다. 자신의 개성을 긍정하면서 타인의 특이성을 환대한다.

자존심에서 자기애로 전환하면 어른이 된다. 남들에게 잘 보이고자 덕지덕지 붙은 군더더기를 벗겨내야 자기애가 발달한다. 자신을 수용하고 이해하면 자신을 감추거나 숨기지 않는다. 자연스럽게 표현한다. 자신이 자연스러우니 말이다. 자기애가 있으면 상대방의 칭찬을 갈망하지 않는다. 스스로 아끼고 사랑한다면 으스대어야만 풀리던 직성으로부터 자유로워진다.

과오가능성과 자유

가능한 한, 법칙과 설명적인 이론의 도움으로 세계를 설명하는 것을 신중하게 우리의 과제로 삼았다고 가정해보자. 만약 우리가 이것을 우리의 과제로 삼았다면, 시행착오의 방법, 즉 과감하게 이론을 제시하여 그러한 이론이 틀렸다는 것을 보여주기 위하여 최선을 다하고 이러한 비판적인 시도가 성공을 거두지 못했을 경우에는 그 이론들을 잠정적으로 수용하는, 추측과 논박의 방법보다 더 합리적인 절차는 없을 것이다.

칼 포퍼, 『추측과 논박』

우리 사회가 자유나 자기표현을 이상화하고 숭배하는 것은 사실이지만, 그럼에도 수없이 많은 사람이 속으로는 그것을 두려워한다. 자유나 자기표현을 통제해줄 사람이나 틀에 박힌 일상이 없으면 많은 사람이 불안해한다. 독립적인 삶이 불안한 것이다.

제임스 매스터슨, 『참자기』

자존심이 센 사람은 좀처럼 사과할 줄 모른다. 자신의 실수를 인정하면 자존심이 하락하기에 그렇다. 자존심이 세면 자신의 문제를 망각 속으로 묻으려 들 뿐 자신이 왜 그랬는지 스스로 묻지 않는다. 자존심은 마음의 사슬이다. 변화를 꺼리면서 자신의 향상을 가로막는다.

비트겐슈타인도 마음의 사슬에 묶여 있었다. 그는 불과 서른 두 살에 자신이 철학의 본질을 해결했다면서 은퇴해버렸다. 하지만 완벽해 보였던 자신의 이론에 중대한 오류가 있었음을 깨달은 뒤 새로운 탐구를 시작했다. 반짝하다가 사그라지는 천재가 아니라 자신의 잘못을 인정하면서 걸출한 철학자로 성장했다.

빛이 그림자를 드리우듯 현실에는 오류가 함께한다. 진실과 거 짓은 나와 너 사이에서 대치하지 않는다. 내 안에서 전선을 이룬 다. 사람은 매 순간 착각과 환상에 휩싸이고, 실수를 연거푸 한다. 누구나 잘못을 저지른다. 다만 잘못하고 나서 배움을 얻는 자와 아닌 자로 갈릴 뿐이다. 자존심이 센 사람은 배움을 얻기는커녕 자신의 과오조차 인정하지 않는다.

자신이 틀릴 수 있음을 인정하는 사람은 건강하다. 자신이 옳지 않을 수 있다는 자각은 자존심을 깎지만, 그만큼 성장의 기쁨을 맛보게 해준다. 자존심이 세다는 건 자아가 과잉되어있다는 뜻이 다. 자아는 실수를 했다는 사실을 좀처럼 받아들이지 않는다. 진 짜 자기만이 잘못을 정직하게 시인할 수 있다. 자아는 나의 일부 이지만 나의 모든 것이 아니다. 자신으로부터 한걸음 뒤로 물러서 서 바라볼 수 있는 사람은 자신의 잘못을 겸허하게 인정한다.

과오를 저질렀을 수도 있다는 사실을 인정하고 자신의 상태를 점검하려는 태도는 반증가능성을 통해 진리를 찾아가는 과정과 흡사한 데가 있다. 반증가능성이란 진위를 검증하려는 가설이 관 찰이나 실험을 통해 반증될 가능성이 있는지 없는지를 가리키는 과학개념이다. 과학자들이 내세우는 이론은 진위를 가리고자 동 료들의 검증을 받는다. 관찰과 실험을 통해 반박된 주장은 폐기된 다. 반증시도를 극복하면 더 우수한 이론이 된다. 이러한 반증가 능성의 개념은 내세운 가설이 꼭 틀렸음을 뜻하지 않는다. 관찰이 나 실험을 통해 그 가설을 입증할 수 있다는 걸 의미한다. 관찰이 나 실험을 할 수 없어 그른지 맞는지 알 수 없는 영역은 과학이 아니다.

자신을 이해하는 과정에도 반증가능성이 유용하다. 자신이 이런 사람이라는 가설을 내세운 뒤 현실에서 관찰하고 검증하여 진위를 확인할 수 있다. 검증과정을 통해 가설이 반박되면 자신에 대한 생각을 수정한다. 자신을 관찰하지 않고 실험하지 않은 채 어떤 사람이라고 믿어버리는 건 어리석음이다. 수많은 사람이 자유를 바라면서도 정작 어리석음으로부터의 자유를 바라지는 않는다. 진정한 자유란 어리석은 자아로부터의 자유이다.

현대를 자유의 시대라고 하지만, 우리가 자유로워졌는지는 의문이다. 여전히 자신을 모르겠다는 사람들로 세상이 와글와글하다. 진실로 자유로워지고 싶다면 진실한 자유를 욕망하고, 욕망으로부터 자유를 욕망하며, 진실을 자유롭게 추구해야 한다. 자기에 대한 진실과 자유는 밀접히 연결된다. 자신을 진실로 아는 만큼 자유로워진다. 자신을 진실하게 드러내면서 자유로워지고, 자유로워지면 자신의 진실을 더 깊이 깨닫는다.

자유로움은 마음의 개방성을 뜻한다. 닫힌 마음으로 살면 인생의 결말이 뻔해진다. 싸우고, 미워하고, 망가진다. 마음이 닫힌 사람은 포탄처럼 정해진 궤도대로 날아가 세상과 부딪힌다. 반면에 마음이 열린 사람은 궤도에서 벗어나 자신만의 추동력으로 원하는 곳으로 갈 수 있다. 상대와 투덕거리더라도 우아하게 논쟁하고는 서로의 마음을 곰살갑게 토닥인다.

자유로운 사람은 맥락과 상황을 이해하고 변화와 기회를 창출한다. 세상의 규칙과 절차와 질서는 영원불변의 진리가 아니다. 과거부터 이어지는 관성이거나 기존 세력이 합의한 결정에 지나지 않는다. 규범과 관행과 격식이란 결국 타인들이 만든 것이다. 모든 게 변화되고, 변화시킬 수 있다. 장구한 전통을 중시하면서도 얼마든지 새로운 현실을 빚어낼 수 있다.

자유로워지면 소통도 원활해진다. 내면이 자유로우면 타인의 의도를 왜곡하지 않게 되고, 자신의 의견을 소탈하게 전할 수 있다. 나의 마음이 투명해지면 타인의 마음도 환히 보인다. 자신을 진실하게 이해하면서 자유로워진 사람은 타인이 자유로워지도록 이해하고 사랑한다. 인생의 건강과 만족은 자신이 다다른 자유의 수준에 달려있다.

자유의 봄바람이 불어온다. 묻혀있던 씨앗들이 움튼다. 자유롭게 살면 아름답게 즐겁다.

특별한 평범함

자기비하에는 도의심과 종교심이라고 하는 거짓된 외관이 있다. 자기비하는 교만의 반대이기는 하지만, 자기비하적인 사람은 교만한 사람과 가장 비슷하다.

바뤼흐 스피노자, 『에티카』

위기는 타인들과 구별되는 존재가 되고자 하는 의식과 함께 시작되는 것입니다. 바로 이로 인해 어린 자아 감정은 쉽게 상처를 입습니다. 과도하게 자기를 강조하는 태도는 오히려 아직 자아가 매우 불안정하다는 것을 말해줍니다.

로마노 과르디니, 『삶과 나이』

아직 우리는 자유롭게 아름답지 못하다. 자신이 특별하다는 마법의 주문에 걸려있으니 말이다. 자신이 남다르다는 자의식이 없는 사람은 사랑에 무심한 사람만큼이나 드물다. 우리는 언제나 사랑을 열망하고, 자신의 특별함을 갈망한다. 자신이 특별하다는 건 우리의 중핵을 이루는 환상이다.

누구나 자신을 특별하게 여기는 편향을 지닌다. 어린이들은 자신을 중심으로 세상이 돌아간다고 여긴다. 사람들이 온통 자신에게 관심이 있다고 오해한다. 아이들 못지않게 우리도 자신의 특별함을 믿고 세상의 한복판으로 뛰어든다. 자신을 특별하게 여기는 마음은 갑옷이 되어준다. 환상의 갑옷이 없다면 세상의 포화를 견뎌내기 어렵다. 우리는 자신이 특별하다는 환상의 갑옷을 착용하고 험난한 인생살이를 견딘다.

자신이 특별하다는 믿음은 인간이 특별하다는 믿음과 쌍둥이다. 인류는 지구가 인간을 위한 것이라고 믿어 의심치 않고, 자연 파괴와 동물 살생을 서슴지 않으며, 자신의 행동을 정당화하는 철학과 종교도 만든다. 하지만 인간이 특별하다는 건 자명한 사실이 아니라 우리 스스로 증명해야 하는 가설이다.

특별함은 차별을 통해 이뤄진다. 특별하려면 특별하지 않은 타자가 필요하다. 인류로 상정되었을 때 인간이 아닌 생명체들이, 한 국가로 한정했을 때는 주변 국가들이 타자가 된다. 자신이 특별하면 타자는 하찮다. 옛날부터 부족마다 각양각색의 특징이 있더라도 자기 집단만이 신으로부터 선택받았거나 특별하다는 선민의식을 공통으로 갖고 있었다. 자신들은 특별하므로 타자를 침해하는 건 어쩔 수 없다는 논리마저 득세했다. 특별함의 폭력성이다. 자신들이 특별하다는 명예는 멍에가 되어 인류를 속박해왔다.

특별함의 논리를 만들어내는 것도 내면의 변호사다. 이 녀석은 자신을 이미 위인으로 상정하고 증거를 수집한다. 타인과 다른 사소한 차이를 찾아낸 뒤 부풀려서는 선전하기 바쁘다. 남들도 나처럼 그러고 있다. 자신이 특별하다는 믿음은 내가 특별하다는 사실을 증명하지 않는다. 자아도취의 증상에 불과하다. 자신이 특별하다는 믿음은 평범하다 못해 진부하다.

우리는 현실에서 쓰라리게 진실을 배운다. 살다 보면 자신의 환상이 깨져나가는 충격을 받는다. 다양한 사람을 겪으면서 일반화된 타인의 관점을 배운다. 일반화된 타인의 관점이란, 미국의 철학자 조지 허버트 미드가 창안한 개념으로 일반인의 시선을 가리킨다. 우리는 타인들과 상호작용하고 사회공동체의 가치를 흡수하면서 일반화된 타인의 관점을 익힌다. 일반화된 타인의 관점 덕분에 자신이 가장 예쁘고 가장 똑똑하며 특별한 운명이라는 어릴 때의 환상에서 벗어나 자신을 객관적으로 파악한다. 자신을 이해하는 일은 성장기 과업 가운데 하나이다. 어른이 되면서 우리는 일반인의 시선을 통해 자신을 판단할 수 있다.

자신이 특별하다는 믿음은 아직 성장이 필요하다는 자백이다. 남들과 자신이 다르다는 생각에는 우월감이 내포되어 있다. 우월감은 올가미이다. 자신을 특별하게 여기는 사람은 평범한 현실에 고통을 겪는다. 이렇게 살고 싶지 않다는 자조와 한탄은 자신을 특별하게 여기는 환상에서 비롯된다. 이상화된 자신과 밋밋한 현실을 비교하기에 자기혐오가 생긴다. 특별한 자신을 알아주지 않는 세상이 원망스럽다. 나는 남들과 다르다는 믿음이 지나친 야망과 허황된 기대를 낳고, 세상살이를 고달프고 애달프게 만든다.

자신이 우월하고 특별하다는 생각은 성장을 가로막는다. 위에서 타인을 내려다보는 사람은 나아지기 어렵다. 남들과 다르다는 자의식을 극복해야 정신이 향상한다. 성숙이란 자신의 평범함을 받아들이는 일이다. 특별해야 한다는 강박으로부터 자유로워져야 정말로 특별해진다. 특별한 인생은 특별한 사건에 있지 않다. 이렇게 살아있다는 사실이 특별하다.

특별해야 한다는 자의식에서 벗어나면 타인에 대한 환상이 누그러진다. 내가 평범하듯 남들도 나처럼 평범하다. 자신이 특별하다는 환상에서 벗어나면 인간에 대한 특별한 이해가 싹튼다.

7장. 나다운 인생을 빚다

사변과 실천의 공부 목적은 안정이 아니라 진보다. 이
책에서 나는 이미 수없이 강조해왔다. 진정한 안정이란
존재하지 않는다고. 안정인 것처럼 보이는 모든 것은
위축되어가는 부패의 비교적 점진적인 과정일 뿐이다.
안정된 우주라고 하는 것은 우리 발아래로 슬금슬금
빠져나가고 있다. 우리의 목표는 저 하늘, 즉 상향이다.
— 알프레드 노스 화이트헤드, 『이성의 기능』

인격을 발현시킨다는 것은 일시적인 정욕에 따르는 것이
아니라, 가장 엄숙한 내면의 요구에 따르는 것이다.
방종하고 나약한 것과는 정반대이며, 오히려 간난신고의
사업이다.
— 니시다 기타로, 『선의 연구』

이것은 말년의 양식만이 누릴 수 있는 특권이다. 깨달음과
즐거움 간의 모순을 해결하지 않고 둘 모두를 그대로
드러내는 힘은 말년의 양식이 지닌 특징이다. 반대
방향으로 팽팽하게 맞서는 두 힘을 긴장 속에 묶어둘
수 있는 것은, 오만한 태도를 버리고 오류 가능성을
부끄러워하지 않으며 노년과 망명으로 인해 신중한 확신을
얻은 예술가가 가진 성숙한 주체성이다.
— 에드워드 사이드, 『말년의 양식에 관하여』

인정욕망

나는 수도 생활의 모든 것을 좋아했지만 나를 업신여기는 것 같은 일은 견디지 못했습니다. 나는 인정받기를 좋아했고 내가 하는 모든 일을 매우 꼼꼼하게 했습니다. 이 모든 것을 나는 덕행으로 여겼지만, 그런 것들이 내 잘못을 변명해 주지는 못할 것입니다.

아빌라의 데레사,『아빌라의 성녀 데레사 자서전』

어떤 특정 영역에서 우월한 사람은 그 자신은 행할 수 있지만 누군가 다른 사람은 행할 수 없는 것에서 우월감을 지닌다. 그것이 그에게 일정한 지위를 부여하고 그것에 의해 그는 사회 속에서 자기 자신을 실현한다. 그는 자기를 다른 누군가에 대한 단순한 우월감 속에서만이 아니라 수행하는 기능 속에서 자기를 실현한다. 그리고 그가 다른 누구보다도 그 기능을 이루어 결실을 얻는 한 그는 우리가 정당하다고 인정하는 위신을 획득한다.

조지 허버트 미드,『정신 자아 사회』

인간사회에서는 경쟁이 부추겨진다. 현대사회를 둘러보면 경쟁에서 밀려나면 끝장이라는 공포가 범람한다. 경쟁의 관문에서 살아남고자 자신을 철두철미하게 관리한다. 어디든 살벌한 경쟁이 관찰된다. 경쟁이 유일한 법칙처럼 생애 내내 관철된다.

경쟁에서 이기고자 팍팍하게 아득바득하지 말고 하루하루를 아득히 여유롭게 누릴 수 없는 걸까? 그러기가 쉽지 않다. 인정받고 싶으니 말이다. 인간의 존엄성을 외치더라도 정작 우리는 모든 사람을 존중하지 않는다. 누군가 집중조명을 받으면 주변이 우중충해진다. 인정받는 사람은 자기 의도와 상관없이 박탈감을 유발한다. 타인에게 무시라는 경험을 제공하지 않고 존재감을 갖기란 불가능하다. 자신이 없었으면 다른 이에게 돌아갔을 인정을 차지하기에 그렇다. 성공하면 선망받는 동시에 원망받을 수밖에 없는 구조이다.

독일의 사회학자 악셀 호네트는 무시당하는 일이 저항과 투쟁을 일으키는 고통이라고 설파했다. 자원을 두고 마찰과 전쟁이 일어나듯 인정을 두고 갈등과 대립이 발생한다. 인정은 불평등하게 분배되고, 우리는 저 높은 곳의 누군가를 우러를 뿐 우리 자신을 거들떠보지 않는다. 우리가 우리를 보지 않는다. 보이지 않는 존재로 취급당하는 체험이 무시다.

무시는 인간의 폭력성을 격발시키는 뇌관이다. 우발적으로 범행을 저지른 사람들을 조사해보면, 무시당한 나머지 홧김에 저지르는 경우가 허다하다. 영국의 보건의학자 리처드 윌킨스는 모욕을 거부하거나 상대로부터 존중을 얻어내려는 방법으로 폭력이 종종 사용된다고 지적했다. 상대방이 나를 경멸해서 체면이 손상될 때 인간은 수치심을 담담하게 수용하지 못한다. 치욕에 저항하고자 폭력도 불사한다. 영화 〈기생충〉에서 막판에 칼부림을 벌이는 까닭이나 영화 〈조커〉에서 생방송 진행자에게 총을 쏘는 까닭도 상대가 무시했기 때문이다. 사랑받지 못하는 자들이 폭력을 저지르는 이유도 똑같다. 사랑받지 못하면 수치스럽고, 수치심은 폭력으로 분출한다.

누구나 사랑받고 싶은데, 모두가 사랑받지는 못한다. 우리는 인정과 사랑을 받고자 한평생 안간힘을 쓴다. 사랑받으려는 욕망을 연료 삼아 세상에 뛰어든다. 사람의 모든 행동 뒤에는 사랑받고 싶다는 갈망이 똬리를 틀고 있다. 우리는 모두 어느 정도 애정결핍을 앓고 있다.

우리는 애정을 얻어내고자 각 분야에서 타인과 겨룬다. 인간은 무의식중에 자신에게 유리한 경쟁전략을 모색하고, 자신을 변화

시킨다. 저마다 다른 전략을 추구하면서 사람들의 모습은 제각각
인데, 겉모습과 생활방식이 다르더라도 목표는 똑같다. 타인들로
부터 인정받고 사랑받는다는 목표가 뼛속 깊이 각인되어있다.

경쟁에서 승리하면 관심과 숭배를 받는다. 문제는 성공해서 인
정받더라도 자신이 원하는 인정의 양은 한층 더 커진다는 데 있
다. 불만과 결핍은 인간 심리의 작동방식이다. 우리는 태어나서
죽을 때까지 사랑의 허기를 느끼는데, 사랑을 향한 굶주림이 도통
수그러들지 않는다. 많은 축하와 많은 박수, 더 많은 선물과 더 많
은 애인, 더욱더 많은 칭송과 더욱더 많은 보수에 대한 요구가 우
리를 끝없는 불만족으로 내몬다.

행복해지려면 인정욕구를 다스릴 수 있어야 한다. 인정욕구를
이해하면서도 인정욕구에서 해방되어야만 성숙해진다. 여태껏 열
심히 살아온 자신을 인정해주면서도 정녕 자신이 바라는 모습이
무엇인지 궁리할 때, 나다운 삶이 시작된다.

진정성과 자율성

나 자신에게 진실하다는 것은 나 자신의 본연성, 독자성에 진실
한 것을 의미한다. 그것만이 내가 명백히 제시할 수 있고 찾아
낼 수 있는 어떤 것이다. 그것을 명백히 표현함으로써 나는 또
한 나 자신을 규정하는 것이다. 말하자면, 나는 본래적으로 나
자신에 속한 잠재성을 실현하는 것이다.

찰스 테일러, 『불안한 현대 사회』

우리는 또한 보들레르에게서 무엇인가 그의 후계자들 대부분이
놓치고 있는 점을 발견할 수도 있다. 말하자면, 현대적인 삶의
복잡성과 모순에 대해서 자신의 에너지를 다하여 끝까지 투쟁
하고자 하는 의지, 현대적인 삶에서 이동의 혼란에 대한 고통과

아름다움의 한가운데에서 자기 자신을 발견하고 창조하고자 하는 의지를 발견할 수도 있을 것이다.

마샬 버먼,『현대성의 경험』

자신이 누구인지 가리키는 나침반이 있다면 자신을 찾기가 수월하다. 둘러보면 방향을 찾게 도와주는 나침반이 여러 가지 있다. 여태껏 사람들은 외부의 요인을 나침반 삼아 살아왔다. 가문, 가족관계, 고향, 국가, 신분, 문화, 학력, 직업 등을 근거 삼아 자신을 이해했다. 자신이 아무개 집안에 몇 째 자식으로 태어나 어느 지역에서 어떤 교육을 받았고, 무슨 일을 하며 어떻게 살아가는지에 따라 자신의 정체성이 빚어졌다.

외부 요인은 여전히 정체성 형성에 중요하다. 그런데 사회환경이 달라지면서 인생에 영향을 끼치는 요인이 변동했다. 현대인은 인생의 행로가 과거와 딴판이다. 성별에 따른 제약이 타파됐다. 남녀의 관계방식이 변화했다. 꼭 결혼하지 않아도 되는 분위기가 갖춰졌다. 초혼 평균 연령이 대폭 상승했다. 이혼율도 올라갔다. 수명이 늘어났다. 자유주의와 민주화의 세례 속에서 외부 통제에 대한 거부감이 강해졌다. 친족의 영향력이나 전통문화의 구속력이 축소됐다. 공동체나 집단에서 벗어나 나만의 인생에 대한 열망이 불거졌다. 기질, 성향, 감정, 경험, 꿈, 욕망 등을 통해 자기를 파악하고자 노력한다. 내면을 통해 자기만의 인생을 기대하고 목표한다. 인류에 연대의식을 갖더라도 내면에 대한 주권은 그 무엇에 의해서도 침범당하지 않기를 바란다.

자신을 외부 요인으로 환원해서 설명하면 반감이 인다. 우리에게는 남들이 모르는 내면이 있기에 그렇다. 현대인은 독특성을 인정받고 싶어 한다. 수많은 사람 가운데 하나로 취급당하면 치욕스럽다. 대중의 일원으로 살아가면서도 우리는 자기만의 고유성을 바란다. 이것이 우리의 허영이자 희망이다. 실제론 남들과 다를

게 없으면서도 개성을 원하니 허영이다. 하지만 자기만의 삶을 만들겠다는 의지를 통해 인생이 바뀌니까 희망이다.

진정한 자신이 되려는 진정성의 추구가 현대인의 일상에 자리매김했다. 진정성이란 스스로 지킬 가치가 내면에 있으며, 자신의 내면에 귀 기울여 자신과 일체화하려는 태도를 가리킨다. 진정성은 강력한 도덕의 위상을 띠고 있다. 자신의 내면과 접촉해서 진정한 나를 찾으려는 노력은 바람직하다고 평가받는다. 진정성을 추구한다는 건 자기 안에 갇히는 이기주의가 아니라 진짜 자신을 찾겠다는 의지이다.

자기만의 인생을 만들어가는 과정에서 진정성과 함께 획득해야만 하는 덕목이 있다. 자율성이다. 자율성이란 자신을 결정하는 주체가 자신이라는 책임의식이다. 자율성이 인생에서 중요하다는 사실은 연구로 증명되었다. 심리학자 에드워드 데시와 리처드 라이언은 사람들의 자율성을 측정했다. 그 결과 자율성을 지향하면 자신감이 높고, 자아실현욕구가 크며, 내면의 통합 수준도 높다는 결과가 나왔다. 자율성이 높은 사람은 내면의 여러 성격을 일관되게 결합하고, 성격과 행동 사이의 연계성이 밀접하며, 정신이 건강하고, 대인관계도 원만하다.

또 다른 특징도 눈길을 사로잡았다. 자율성이 낮은 사람은 세상이 자신을 억압한다고 느끼는 데 비해 자율성이 높은 사람은 사회가 자율성을 보장한다고 생각했다. 이 결과는 자신을 둘러싼 환경이란 그 자체로 정해져 있는 것이 아니라 자신의 세계관대로 바뀐다는 사실을 일러준다. 같은 사회에 있어도 사람마다 전혀 다른 현실을 살아간다. 우리가 세상에 문제가 득시글하다고 느낀다면 실제로 세상에 문제가 우글우글하므로 그렇게 느낄 수 있다. 그러나 어쩌면 진짜 문제는 세상이 아니라 자율성이 부족한 자기 자신일지도 모른다.

인생의 작동원리는 생각보다 간단하다. 자기 삶을 주도하지 않으면 매질 당하며 끌려간다. 자율성을 잃으면 노예정신이 시나브로 나를 잠식한다.

개인주의와 관계성

자아는 지배되지 않는 하나이며, 타자의 봉사에 의해 그 사실을 안다. 타자는 미래를 소유하는 하나이며, 지배의 경험을 통해 그 사실을 안다. 지배의 경험은 자아의 자율성과 모순된다. 하나가 된다는 것은 자율적이 되는 것이며, 강력해지는 것이며, 신이 되는 것이다. 그러나 하나가 되는 것은 환상이 되는 것이며, 그럼으로써 타자와 함께 계시의 변증법에 연루되는 것이다.

다나 해러웨이, 『유인원, 사이보그, 그리고 여자』

인간은 사람들과 그리고 공동체와 맺는 관계를 통해 정의된 삶을 살도록 진화했다. 그리고 우리의 목표가 이 세계를 최대한 행복하게 만드는 것이라면, 우리는 인간 본성의 이런 핵심적 특징을 고려하지 않으면 안 된다.

조슈아 그린, 『옳고 그름』

오늘날 대세가 된 개인주의는 자율성과 비슷하면서도 사뭇 다르다. 그저 간섭당하고 싶지 않다는 거부감만으로도 개인주의자가 될 수 있다. 그래서 바로 문제가 된다.

현대인은 집단의 불합리한 구속에서 어느 정도 벗어났다. 하지만 자신을 감싸주는 의미의 외피를 잃어버렸다. '마음의 추위'에 시달린다. 현대인이 겪는 고독과 우울, 불안과 공허는 극도의 개인주의와 연관된다. 자신을 세상과 쌀쌀맞게 분리하고, 자신과 타자 사이에 경계선을 단호하게 그으며, 자신을 자립한 실체라고 믿는 일은 케케묵은 오류이자 위험한 착각이다. 개인이 우상화되면

틀림없이 불행해진다.

개인주의는 자신보다 더 큰 가치에 관심을 두지 않고, 관계의 중요성을 등한시하면서 사회문제가 되어버렸다. 인간은 언제나 연결되어 있다. 독립을 추구해야겠다는 생각조차도 외부로부터 영향받은 결과이다. 누군가를 만나고 어울리느냐에 따라 인생이 변한다. 마음 역시 관계의 양상에 따라 시시각각 요동친다. 우리는 살면서 수많은 역할을 하고, 상황에 따라 변신한다. 맥락과 관계의 중요성은 거듭 강조해도 지나치지 않다.

인간은 사회성이 극도로 발달한 생명체다. 요즘은 인간관계가 더 복잡해진 데다 가상현실과 얽히면서 우리가 얼마나 광대한 인간관계망 속에 놓여 있는지 가늠하기도 어려운 지경이다. 현대인은 관계방식을 조정하는 관리자처럼 되고 있다. 어떤 관계는 환영하고 허락하나 또 다른 관계는 피하고 멀리하면서 자기만의 관계망을 구성한다. 그렇지만 관계망에서 이탈할 수는 없다. 타인들과 마주하고 타인의 영향에 노출되는 것이 인생이다.

만연한 개인주의 풍토는 근대화의 자연스러운 현상이기는 하다. 오지랖이 넓던 지역공동체가 허물어진 데다 억압을 자행하던 국가권력에 대한 반감이 누적되어 있었다. 위계질서에 굴종해온 역사로 말미암아 집단에 대한 헌신이 전체주의로 변질될까 걱정이 든다. 게다가 과거엔 어쩔 수 없이 집단에 귀속될 수밖에 없었다면 현대는 혼자서도 너끈히 살 수 있다. 공동체에 애정을 쏟는 일이 촌스럽게 느껴지는 상황이다.

그럼에도 공동체에 대한 반감은 제대로 된 공동체를 갖지 못해서 생긴 안타까움이자 자신이 속한 사회를 사랑스러운 공동체로 바꿔나가고자 노력하지 않는 나태함이다. 친절하게 베풀면 나만 손해라는 피해의식에서 벗어나려면 살아가는 태도가 달라져야 한다. 겉으로 순응하면서 속으로만 성질을 낼 게 아니라 잘못된 관행은 거부하고 저항하면서 개선해야 사랑할 만한 공동체가 이뤄진다. 개인의 자율성이 생생하게 살아있는 집단만이 충성할 수 있는 공동체이다.

유치한 사람은 타인의 안위를 헤아리지 못한다. 이기적인 아이를 방임해서는 안 된다. 어른들은 아이가 위해를 가했거나 가하려고 할 때 똑같은 경험을 너가 당하면 어떨 거 같으냐고 묻는다. 한 연구에 따르면, 10세 미만의 아이들은 부모로부터 역지사지의 요구를 1년에 4,000번 정도 받는다. 연륜이 쌓이면서 의식 수준이 높아지면 타인을 배려한다. 성숙하면 자기만의 욕심에서 벗어나 타인의 관점에서도 생각한다. 청춘이 독립을 추구하는 시기라면, 독립심을 넘어 관계성을 터득할 때 어른이 된다.

타인을 자신처럼 평등하게 존중하는 태도가 인류사회의 황금률이다. 황금률은 우리의 보편적인 정신이 반영된 원리이다. 힌두교, 불교, 유대교, 기독교, 이슬람교 등의 교리를 살피면 하나같이 공평을 가르친다. 공자도 제자 자공이 평생토록 실천할 만한 것이 있느냐는 질문에 '서恕'를 제시했다. 서란 자기가 원치 않는 바를 남에게 하지 말라는 뜻이다. 제레미 벤덤은 각 사람을 한 명으로 간주해야 하고 누구도 한 명 이상으로 취급해서는 안 된다면서 인간의 동등성을 주창했다. 임마누엘 칸트는 자기 멋대로 행동하는 것이 아니라 보편성이 될 수 있는 준칙에 따라 행위하는 것을 도덕의 핵심으로 꼽았다. 무지의 베일을 씌우는 원초적 입장을 가정하면서 공정으로서의 정의를 모색한 존 롤스의 사상도 황금률의 변주였다. 세상에 영감을 주는 종교와 철학은 이기심의 극복과 타인의 존중을 알려준다. 종교와 철학이란 유치함을 치유하면서 성숙으로 이끄는 인류의 유구한 교육체계이다.

성숙한 사람은 자율적이다. 자율성은 독립성과 다르다. 독립성이 타인에게 도움받지 않고 스스로 해결하려는 자세라면 자율성은 자유로운 주체성을 가리킨다. 독립적인데 자율성이 낮으면 기대서는 안 된다는 압박에 짓눌린 나머지 타인과 상호작용할 기회마저 놓쳐서 고립된다. 독립적이면서 자율적이면 타인과 활발히 소통하면서도 자기만의 세계를 빚어낸다.

개인주의의 빛과 그늘을 두루 살필 줄 알아야 한다. 개인주의는 인간해방의 가능성을 품고 있으나 독립해야 한다는 강박에 짓눌린 모습에 가깝다. 관계성을 간과한 채 공동체 의식이 부재한 상태가 개인주의라면, 자율주의는 관계성을 머금고 자신과 공동체의 조화를 추구한다. 완숙한 개인주의가 자율주의다.

양날의 검, 신념

누군가로 하여금 아무 이유도 없이 어떤 신념을 부정하도록 하는 것은 그로 하여금 자아를 갖지 못하도록 하는 첫걸음이다. 왜냐하면 그는 신념과 욕망의 정합적인 그물을 짤 수 없게 되기 때문이다.

리처드 로티,『우연성, 아이러니, 연대』

거의 모든 사람들은 자신들이 내가 비판적 이익이라고 정의하는 것을 가지고 있다고 생각한다. 이 이익들을 충족시킨다면 삶이 진실로 더욱 좋아지고, 이 이익들이 무시된다면 그들의 인생은 하나의 실수가 되어버려 진실로 나빠진다. 무엇이 삶을 전체적으로 좋은 삶으로 만드는 데 도움이 되는가에 대한 신념은 이와 같은 더욱 중요한 이익들에 대한 신념들이다.

로널드 드워킨,『생명의 지배영역』

자신이 자율주의자가 되리라 믿는가? 그렇다면 그 믿음에 맞춰 변화가 일어날 것이다. 자신을 그저 개인주의자라고 믿는 사람은 그 믿음에 따라 쭉 개인주의자일 것이다.

믿음에 따라 인생의 향방이 정해진다. 믿음이 얼마나 중요한지 사고실험을 해보자. 내면의 신념을 제거하거나 탑재하면 100억을 받는다. 무신론자라면 근본주의 종파의 신도로 바뀌고, 중도파라면 극우파가 된다. 시술을 통한 신념의 변화는 단 한 번만 가능하고, 돌이킬 수 없으며, 평생 이어진다. 과연 얼마나 많은 이들이 신념을 변화시킬까? 아마 다수가 거부할 것이다. 사람들은 신념의 폐기를 자신의 핵심이 변질된다는 의미로 받아들이고, 본질의 훼손은 큰돈으로도 보상되지 않는다고 여긴다.

믿음은 세상만사에 영향을 끼친다. 과학의 영역에서도 중요하다. 과학자는 어떤 것도 믿지 않고 공평무사하게 연구해야 할 것 같지만 그렇지 않다. 헝가리 출신의 화학자 마이클 폴라니는 과학이 가치가 있다는 신념을 견지해야만 보편성의 가치에 부합하는 새로운 기준을 마련할 수 있다고 비평했다. 과학발전에 기여한다고 믿어야만 과학자는 자신의 일상에 엄격한 규율을 부과하고 창의성을 펼칠 수 있다. 마이클 폴라니는 이런 믿음들이 진실이라고 선언했다. 긍정심리학에서도 인간의 의지와 신념을 중시한다. 인생이 변화할 때 자신의 의지와 신념이 외부의 도움보다 훨씬 중요하다고 강조한다.

이처럼 삶에 필요하더라도 신념에는 위험한 속성이 있어서 문제다. 신념은 때때로 현실을 집어삼킨다. 이런 파탄을 막고자 믿음과 현실이 일치하지 않으면 인지부조화에 따른 긴장이 발생한다. 자신을 좋은 사람이라고 여기지만 사람들이 나를 흉보면 인지부조화로 말미암아 자신에 대한 평가를 수정하거나 행동을 개선한다. 마찬가지로 자신의 믿음과 어긋나는 상황이 들이닥치면 믿음을 점검한다. 물론 믿음을 고치기보다는 기존에 믿음에 맞춰 현실을 왜곡하는 경우가 드물지 않다.

인지부조화 개념을 고안한 사회심리학자 레온 페스팅거는 미확인비행물체를 신의 계시로 믿는 패거리를 연구했다. 여느 종교의 경우 믿음의 실체를 검증할 방법이 명백하게 있지 않다. 반면에 미확인비행물체 숭배집단은 종말의 날짜가 예정되어 있었다. 그들은 일상을 정리했고, 마침내 그날이 왔다. 미확인비행물체의 낌새는 전혀 없었다. 믿음과 현실 사이의 괴리가 현저했다. 그러나 그들은 자신들의 믿음이 잘못됐다고 인정할 용기가 없었다. 자신들이 밤새도록 기도드린 덕에 신이 지구를 멸망시키지 않았다며 기존의 믿음을 보호하는 방식으로 반응했다. 고대하던 종말이 오지 않았으나 자신들이 옳다는 믿음은 한층 공고해졌다. 그들은 여느 종교인들처럼 자신들이 남들보다 똑똑하고 자신들의 종교는 진리라고 믿어 의심치 않았다.

믿음은 인간을 강하게 하지만 어리석게도 만든다. 자신의 믿음을 수많은 믿음 가운데 하나라고 인식하지 못하면 생명을 경시한다. 악당은 기껏해야 수십 사람을 살상하지만, 자신이 선하다고 믿는 이들은 대규모 학살을 자행한다. 여태껏 잔혹한 참상은 특정한 신념에 세뇌된 인간들이 저질렀다. 인류에게 가장 무서운 적은 외부의 낯선 존재가 아니다. 신념에 사로잡힌 나 자신이다. 신념이 하나의 생각일 뿐이라고 생각하지 못하는 사람은 믿음이 강한 게 아니라 믿음에 먹혀버린 꼴이다.

선불교에서는 옳고 그름이 단지 마음의 병일 뿐이라고 가르친다. 이 가르침은 옳고 그름이 없다는 허무주의를 뜻하지 않는다. 자신의 믿음만이 유일한 진리이고 다른 건 그르다는 독선을 자각해서 치유하라는 간청이다. 스스로 신념을 검증할 줄 알아야 한다. 우리의 믿음은 현재 얻을 수 있는 최선의 답이다. 그런데 지금 자신이 우주 최고에 다다른 건 아니다. 사람은 계속 달라진다. 살면서 더 나은 답을 찾을 수도 있다. 마음을 닫지 않고 새로운 가능성을 향해 개방해야 한다. 건강한 사람은 참신하게 질문하고 꾸준히 공부하면서 자신을 개선해간다.

신념은 지도와 비슷하다. 우리는 지도를 믿고 목적지를 향해 간다. 그런데 도중에 지도가 잘못되었다는 걸 깨닫는다면 지도를 과

감히 버리고 새로운 지도를 찾으면 된다. 늦었다고 생각할 때가 가장 빠를 때이다. 엉뚱한 지도를 붙들던 과거를 후회할 필요 없다. 이전의 지도를 믿고 여기까지 오지 않았다면 그 지도가 엉터리라는 사실을 알지 못했을 테고, 더 나은 지도를 찾지도 않았을 것이다.

변화는 자연스러운 인간의 성장방식이다. 자신만의 신념을 갖되 자신의 신념에 대한 비판을 경청하고 스스로 성찰할 수 있을 때, 우리는 더 나은 사람이 된다.

의미의 창출

인간에게 필요한 것은 어떻게 해서든지 긴장에서 벗어나는 것이 아니라 앞으로 자신이 성취해야 할 삶의 잠재적인 의미를 밖으로 불러내는 것이다.

빅터 프랭클,『죽음의 수용소에서』

나의 존재의미는 인생이 나에게 물음을 가지고 있다는 것이다. 바꾸어 말하면, 나 자신이 세계를 향해 던지는 하나의 물음이며, 나는 거기에 대한 나의 대답을 제시해야 한다. 그렇지 않으면 나는 단지 세계가 주는 대답에 의지할 뿐이다. 그것은 내가 오로지 고심 끝에 인식하게 된 초개인적인 인생과제다.

칼 융,『카를 융, 기억 꿈 사상』

믿음과 의미는 흡사한 구석이 있다. 믿음처럼 의미는 중요하다. 우리는 삶의 의미를 구해야 한다. 동시에 삶의 의미가 무엇이냐는 질문에 가벼이 웃을 줄도 알아야 한다.

어쩌면 인생에 별 의미가 없을지 모른다. 우리는 아무 이유 없이 태어났다가 허망하게 스러질 운명일 수 있다. 만물의 영장이라고 거만하게 굴지만, 우연의 연속 속에서 만들어진 우주의 먼지에 지나지 않는 것이 우리의 실상이라면 어쩌겠는가?

인생이 무의미하다는 생각은 충격을 선사한다. 무의미의 황야에서 방황하는 일은 정신이 성장하기 위한 통과의례이다. 정신이 더 깊어지기 위해 반드시 건너야 하는 심연이 무의미이다.

인생이 무의미하다는 생각에 충격을 받지 않는 세 부류의 사람이 있다. 첫째, 발등에 불이 떨어진 사람이다. 삶에 의미가 있는지 없는지 신경 쓸 여력조차 없다면 인생의 의미가 무엇이냐는 질문은 무의미하다. 일단 살고 봐야 한다. 두 번째는 냉소주의자다. 이들은 삶에 별다른 기대 없이 하루하루를 무의미하게 보낸다. 세 번째는 정신이 꽤 강한 사람이다. 삶이란 본래 이런 거라고 무의미를 무던하게 수용한다.

그런데 인생이 무의미하다는 생각을 처음 접했을 때 그 누구든 엄청난 타격을 받았다. 시큰둥함이나 덤덤함은 처음의 충격이 가시고 난 뒤 생겨난다. 우리는 자신이 특별하다는 환상과 아울러 자기 삶에 의미를 찾으려는 심리편향을 지닌다. 이로 말미암아 인생이 무의미할 수 있다는 소식을 들을 때 자신의 세계가 붕괴하는 고통을 겪게 마련이다.

삶의 덧없음이 진실이라면 삶을 진중하게 대하는 건 우스운 짓이다. 그런데 자기와 인생에 대한 진지함은 갑자기 뜯어고칠 수 있는 성질이 아니다. 우리는 자신을 금쪽같이 여기고, 인생을 엄숙하게 생각하며, 객관적으로 특별한 의미가 있기를 원한다.

허구일지언정 의미는 필요하다. 의미는 인간을 성숙시킨다. 삶의 의미를 굳세게 붙잡은 사람은 험난한 역경에 부딪혀도 견딘다. 자신을 우습게 여기면 우스운 인생이 될 따름이다. 미국의 철학자 토머스 네이글은 하는 일이 정말로 중요하다는 느낌을 통해 우리가 동력을 얻는다고 지적한다. 자기 일에 의미가 있다는 느낌을 내버린다면 바람을 받지 못한 채 항해하는 돛단배와 비슷한 꼴이

된다. 성과를 내고자 애쓰더라도 진척되는 게 별로 없다.

현대인이 고통받는 까닭도 의미의 상실 때문이다. 세상은 무척 편리해졌고, 안락해졌다. 하지만 왜 살아야 하는지 몰라 마음이 스산하다. 헛헛함에서 벗어나려면 의미가 필요하다. 행복은 의미에서 생겨난다. 자기 삶에 의미가 있다고 믿고 이기적인 과거에서 벗어날 때 기적의 삶이 된다. 삶의 의미를 얻은 사람에게 인생이란 선물 그 자체이다.

의미는 정신건강에도 중요하다. 의미를 통해 치유된다. 살면서 어떤 경험을 했든 그 의미를 변화시킬 수 있다. 죽은 혼령들은 살아남은 자들이 정의를 실현할 때 편히 잠든다. 마찬가지로 우리 마음도 억울함과 후회를 풀어내고 의미의 매듭을 지어줘야만 편안해진다. 오래도록 붙잡고 있는 기억들은 설명이 필요한 일들이다. 자신이 한 일 중에서도 해명할 게 산더미다. 옳지 않은 걸 알면서도 저지른 일들은 지워지지 않는다. 줄기차게 등장해서는 왜 그러한 짓을 했는지 캐묻는다. 자신과 화해하려면 과거가 새로운 의미를 얻어서 내면의 자리에 안착해야 한다. 외부에서 주입된 의미가 아니라 스스로 부여한 의미를 통해 상처에 새살이 돋는다.

우리는 과거에 의미를 붙이고 인과관계로 엮어서 서사를 구성한다. 의미가 부과된 지난날은 내면에 녹아들면서 통합된다. 상흔을 남긴 사건도 새로운 해석이 가능하다. 의미는 객관적으로 주어진다기보다는 주관적으로 빚어내는 결과물이다. 이를테면, 배고픔의 의미는 자신이 처한 상황에 따라 구성된다. 날씬한 모습을 상상하며 참는 배고픔은 기대를 낳는다. 언제 식사할지 알 수 없는 상황에서의 굶주림은 분노를 일으킨다. 가난과 연결된 허기는 비참함이지만, 건강검진을 앞두고 단식해서 생긴 꼬르륵 소리는 성찰의 경종이다. 종교인의 금식은 신에게 다가가는 의례이고, 운동선수가 적당히 속을 비우는 건 더 나은 경기력을 위한 준비이다.

의미는 원래부터 있지 않다. 스스로 의미를 자아낸다. 마음 가는 곳에서 삶의 의미가 생겨난다. 누군가는 사랑에, 다른 누군가는 출세에, 또 다른 이는 명예에, 더러는 종교에, 아무개는 예술에 총력을 기울인다. 어디에 열정과 돈을 쏟느냐를 통해 자신이 어떤 사람인지 드러난다.

그런데 의미를 통해 인간이 살아갈 힘을 얻으며 의미가 주관적으로 창출한다는 생각에 동의하더라도 막상 자신에게 적용하기는 쉽지 않다. 자신이 의미를 부여해서가 아니라 원래부터 자신의 신념과 종교가 중요하다고 믿고, 자기 삶에 특별한 의미가 있다고 여긴다. 이 모든 의미가 어쩌면 자신이 만들어낸 얘기일 가능성을 외면한 채 말이다.

서사적 존재

일화들은 그 자체만으로는 '자아'를 구성하지 못한다. 일화들은 순서대로 정리되어 하나의 조리 있는 이야기, 즉 한 사람의 삶 속으로 편입되어야만 하는 것이다. 이와 같이 '자신'과는 달리 '자아'는 이야기 또는 시나리오로 구성되어 있다.

칼 프리브람, 「의식경험의 실체」

내가 타인에게 들려주는 동작과 사건, 거기에 덧붙이는 이유는 모두 내 것이다. 내가 그것을 만들었고 그것이 나를 만들었기 때문이다. 나라는 존재는 내가 그 존재의 삶에 대해서 말할 수 있는 행위자다. 자기 묘사의 과정은 코흘리개 아이 때부터 시작되며 처음부터 엄청난 양의 환상이 담겨 있다.

대니얼 데닛, 『마음의 진화』

의미는 이야기 속에서 만들어진다. 우리가 이야기를 좋아하는 이

유도 이야기에 의미가 들어있기에 그렇다. 우리는 이야기를 통해 복잡한 세계를 간명하게 파악한다. 인간은 두 가지 방식으로 세계와 관계한다. 하나는 신체의 감각으로 경험하는 세계이다. 두 번째는 언어를 통해 이야기되는 세계이다. 감각엔 한계가 있고 신체가 닿는 영역은 넓지 않으나 이야기는 무궁무진하고 끝없이 펼쳐진다. 우리가 알고 있는 세계란 세계 그 자체가 아닌 이야기를 통해 엮어낸 관념이다. 우리에게 세계란 이야기로 구성된다.

모든 것이 어쩌면 이야기일지 모른다. 국가와 종교와 역사와 민족은 사실 이야기로서 신화나 소설과 비슷하다. 국가와 종교와 역사와 민족은 이야기를 통해 의미를 얻은 뒤 이야기를 뛰어넘어 실체처럼 작동된다. 그러나 이야기가 없으면 그 위력이 반감된다. 어느 영역이든 그동안 득세하던 이야기가 사그라지면 그 빈자리를 다른 이야기가 등장해서 차지한다.

이야기는 흥미를 유발하면서 사람들을 움직인다. 이야기를 듣고 감복한 사람들은 이전과 달라진다. 사람이 얘기를 만들고 얘기가 사람을 만든다. 나라는 정체성도 나의 이야기이다. 이야기가 없으면 나라는 정체성도 없다. 우리는 이야기를 통해 형성된 자신의 정체성을 유지하려 든다. 선택의 갈림길에서 인생 서사의 일관성을 지키고자 기존의 자기 서사에 어울리는 쪽을 고른다. 가상으로서 존재하던 이야기가 실제 현실에 영향을 미치는 것이다. 문제는 자신의 정체성을 유지하려는 선택이 자신에게 해로울 때가 있다는 점이다. 인생을 냉철하게 되짚어보면, 중요한 갈림길에서 이야기하는 나가 독단으로 결정한다. 이야기하는 나는 자신이 어떠한 걸 겪을지 아랑곳하지 않은 채 이야기의 근사함에 집착한다. 자신의 어리석음으로 말미암아 스스로 골탕을 먹지만 이야기하는 나는 고통마저도 이야기 소재로 활용해서 자신을 꾸민다. 이야기하는 나는 극적인 이야기를 좋아한다. 미련과 후회로 점철된 일상도 그럴싸하게 포장된다.

인간은 타고난 이야기꾼이다. 외부로부터 감각정보가 입력되지 않으면 마음은 고요해지기보다는 무의식 저편에서 여러 심상을 끄집어내어 이야기를 자아낸다. 살면서 겪은 일들이 진주라면 인생 서사란 진주목걸이다. 우리는 진주목걸이를 제작해서는 자아의 목에 건다. 진주목걸이를 만들고자 자신이 체험한 여러 사건에다 의미를 추가한다. 점처럼 분리된 1차원의 경험들을 인과로 엮어서 2차원의 선으로 묶은 뒤 의미의 등고선을 넣어서는 3차원의 면으로 이야기를 짓는다. 점처럼 고립된 순간들을 연결하면서 관계가 생겨나고, 시기별로 묶어서는 발단과 전개와 위기와 절정과 결말 같은 의미를 부여해 인생 서사를 갖는다. 이야기를 통해 순간을 넘어 지속하는 존재가 된다.

이야기는 이해를 돕는다. 막연했던 세상이 언어를 거치면 윤곽이 뚜렷해진다. 옆에서 지켜보면 갖가지 분열과 황당한 모순으로 가득한 누군가의 모습조차도 이야기를 통해 접하면 한층 이해가 간다. 좀처럼 감당하기 힘든 경험도 이야기로 설명하면 견딜 만해진다. 우리는 무의식중에 인생 서사를 편찬한다. 다양한 일화를 꿰면서 자아정체성을 만들어낸다. 인간은 이야기를 만들며 이야기 속에서 살아가는 서사적 존재이다.

철학자 알래스데어 매킨타이어에 따르면, 나는 탄생에서 죽음까지 진행되는 하나의 이야기를 살아가는 과정에 있다. 인간은 이야기의 주체로써 이야기되는 삶에 책임을 진다. 우리는 누군가의 질문에 답하듯 스스로 설명하면서 이야기를 구성한다. 납득되는 이야기를 만들지 못하면 고통을 겪는다. 인생이 무의미하다고 불평하는 사람은 자신의 서사가 자신에게 이해할 수 없게 되었으며, 자기 삶이 방향을 상실했거나 목적을 잃었다고 탄식하는 것이다.

흔히 언급되는 '나'는 머릿속에서 이야기를 편집하는 자아이다. 어수선하고 혼란스러운 일상이라는 재료를 가지고 질서 있는 서사를 구축한 뒤 가공된 서사를 자신과 동일시한다. 자신이 무능하고 게으르며 어리석다는 사실을 보여주는 명백한 증거들에 의해 인생 서사가 으스러질 위기를 겪지만, 이질적인 부분들을 어떻게든 잘라내고 꿰매면서 미화한다. 우리는 자기 삶을 그럴듯한 이야기로 단장하는 데 탁월한 재주를 지녔다. 창피한 대목을 누락시키고 잘못을 생략하면서 한 편의 이야기를 능수능란하게 지어낸다. 끊임없이 수선을 거치면서 인생 서사는 점점 정교해진다.

우리는 체험을 바탕으로 한 소설을 무의식중에 작성한다. 누군가가 일목요연하게 간추려진 이야기로 자신의 인생을 유창하게 들려준다면, 그 서사는 그 사람의 문학적 소질을 알려주는 허구일 뿐이다. 이야기가 근사해질수록 이야기에 심취된다. 인생이라고 생각한 것이 알고 보면 이야기에 지나지 않는다는 것을 깨닫기가 어려워진다. 우리는 자신이 무의식중에 편집한 이야기를 감상하면서 열광한다. 앞뒤가 맞지 않는 것들은 싹둑싹둑 잘라내고 대견한 부분만을 연결해서는 괜찮은 사람이라고 자신을 판정한다. 교묘하게 윤색하고 과감하게 가감한 이야기를 자신의 진짜 모습이라고 착각하기에 이른다.

근본적인 분열이 우리에게 있다. 경험하는 나와 이야기하는 나의 분열이다. 이야기는 질문을 던진다. 과연 이야기가 아닌 실재란 무엇인지, 실재라는 것도 그저 또 다른 이야기에 지나지 않는지 의문에 빠지게 만든다. 이야기와 실재의 구별은 쉽지 않다. 허구더라도 이야기는 사람을 매혹한다. 이야기에 마음을 뺏기면 그 이야기에 자신을 접목해서 자신의 이야기를 새로 작성한다. 그 이야기에 따라 크나큰 희생도 감수한다. 때로는 살인이나 학살도 불사한다. 믿음도 특정한 이야기를 기틀 삼아 작동한다.

마음이 지어내는 이야기를 통해 우리는 자신이 누구이며 어떻게 살아왔는지 타인에게 설명하고, 스스로 납득한다. 우리는 이야기를 창작하고, 이야기로 존재한다. 나의 이야기는 끝없이 변경되고, 구축되었다가 해체된다.

착한 굴레를 벗어나

내 속에서 솟아 나오려는 것, 바로 그것을 나는 살아보려고 했
다. 그러기가 왜 그토록 어려웠을까?

헤르만 헤세, 『데미안』

변화무쌍한 자신의 도덕적 자아를 척도로 삼게 됨으로써 또 다
시 절대적 척도를 잃고 만다. 하느님께 합력하여 모두에게 선을
이루도록 하기보다는 가짜 자기는 자기만 이기겠다고 고집을
부리지만, 그렇게 되는 경우는 별로 없는 듯하다.

리처드 로어, 『불멸의 다이아몬드』

인생이란 고래를 찾아 떠나는 이야기이다. 폭풍이 불고 파도가 몰
아친다. 배 안에도 문제들이 한가득하다. 시설은 녹슬었고 식량은
부족하며 선원들은 지쳤다. 그렇지만 이미 항구를 떠났다. 집념을
갖고 나아갈 수밖에 없다. 포부를 품고 망망대해를 가른다.

고래가 무엇인지 사람마다 다르다. 자신이 좇는 고래를 알지 못
한 채 떠다니는 경우도 허다하다. 그래도 우리가 찾고 싶은 공통
의 고래가 있다. 자기 자신이 누구냐는 고래이다. 자신이 누구인
지를 알려면 내면의 바다로 나가는 수밖에 없다. 그런데 항해를
위해 반드시 먼저 해야 하는 일이 있다. 닻을 건져 올리는 일이다.
닻을 그대로 놔두면 항구를 벗어나지 못한다. 우리 마음에도 변화
를 가로막는 닻이 걸려있다. 착함이다. 착함에 결박되어서는 고래
찾는 모험을 시작하지 못한다. 자기 삶이 시시하다고 푸념하는 사
람은 착함에 의문을 던져야 한다.

인생의 목적은 착해지는 것이 아니다. 인간은 규범과 관습, 제
도와 풍속 등을 통해 가치와 미덕을 학습하면서 사회구성원이 된
다. 이렇게 도덕성을 익힌 덕분에 이기심을 그나마 규제하는데,

문제는 우리가 특정한 유형의 인간으로 제조된다는 점이다. 우리는 자기 색깔을 잃어버린 밍밍하게 착한 인간이 되어버린다.

선을 추구하되 자유로워야 한다. 악을 저지를 수도 있는 사람의 선이 진정한 선이다. 선을 해야 한다는 중압감에 어쩔 수 없이 하는 선은 병들었다. 착함에 대한 집착은 불행을 산출한다. 기준에 미치지 못하면 열등감과 죄책감에 시달린다. 자신의 착함을 칭찬해주길 바라거나 타인에게도 강요하면서 갈등을 일으킨다. 우리의 착함은 유치하고 허약하다. 꾸준하게 실천하지도 않는다. 악에 매몰되어서는 안 되지만 선에도 함몰하면 안 된다고 칼 융은 호소했다. 선은 그 자체가 나빠서가 아니라 우리가 빠져버리면서 나쁜 결과를 초래하기에 그렇다. 습관적인 이분법에 따라 판단되는 선은 도덕성을 함양하지 못한다.

길고 긴 시간 속앓이해서 이룩한 선은 아름답고 고귀하다. 반면에 사회의 위압과 타인의 시선 속에서 강요된 선은 자신을 옥죈다. 착함이라는 굴레가 내면의 어둠을 어느 정도 억제하더라도 여러 부작용을 낳는다. 착함의 거푸집으로 만들어진 삶은 갑갑해서 불만스러울 수밖에 없다. 무리하게 이뤄진 착한 행동은 피해의식과 보상심리를 낳는다.

착함은 외부에서 찔러넣은 차가운 비수다. 착함에 대한 집착은 악함에 얽매인 상태나 진배없다. 선악은 서로를 통해서만 성립하는 개념이다. 미성숙한 사람은 세상사 하나하나에 어떻게든 선악의 딱지를 붙이려 든다. 그러나 절대적인 선악이란 우리의 관념 속에만 있지 현실에 존재하지 않는다. 선악 이분법이라는 색안경을 벗겨내야 정신이 자유로워진다.

마지못해 착해진 사람에게 문제가 있다고 일부러 악해질 필요는 없다. 인간에게는 본연의 성향이 있고, 선하다고 평가받는 본능이 더 많다. 따라서 자연스레 선을 추구할 필요가 있다. 우리의 삶은 좋은 일을 하면 좋아지고 나쁜 짓을 하면 나빠진다. 본성이 그러하기에 그렇다. 여태껏 그래왔듯 몹쓸 짓을 하면 여지없이 자기 자신으로부터 응징당한다.

그런데 악이라고 평가받는 것들을 찬찬히 살피면 순전히 악하다고 할 수 없는 게 꽤 있다. 선입견에 따른 오해이거나 섣부른 판단이었을 수 있다. 더구나 악이라 불리는 것들이 알고 보면 외부에 있지 않다. 우리 내면에 똬리를 틀고 있다. 그동안 악마나 괴물이나 귀신이나 도깨비라고 불리던 것들은 외부의 사악한 존재가 아니라 내면에서 통합되지 않은 것의 투영일 뿐이라고 조셉 캠벨은 분석했다. 내면을 통합하지 않으면 악이라고 불리는 것은 늘 주위를 떠돌며 유혹하고 위협한다. 자유로워지기 위해서라도 악이라고 불리는 것들을 통합해서 다룰 수 있어야 한다.

해가 계속 뜨면 사막이 되어버린다. 구름이 끼고 비가 내려야 대지에 생명이 살 수 있다. 지구는 밝음과 어둠이 더불어 있기에 아름답다. 마찬가지로 인생과 세상엔 빛과 그늘이 함께 한다. 빛에 눈멀지 않고 그늘에 눈 돌리지 않으면서 눈빛 총총한 사람이 성숙하다.

손쉽게 선악의 딱지를 남용하는데, 사실 우리가 선이나 악이라고 평가하는 대상 자체가 선이나 악은 아니다. 선악은 내가 재단한 결과일 뿐이다. 그렇다면 자신을 미리 선이라고 전제하고 자신에게 이질적인 것을 악이라고 분류하는 유치한 이분법에서 벗어날 필요가 있다. 세상의 장엄함과 자신의 다양성을 이해하려면 위선의 껍데기를 벗어던져야 한다. 그때 자신이 찾던 고래에 가까워진다.

영웅본색

나에게는 내 본성에서 나온 율법 이외에는 어떤 것도 신성하지 않다. 선과 악은 단순히 이름에 지나지 않는다. 그래서 선이 악으로, 혹은 악이 선으로 쉽게 바뀔 수 있다. 오직 하나 옳은 것은 내 본성을 따르는 것이고, 오직 하나 그른 것은 내 본성에 반하는 것이다.

랠프 월도 에머슨, 『자기신뢰』

심원한 노랑과 강렬한 빨강, 나의 취향은 그런 것이다. 나의 취향은 모든 색에다 피를 섞는다.

프리드리히 니체, 『차라투스트라는 이렇게 말했다』

우리는 흔히 위선을 한다. 도덕의 재판관이라도 된 것처럼 타인을 정죄하지만 정작 우리의 실상은 위선자이다. 자신의 허물이 발각될까 조마조마해서 타인의 꼬투리를 잡는 데 혈안이 된다. 타인이 거세게 타박받으면 그만큼 자신에게 날아들 화살이 줄어들 테니 말이다. 게다가 타인이 괘씸하고 얄밉다. 자신이 하지 못하는 걸 상대가 하기에 발끈한다. 내면의 욕망을 건드리지 않는다면 그토록 성질날 까닭이 없다.

누군가 자신의 본모습을 드러내면 예상보다 많은 이들이 쑥덕대고 야유한다. 가면 쓴 사람은 가면 벗은 사람이 언짢다. 자기 드러내는 걸 두려워하면서 타인을 트집 잡고 삿대질할수록 가면은 두꺼워진다. 잠재성을 발휘하는 방법은 하나뿐이다. 내면을 솔직하게 들여다보면서 용기 내어 표현하는 것이다.

정신이 의식이 되어 나타나는 게 행동이라고 헤겔은 설명했다. 우리 안에 놀라운 정신이 있는데 아직 의식되지 않아 드러나지 않았다. 헤겔은 행위를 통해 스스로 실현하기 전에는 자기가 누구이며 무엇인지를 알 수 없다고 웅변했다. 자신의 의식 수준에 따라 행동이 달라진다. 내면을 깊숙이 들어가는 만큼 자신을 표현할 수 있다. 우리는 개성을 통해 자신이 누구인지 명확하게 깨닫는다. 씨앗이 움튼 뒤 줄기를 뻗고 잎사귀를 펼친 다음 꽃봉오리를 활짝 만개할 때 온전히 자기가 된다. 자기를 표현한다고 행복하기만 한 건 아니다. 하지만 이전과 달리 자신이 겪는 모든 일을 귀하게 체험한다. 자기만의 색깔이 그윽해진다.

자기만의 본색이 있다는 발상은 어쩌면 자신이 특별하다는 환상에 사로잡힌 모습이다. 그런데 자신이 특별하다는 믿음이 없다면 자신만의 색채를 찾으려는 노력조차 하지 않는다. 구하려 하지 않는 것이 주어질 리 없다. 자신이 특별하다는 믿음은 환상이지만, 그 가상의 믿음이 나를 변화시키고 현실을 바꾼다. 자신이 특별하다는 환상은 세상에 부대끼면서 어차피 벗겨진다. 그렇다면 자신이 특별하다는 환상을 너무 일찍 몸소 깨부술 필요가 없다.

자신이 평범하기 그지없다는 사실과 자신이 남다르다는 사실은 모순되는 명제이다. 하지만 둘 다 진실이다. 이 상반된 진실을 자각하면서 내면에서 통합할 때 개성 있는 인물이 된다. 극과 극의 설명을 다 품어내야 우리 자신을 옹글게 이해할 수 있다.

세상에는 두 가지 흐름이 뒤섞여 있다. 우리가 특별하니 자기답게 살라며 의욕을 북돋는 흐름이 있다. 반면에 자기 색깔 찾기를 방해하는 흐름이 있다. 세파에 휩쓸리다 보면 어느새 대체되는 부속품이 되어있다. 요긴하게 쓰다가 쓸모가 없어지면 비정하게 버린다. 우리를 변변찮게 만드는 세상에 맞서 자신의 특별함을 믿어야 한다. 자신이 특별하다는 믿음 덕분에 자기만의 독창성을 소망한다. 본색이 드러났느냐 아니냐에 따라 인생의 질은 천지 차이가 난다. 본색을 표현하는 사람은 기쁨으로 산다. 본색이 드러나는 삶은 사랑스럽다.

성실하게 일하고 시민으로서 의무를 다하는 건 훌륭하다. 하지만 그것만으로는 성에 안 찬다. 내 안에서 약동하는 생명을 펼쳐야 나다운 삶이다. 본색을 아는 사람은 타인을 흉내 내지 않고 유행에 휘둘리지 않는다. 자기만의 인생을 영그는 데 열중한다. 자신의 본색은 타인들과 경쟁해서 획득하는 우월감이 아니다. 본색이란 생명력이 뿜어낸 자기만의 색깔이다. 우리는 모두 허물을 벗고 나비가 될 운명이다. 그렇게 과거의 나로부터 진보한다.

미국의 철학자 리처드 로티는 지적 진보와 도덕적 진보는 미리 세워져 있는 목적지에 가까이 다가가면서 일어나는 게 아니라 과거를 넘어서면서 이뤄진다고 했다. 신에 대한 공포에 떨면서 걷거나 이성의 빛 속에서 걷기보다는 스스로 다음 시대의 예언자로서 걸어야 한다고 설파했다. 우리는 남들이 다 가는 길을 따르지 말고, 이미 잘 닦인 탄탄대로에서 발길을 돌려 인생길을 새로 개척해야 한다.

자기만의 인생길을 충실하게 개척한 사람으로 헨리 데이비드 소로를 꼽을 수 있다. 그는 요란한 시대의 흐름에 휘말리지 않았고, 자신을 강력하고 정당하게 끌어당기는 곳으로 자연스레 발걸음을 내딛었다. 그는 사람들 눈에 잘 띄는 곳에서 펼치는 화려한 행진이 아니라 우주의 건축가와 동행을 하려 했다. 소로는 자신이 갈 수 있는 유일한 길을 가고 싶다고, 그 무엇도 자신을 가로막지 못한다고 귓속말했다. 소로는 세상의 권력에 저항하며 자기의 본색을 드러냈고, 시대를 넘어선 위인이 됐다.

물론 소로든 그 누구든 일직선의 인생길을 걸을 수 없다. 휘청거리고 비틀거린다. 에둘러갈 때도 무수하다. 때로는 주저앉아 울 수밖에 없다. 하지만 그 모든 일은 성장을 위한 경험이다. 험난한 고개를 넘어갈 때 내면 깊은 곳의 힘이 고개를 든다. 자신의 본색을 신뢰할 필요가 있다. 북미원주민 체로키족은 아이들에게 이렇게 가르쳤다. 자신을 알고 자신이 되는 법을 배우라고. 자신과 가장 가까운 친구가 되는 법을 배워야 한다고.

예술의 창조

나는 이 세상에 빚과 의무를 지고 있다. 나는 30년간이나 이 땅위를 걸어오지 않았나! 여기에 보답하기 위해서라도 그림의 형식을 빌려 어떤 기억을 남기고 싶다. 이런저런 유파에 속하기 위해서가 아니라 인간의 감정을 진정으로 표현하는 그림을 남기고 싶다. 그것이 나의 목표다.

빈센트 반 고흐, 『반 고흐, 영혼의 편지』

모든 인간 속에 똑같은 의식의 정수가 깃들여 있는 것처럼, 천재 또한 모든 인간 속에 잠재되어 있다. 천재성은 자신을 발현할 수 있는 여건이 무르익기를 기다리고 있을 뿐이다. 우리 모두가 살아가는 동안 천재의 순간을 경험한다.

데이비드 호킨스, 『의식혁명』

자신을 탐구할수록 진짜 자신이 깨어난다. 내면에서 흥이 피어오른다. 일상을 자기의 색깔로 물들인다. 남의 몸동작을 따라 하는 데 급급하던 사람이 자기만의 춤을 추기 시작한다. 신명이 난다. 예술의 탄생이다. 예술이란 영원을 꿈꾸면서 현재에 충실했을 때 얻어지는 열매이다. 우리는 저마다 인생을 창작하는 예술가다.

창작은 창작자와 뗄 수 없다. 창작하는 사람의 희망, 노력, 결핍, 신념, 경험 등이 결과물에 반영된다. 인간과 예술의 관계는 부모와 자식의 관계와 흡사하다. 부모가 자식을 낳고 기르면서 많은 희생을 치르지만, 자식 덕분에 즐겁고 보람을 얻는다. 인간은 예술을 품고 빚어내면서 고생하지만, 예술 덕분에 기쁘고 배움을 얻는다. 우리에겐 참신한 뭔가를 창출하려는 본능이 있다. 예술의 어머니는 우리다.

그럼 예술의 아버지는 누구일까? 시인이 쓰는 놀라운 표현은 자신의 것인 동시에 자신의 것이 아니라고 멕시코의 시인 옥타비오 파스는 시인했다. 시인들이 창작할 때 예기치 않은 도움을 받는다. 악마, 뮤즈, 정령, 계시, 무의식이라고도 일컬어지는 뜻밖의 도움은 오랜 노력의 소산일 수 있고, 의지의 결과일 수 있으며, 그저 뜻밖에 벌어진 우연일 수도 있다. 분명한 건 갑작스러운 침입처럼 영감을 받게 된다는 점이다. 자신의 의식에 뛰어들어 자신이 원하지도 않았던 표현을 하도록 하는 것은 도대체 누구냐고 옥타비오 파스는 물음을 던졌다.

예술은 내 안에서 나보다 더 큰 존재의 부름 속에서 이뤄진다. 이전까지 느끼지 못한 강렬한 감정이 엄습하고 기존의 내가 아닌 순간에 예술이 표현된다. 나를 극복하면서 산뜻한 고통과 섬뜩한 환희가 뒤엉키며 창조성이 발휘된다. 내면의 생명력과 하나일 때 새로움을 창조한다. 우리는 모두 천재다. 하늘이 준 재주가 있다. 잠재성이 깨어날 때 창조의 섬광이 번뜩인다. 과거의 자신이라면 결코 생각하지 못한 것을 시도할 수 있다.

어떻게 하면 조금 더 분명하게 내면의 천재를 깨울 수 있을까? 두 가지 방법이 있다. 하나는 연결이다. 세상은 방대한 관계망 이고, 우리는 연결고리이다. 세상과 어떤 방식으로 관계를 맺느냐에 따라 사람이 달라진다. 이탈리아의 사상가 안토니오 네그리와 미국의 사상가 마이클 하트는 혁신이 한 개인의 천재성에 의존한다는 생각에서 벗어나라고 촉구했다. 생산과 혁신은 수많은 연결망 속에서 이뤄진다. 혼자서 끙끙거릴 때는 결코 풀 수 없던 문제들이 다양한 교류를 통해 해결된다. 타인들과 협력하면서 생산성과 창조성을 발휘한다. 예술은 여러 사람의 공동산물로서 시대정신이 담긴다. 또 다른 하나는 고독이다. 소란스레 웅성거리는 마음을 잠재우고 조용한 상태를 유지하면 귀중한 변화가 생성된다. 고독이 깊어지는 가운데 맑아지고 밝아진다. 외부의 자극이 사라지면 잠들어있던 예술성이 깨어난다. 무르익은 고독 속에서 내면 깊숙이 돌파해 들어가면 해저에 묻힌 보물선 같은 천재를 발견한다.

연결과 고독이라는 두 가지 방법이 통하려면 전제가 필요하다. 문제를 해결하려고 고민하면서 자신을 비우는 일이다. 아집이 깨져야 천재가 깨어난다. 동시대인들이 겪고 있는 아픔에 응답하면서 예술이 잉태하고, 자신을 불태우기 위해 들이닥친 고독 속에서 예술이 여문다.

연결과 고독을 통해 예술성이 피어오른 천재의 예로 윤동주를 들 수 있다. 윤동주가 처음부터 사람들의 마음 한편에 우물을 만들어놓고 그 안을 들여다보게 하는 시인이 아니었다. 섬세한 마음결만으로는 훌륭한 시를 쓸 수 없었다. 일본제국의 폭력에 고통당하는 사람들을 마주하면서 윤동주의 가슴은 찢어졌다. 부당한 세상에 맞서면서 성장했고, 부조리한 현실을 통해 자신을 응시했다. 끝내 눈물 속에서 자신과 악수한 뒤 내면에서 흘러넘치는 걸 정직하게 표현했다. 그렇게 우리가 아는 윤동주가 되었다.

모두가 윤동주처럼 자기 빛을 내보일 잠재력이 있으나 죽음의 문턱에 이를 때까지 자기 색깔을 꽃피우지 못하는 사람이 숱하다. 타인에게 사랑받고자 외면 장식에 치중하고 내면을 감추기에 그렇다. 내면을 숨기면 삶이 시든다. 본색을 드러내는 건 위험하지만 나 자신을 꺼내 보여야만 제대로 사랑받을 수 있다. 세상을 헤아리면서도 색다르게 자신을 표현해야지 가리고 덮어서는 안 된다. 용기 내어 자신을 펼치면서 인간은 성장한다.

어떤 사람이 되면 좋겠다는 생각이 들었다면 지금 바로 그런 사람이 되라고 에머슨은 부르짖었다. 자유로워지려고 노력한다면 결국엔 항상 그럴 수 있다고 격려했다. 자기에게 진실은 다른 사람들에게도 진실이라고 믿는 자가 천재라고, 위대한 행위는 미래에 호소한다고 에머슨은 나지막이 속닥였다. 자신의 색깔대로 살면 당장은 아니더라도 언젠가 환영받을 것이다. 본연의 나를 있는 그대로 사랑해주는 사람들을 통해 진정한 행복을 맛볼 것이다. 물론 타인의 호의를 받지 못하더라도 괜찮다. 자기답게 살았으니까.

우리는 남들이 자신을 어떻게 볼지 평생 전전긍긍했다. 타인의 시선에 맞춰 살다 보니 군더더기가 많아졌다. 이제 껍데기를 부수고 본색을 드러내어 예술가가 될 시간이다.

인생을 작품으로

내가 삶에 굴복하면, 그것은 자기파괴로 이어질 것이다. 나는
예술작품이 되기를 원한다. 내 육신으로 작품이 되지 못한다면,
최소한 영혼만이라도 그렇게 되고 싶다. 그리하여 나는 침묵과
낯섦으로 나를 건설했다.

페르난두 페소아, 『불안의 서』

'존재의 기술'이란 인간들이 그것을 통해 스스로 행동규칙을 정
할 뿐 아니라 스스로 변화시키고 그들의 특이한 존재 속에서 스
스로 변형시키며, 그들의 삶을 어떤 미학적 가치를 지닌, 그리
고 어떤 양식의 기준에 부합하는 하나의 작품으로 만들고자 하
는 신중하고도 자발적인 실천으로 이해해야만 한다.

미셸 푸코, 『성의 역사2』

예술이란 자신의 아름다움을 표현하는 일이다. 아름다움이란 알
음다움, 즉 자신의 알인 본질을 드러내는 일이다. 한마디로 아름
다움은 곧 자기다움이다. 비록 현재 자신이 별로더라도 빛나는 별
이 되길 꿈꾸면서 자신을 빚어내는 일이 아름다움이고, 변화의 표
현이 예술이다. 이런 맥락에서 교육은 예술이 될 수 있다.

브라질의 교육학자 파울로 프레이리는 교육의 필요성을 인간의
미완성에서 도출했다. 인간은 불완전한 현실 속에서 불완전하게
살아간다. 자신의 불완전성을 알지 못하는 동물들과 달리 우리는
불완전성을 알고 있다. 불완전성을 의식한 인간은 완전성을 지향
하고, 미완성된 자신을 발전시키기 위해 노력한다.

불완전하기 짝이 없는 자신이 부정적으로 느껴질 수 있다. 그러

나 부정성이란 긍정성과 나란히 작동하는 인생의 원리이다. 부정성을 부정하려고 할수록 삐뚤어진다. 부정성을 긍정해야 온전해진다. 인간의 정신은 부정성이 선사하는 고통 속에서 깨어난다. 헤겔은 우리의 정신이 절대적인 분열 속에서 진리를 획득한다고 역설했다. 부정적인 것에서 시선을 떼어 긍정적인 쪽을 바라봐야 하는 게 아니다. 부정적인 것을 직시하고 부정적인 것과 머물면서 정신이 본연의 역량을 드러낸다. 부정적인 것을 따돌리지 않고 함께하는 바로 그때, 부정적인 것과 나는 하나가 된다. 자신을 부정하고 변화를 창출하는 사람은 마력의 매력을 뿜어낸다. 삶의 깊이란 부정성을 얼마나 품어냈느냐에 달렸다.

긍정성이 무조건 좋은 게 아니듯 부정성이 나쁘기만 한 게 아니다. 결핍이나 약점이나 상처는 자기만의 특색이다. 인간은 고통 속에서 고민을 머금고 성장한다. 삶에 결여가 있다고 해서 꼭 슬픔이나 노염이나 원한이 되어야 할 까닭이 없다. 에픽테토스는 위기를 기회로 삼으라고 충고했다. 시련을 통해 내면의 힘을 발견한다. 내면으로 고개를 돌리면 잠재성이 고개를 든다.

가진 게 이미 많은 사람은 성장의 동기가 절박하지 않다. 반면에 부족한 게 많으면 바로 그 결핍 덕분에 심오해질 수 있다. 그동안 자신이 누려온 것에 감사하고 아울러 자신의 모자람에 대해서도 감사할 때 정신이 여문다. 나를 가장 힘들게 한 결핍이 지금의 나를 만든 원동력이다. 눈물과 한숨과 피와 땀과 앙금이 녹아들 때 삶은 찬미를 받는 작품이 된다.

인생을 아름다운 작품으로 만든다는 건 더 나은 인간이 된다는 뜻을 함의한다. 아주 먼 과거에 네 발로 걷던 인류가 등뼈를 세우면서 육체적으로 진화했다면, 오늘날엔 자신의 의지를 곧추세우고 향상되려는 노력을 통해 정신적으로 진화한다. 인생을 작품으로 창조하고자 자신을 연마하면서 정신이 성장한다. 인생이 작품으로 무르익으면 태어난 보람을 얻는다.

인생이 작품으로 영글어가는 건 자신을 둘러싼 세계를 예술로 물들이는 일이기도 하다. 세계가 아름답지 않은데 자기 혼자 아름다울 수 없다. 프랑스의 철학자 장 폴 사르트르가 자신을 만드는 일과 사회참여를 구분하지 않은 이유이기도 하다. 사람은 그가 스스로 생각하는 그대로일 뿐 아니라 그가 원하는 그대로라고, 스스로가 만들어가는 것 말고는 사람이란 아무것도 아니라면서, 자신이 자신을 만든다는 것이 실존주의의 제1원칙이라고 사르트르는 공표했다. 우리는 인생의 책임자이자 세계의 시민으로서 아름답게 살아갈 권리와 의무가 있다.

삶을 예술이 되게 하라는 함성이 누군가에게는 위험한 함정처럼 느껴질 수 있다. 하루하루 허덕이는 사람에게 인생을 작품으로 만들라는 건 과도한 요구이기도 하다. 그렇지만 아름다움에 대한 바람은 우리의 번잡한 욕망을 날려버린다. 진정으로 추구할 목표가 뚜렷해진다. 삶을 예술로 빚겠다는 염원은 현실과 동떨어진 뜬구름이 결코 아니다. 팍팍하고 삭막한 현실을 변화시키는 촉매다.

이상과 현실이 일치하기 어렵더라도 그 간격을 좁히려고 노력하는 덕분에 덜 타락한다. 이상이 없으면 금세 이상해진다. 이상을 잃어버리고 세상에 굴복하면 잠깐은 편할지 모르지만 남은 평생 회한에 시달린다. 인생의 주인공이 되어 살겠다는 이상이 미완성이라도 우리는 자기다워지려는 바람을 품고 있다. 자신의 바람에 따라 날개를 펼치면 삶의 예술가가 된다.

미학 작품처럼 인생을 만드는 것이 자아실현이다. 자아실현은 인간의 잠재성이 최대한 발아되어 열매를 맺은 상태이다. 인간이 이룰 수 있는 아주 높은 수준이다.

몰입과 고양

삶의 질은 타인이 우리를 어떻게 보는가 또는 무엇을 소유하고 있는가에 의존하지 않는다. 중요한 것은 우리 자신에 대해 그리고 우리에게 일어나는 일을 어떻게 느끼는가이다. 삶의 질을 향상하기 위해서는 경험의 질을 향상시켜야 한다.

미하이 칙센트미하이, 『몰입』

쾌감은 잠깐 달콤한 느낌을 주지만 감각적인 기억은 금방 시들해진다. 우리는 더 현명해지지도 강해지지도 않는다. 더 나쁜 건 쾌감은 더 많은 쾌감을 추구하도록 유혹하여 장기적으로 더 유익할 수도 있는 활동에서 멀어지게 한다. 만족감은 다르다. 그건 인간의 잠재력에 더 많은 것을 요구하고 도전의지를 자극하여 그가 더 확장되게 한다. 만족감은 뭔가를 성취하고 배우고 개선했을 때 찾아온다. 몰입의 상태에 들어가면 힘든 일이 힘들게 느껴지지 않는다.

조너선 하이트, 『행복의 가설』

각자의 인생은 그 자체로 작품이다. 삶에 단 하나의 답은 없다. 사회에서 제시하는 모범답안을 참고하고, 과거를 돌아보면서 자신을 파악하며, 미래를 전망하면서 당차게 나아가면 된다.

미래는 언제나 현재와 함께한다. 새로운 미래가 이미 여기에서 잉태하는 중이다. 인간은 미래를 바라보면서 현실을 자아내는 존재이다. 미래와 함께 살아가는 특성이 인간을 인간으로 만든다. 미래에 무엇을 기대하고 어떻게 준비하느냐에 따라 인생은 사뭇 달라진다.

생명체는 미래를 헤아린다. 특히 동물이 그러하다. 동물은 움직인다. 움직이려면 주위를 탐지하면서 자신이 움직였을 때 어떻게 될지 예측해야 한다. 방향성과 목표지향은 예측의 필요성을 증대시킨다. 짧게는 자신이 이렇게 움직이면 어떻게 될지 예상하고, 길게는 자신의 앞날이 어떻게 될지 상상하고 준비하면서 동물의 인지능력이 발달한다.

인간은 미래를 내다보면서 빼어난 문명을 일궜다. 하지만 그 대가를 치르고 있다. 불안이다. 우리는 늘 지금 여기에 존재할 뿐이지만 벌써 미래로 내달려간다. 여기에서 저기로 정신의 뜀박질을 하고 있으니 안절부절못한다.

불안으로부터 자유로워지려면 현재에 몰입해야 한다. 현재에 몰입하면 조바심뿐만 아니라 욕심과 잡념도 사라진다. 몰입은 최적경험을 생산한다. 최적경험은 가치 있는 어려운 일을 이루고자 매진할 때 성취된다. 가치 있는 일을 해내려면 벅찬 과정을 겪게 마련인데, 이때 맞닥뜨리는 고통을 꿋꿋이 감내하게 된다. 자기 행동을 스스로 결정하면서 운명이 나의 것이라는 느낄 때 최적경험을 한다고 미하이 칙센트미하이는 설명했다. 칙센트미하이에 따르면, 몰입은 고도의 질서가 생겨난 정신상태이다. 나는 어떤 사람이라는 자의식이 약해지는 동시에 내면에서 굉장한 힘이 발휘된다. 몰입하면 자의식은 없어지는데 자기 존재는 확장한다. 시간 가는 줄 모르게 집중하면서도 생생하게 깬 상태가 이어진다. 몰입하는 순간들을 차곡차곡 쌓아갈 때 인생은 예술이 된다. 몰입하고 난 뒤의 나는 이미 과거의 내가 아니다.

몰입을 통한 최적경험은 대개 이기심에서 벗어나 더 깊은 차원으로 진입하면서 발생한다. 가치 있는 일에 복무할 때 뜻하지 않은 선물처럼 몰입이 주어진다. 가치 있는 일이란 대부분 나를 넘어서는 일이다. 가치 있는 일은 도덕과 관련되어 있다. 같이의 가치에 참여하고, 옳고 선하고 아름다운 일을 할 때 먹먹해지면서 고양된다. 도덕적으로 고양되면 가슴이 뭉클해지며 유쾌한 감정이 뒤따른다. 더 나은 사람이 되고 싶다는 욕구도 동반된다.

한 실험에서는 고양 효과를 알아보고자 어머니들의 모유 분비량을 측정했다. 도덕적으로 감정이 차오르는 영상을 본 어머니 가운데 절반 정도가 젖이 분비되거나 아기에게 젖을 먹였다. 반면에

웃긴 영상을 본 어머니 가운데는 10%만이 젖을 분비하거나 아기에게 젖을 물렸다. 태도도 달랐다. 고양된 어머니들이 아기를 더 살갑게 보듬었다. 이 실험은 마음이 고양되면 옥시토신이 분비되리라는 걸 시사한다. 옥시토신은 긴밀한 유대의 감정을 불러일으켜 사랑의 호르몬이라고 불린다. 옥시토신이 왕창 샘솟으면 사람 사이가 끈끈해진다. 엄마가 아기를 보살피듯 고양된 사람은 타인에게 너그러워진다. 인간이라면 누구나 가까운 사람들에게 애착을 느끼면서 고양감을 얻길 원한다. 현대사회에서도 종교의 기세가 누그러지지 않는 이유이다.

세속화된 현대에도 사람들은 종교집회에 참석한다. 신앙이 없어도 국경일이면 추념하면서 고양감을 누린다. 국가란 일종의 시민종교이다. 인간이 종교를 갖는 원인 가운데 하나가 고양감이다. 종교마다 교리나 의례가 각양각색이더라도 고양감을 선사한다는 공통점이 있다. 종교생활이란 언제 어디서나 단일하고 동일한 요구에 부응하면서 이뤄지고, 그것은 인간을 높이 고양해서 평소보다 훌륭한 삶을 살도록 이끄는 요구라고 에밀 뒤르켐은 총평했다.

고양감은 자아라는 좁은 울타리를 넘어 더 넓은 집단에 합류할 때 증대한다. 마음이 고양될 때 인류 그리고 우주와 사랑에 빠지는 기분이 든다. 틀에 박힌 세속에서 벗어나 더 높은 차원으로 상승할 때 마음이 고양된다.

인간은 도덕성을 갖고 태어난다. 도덕성에는 공통의 기반이 있다. 옳음과 좋음이다. 세상의 모든 인간사회는 옳고 그름과 좋고 나쁨을 판별한다. 사람은 나쁨을 줄이고 좋음을 늘리려고 노력하며 그름을 물리치고 옳음을 추구하고자 애쓴다. 허랑방탕 살아서는 자신에게 떳떳할 수 없다. 행복은 자기 존재의 상태이다. 좋은 사람이 되지 않고선 행복할 수 없다.

우리는 어떤 일이 더 가치 있는지 안다. 다만 실천으로 옮기지 않을 뿐이다. 좋은 일을 하면 지금보다 더 행복해진다는 걸 알지만 막상 더 행복해지는 일을 하지 않는다. 앎과 삶이 분열되어 있다. 더 좋은 사람이 되려고 하지 않은 채 덜 좋은 사람으로 머무른다. 무엇이 더 좋은지 고양감이 일깨운다. 고양감 덕분에 의식이 트이면서 삶이 변한다. 자아 바깥으로 나갈 수 있도록 자극한다. 근시안에 갇히지 말고 더 멀리 내다보면서 자기 삶에 진정으로 좋은 걸 선택하는 슬기가 갖춰질 때 인생은 심오한 작품이 된다.

자아실현을 넘어선 욕구

수백만 명의 사람들이 육체노동을 할 만큼은 깨어있다. 하지만 지성을 효과적으로 발휘할 수 있을 만큼 깨어있는 사람은 백만 가운데 하나뿐이고, 시적인 생활이나 신성한 생활을 할 수 있을 정도로 깨어있는 사람은 수억 가운데 하나뿐이다. 깨어있다는 것은 곧 살아있다는 뜻이다.

헨리 데이비드 소로, 『월든』

모든 위대한 종교의 신학자는 자기를 비우는 이런 경험이 신의 일생에서도 나타난다는 사실을 보여주기 위해 온갖 신화를 만들어냈다. 뭔가 그럴 듯하게 보이고 싶어서 그런 것이 아니라 인간의 본성도 그렇게 움직인다는 사실을 보여주려고 그렇게 했다. 나를 버릴 때 비로소 평소의 경험을 뛰어넘는 다른 가능성에 눈뜨면서 가장 창조적으로 살 수 있다.

카렌 암스트롱, 『마음의 진보』

삶을 예술작품으로 만들고 자아실현을 하면 호되게 방황하지 않는다. 그렇다고 의심 한 점 남지 않은 상태에 이른 건 아니다. 나는 누구냐는 질문이 또 나타난다. 자기 분야에 통달한 예술가더라도 자신을 옹글게 파악하지 못한다. 인간을 온새미로 통찰하려면 영성이 요구된다.

현실 너머를 헤아리는 힘이 영성이다. 영성은 자아의 극복을 통해 얻어진다. 자아를 다스리는 수행을 하면 영성이 생긴다. 학교에서 가르치는 지식이 지성과 관련된다면 실제로 더 나은 존재가 되는 일은 영성과 관련 있다. 과거엔 스승이 영성을 길러주었으나 현대 교육제도에서는 영성을 익히기 어렵다. 우리는 좋은 지식을 많이 알더라도 좋은 사람은 아니다.

여태껏 영성은 지성과 함께했다. 세상 원리를 이해하는 일과 자신을 더 나은 사람으로 향상하는 일은 떼려야 뗄 수 없었다. 하지만 영성이 종교의 광기와 결부된 잔인한 역사를 거치며 영성에 대한 반감이 번졌다. 과학의 발달과 종교의 횡포에서 벗어나 계몽주의가 확산하는 과정에서 영성과 지성이 분리됐다. 영성과 지성의 분리는 세속사회로 접어드는 길목에서 자연스러운 변화였지만, 우리가 분열되어 있다는 방증이기도 하다. 자신의 근본을 탐구하고 변화시키지 않은 채 여러 지식을 쌓는 건 모래성을 으리으리하게 건축하는 일처럼 허망하다.

근대 들어서 서구 문명은 물질을 탐색하고 분석하는 과학기술을 고도로 발전시켰고, 패권을 잡고 세계사를 주도했다. 그런데 서구 문명은 내면 개선의 기술을 거의 개발하지 못했다. 온갖 정신질환을 치료하려 하지만 효과가 신통치 않다. 정신건강이 어떤 상태인지조차 가늠하지 못하는 형편이다. 정신건강은 영성과 밀접하다. 건강과 행복을 위해 영성의 계발이 중요한데, 오늘날엔 종교인이 아니고서는 영성에 대한 언급을 좀처럼 듣지 못한다. 세속화가 진행되면서 영성을 거론하면 의혹의 눈초리를 받거나 조롱거리가 될 가능성이 크다.

인문학계를 둘러보면 영성 연구자를 찾아보기가 어렵다. 그나마 말년의 미셸 푸코가 고대 그리스를 연구해서는 진실에 접근하고자 자신을 변형하는 탐구와 실천, 정화와 자기수련, 포기, 시선의 변화, 생활양식의 전환 등을 아울러서 영성이라고 강연했다. 더 나은 사람이 되고자 진리를 경험하고 실천하고 탐구하는 정신 상태가 영성이다.

과학계로 시선을 돌리면 영성 연구가 활발한 편이다. 이를테면, 안토니오 다마지오는 영적 경험이 마음의 절차 가운데 하나이자 최고도로 복잡한 생물학 절차라고 분석했다. 영성이란 우리의 정신능력이 가장 완벽하게 기능하면서 생겨나는 강렬한 조화의 경험이다. 몸과 마음의 균형을 이루고, 지성과 영성이 조율된 사람의 내면에서 조직되어 생겨나는 정신의 발현이 영적 체험이라고 다마지오는 설명했다. 샘 해리스는 영성을 주의력으로 풀이했다. 샘 해리스에 따르면, 마음이 순간순간 어디로 향하고 어떻게 움직이는지에 대한 통찰과 이해를 바탕으로 영성이 성립하며, 영성이 인생의 질을 상당 부분 결정한다. 영성의 결과 가운데 다수가 바람직한 데다 우리의 한계를 훨씬 뛰어넘는 결과를 가져오므로 영성을 추구해야 할 의무가 있다. 영성에 기생한 사이비종교들이 기승을 부리므로 영성에 대한 언급이 위험하다는 사실에는 의심의 여지가 없으나 영적 경험들이 추구할 가치가 있다는 사실 또한 의심할 수 없다.

영성이 꼭 종교와 연결되지는 않는다. 신앙생활을 열심히 해도 영성이 낮은 사람이 있고, 종교가 없어도 영성이 높은 사람이 있다. 예컨대 크리스토퍼 히친스는 세상에 군림하던 신이 얼마나 추악한지, 그런 신을 믿는 인간들이 얼마나 어리석은지 조목조목 보여주면서 명성을 얻은 작가이다. 종교 문제를 거침없이 폭로하던 크리스토퍼 히친스조차 초자연적인 실체에 대한 믿음이 없어도 신비로운 체험을 할 수 있다면서 거룩한 성스러움을 강조했다. 중요한 건 특정 종파에 속하느냐가 아니라 어떤 마음으로 어떻게 사느냐다.

영성이 향상되면 제한된 인식영역으로 감지되는 세계보다 더 깊은 차원에 눈을 뜬다. 기존 현실에 구속되는 것이 아니라 변화시키는 힘도 생긴다. 영성이 발달하면 자신이 누구이고 인생이란 무엇인지 이전과 다른 해석을 할 수 있다. 살아가는 태도가 달라진다. 이기심이 줄어든다. 영성은 이기심과 반비례한다. 낮은 자리에서 봉사하는 수많은 사람이 영적이다. 영적인 사람들을 만나면 마음이 고양된다. 우리에겐 자아의 손아귀에서 벗어나 더 고귀한 일을 하고픈 바람이 있다. 자기초월의 바람을 동력 삼아 인간은 한 차원 상승한다.

인생에는 네 가지 목적이 있다고 힌두 경전은 가르친다. 사람의 도리와 이익과 쾌락 그리고 해방이다. 사람으로서 해야 할 바를 수행하고, 착실히 일해 재산을 불리며, 사랑하는 사람들과 관계하는 건 여느 사회에서도 목적으로 하는 바이다. 여기서 한발 더 나아가 힌두 경전에서는 일정한 나이가 되면 모든 구속에서 벗어나라고 가르친다. 꼭 일상을 정리해야만 자유로워지는 건 아니다. 맡은 역할을 충실히 해내고, 재물의 흐름에 통달하며, 감각의 극치를 통해서도 영성이 향상되고 해방될 수 있다. 하지만 그러기가 극히 어려워 나이가 들어서는 차라리 모든 걸 버리는 게 더 쉽다. 해탈할 때 진리에 이른다. 가장 큰 이익과 지극한 쾌락을 얻는다.

영성을 통해 인간은 한층 더 높은 차원에 이른다. 당당하면서도 담담하게 정신세계를 탐구하며 희뿌옇던 자기 모습이 밝아진다.

4부. 자기 심화

8장. 나의 근원

우리는 신을 자기 바깥에 계신 분으로 파악하거나 그렇게
여겨서는 안 되며, 오히려 자신의 것으로 자신 안에
계신 분으로 받아들여야 한다. 더 나아가 우리는 어떠한
이유 때문에 종사하거나 일해서는 안 된다. 그것이 신을
위해서든 자신의 명예를 위해서든 자신 바깥에 있는 어떤
것을 위해서도 그렇게 해서는 안 되며, 오히려 오직 자신의
자기 존재와 자신 속에 있는 자기 삶을 위해 그렇게 해야
한다. 많은 단순한 사람들은 신은 저기에 있고 자신들은
여기에 있는 것인 양 그릇되게 신을 생각하고 있다. 하지만
사정은 그렇지 않다. 신과 나, 우리는 하나이다. 인식을
통해 우리는 신을 내 속으로 모시는 반면, 사랑을 통해서
나는 신 안으로 들어선다.
— 마이스터 에크하르트,『마이스터 에크하르트 선집』

동양의 허와 같이 '물리적 진공' — 장 이론에서 이렇게
불림 — 은 단순히 아무것도 없는 상태가 아니라 소립자
세계의 모든 형태를 지닐 가능성을 갖고 있다. 이러한
형태들은 독립된 물리적 실체들이 아니라, 단지 근본적인
허의 일시적 출현이다. 불경에서 말하듯이 "색이 공이요,
공이 곧 색이다." 가상적 소립자들과 진공의 관계는
본질적으로 동적 관계다. 진공은 진실로 생성과 소멸의
끝없는 리듬으로 고동치는 '살아있는 허'다.
— 프리초프 카프라,『현대 물리학과 동양 사상』

내가 만든 세계를 내가 다시 인식한다

당신은 우리의 감각기관들이 '있는 그대로' 세계의 '진정한' 모습을 우리에게 알려주는 쪽으로 다듬어졌을 것이라고 생각할지 모른다. 하지만 그것들이 우리가 살아남는 데 도움이 되는, 세계의 '유용한' 모습을 알려주는 쪽으로 다듬어져 왔다고 보는 편이 더 무난하다.

리처드 도킨스, 『악마의 사도』

우리는 모두 자신의 뇌가 저지르는 속임수의 희생자들이다. 우리 뇌는 순간적으로 색깔과 사물, 기억, 신념, 선호를 만들어내고, 이야기를 지어내며, 합당한 이유를 술술 뱉어내는 멋진 즉흥시인이다.

닉 채터, 『생각한다는 착각』

자신을 온전히 이해하는 여정에서 감각을 찬찬히 되짚을 필요가 있다. 감각으로 세계를 지각하니 말이다. 우리는 감각기관을 통해 적절하게 외부를 파악해서 생존과 번식을 해결한다. 이처럼 쓸모 있는 감각이지만 감각에는 여러 문제가 있다.

먼저, 감각이 실재의 정확한 재현이 아니라는 문제가 있다. 감각 경험은 실재 그 자체가 아니라 나의 감각기관이 묘사한 정보이다. 감각기관은 우리가 세상을 파악하도록 근사치의 정보를 제공하지만, 세상 자체를 고스란히 복제하지는 않는다. 외부의 실재는 신체의 감각을 통해 수용되고 전기신호로 변환되어 뇌로 전송된 뒤 재구성된다.

시각을 예로 들어보자. 우리는 가시광선만 인식한다. 갖가지 전자기파가 있어도 감지하지 못하는 이유는 인간의 눈이 태양에 맞춰서 진화했기 때문이다. 햇빛은 565~590nm에서 가장 강하다.

565~590nm의 전자기파를 우리는 노란색으로 인식한다. 태양이 노란색으로 보이는 이유이다. 노란색은 인간이 감각하는 파장의 중간이다. 우리의 눈은 380~780nm 범위만 지각한다. 자외선에 반응하는 꿀벌이나 적외선을 감지하는 뱀은 인간과 다른 세계를 체험한다. 그렇다면 진짜 세계란 무엇인가? 벌의 세계인가? 뱀의 세계인가? 인간의 세계인가?

감각기관의 구조에도 의미심장한 구석이 있다. 빛은 각막을 통과하면서 굴절된다. 망막에 뒤집힌 상이 투사된다. 게다가 시각신경 섬유들이 망막의 한곳에 모여 혈관과 함께 뇌의 시각처리영역으로 이어지는데, 신경섬유 다발이 모이는 곳에는 시각세포가 없다. 이곳이 맹점이다. 맹점으로 말미암아 내 눈앞엔 보이지 않는 부분이 엄연하게 있는데, 우리는 보이지 않는 부분이 있다는 사실조차 인식하지 못한다.

형형색색의 세상도 당연하지 않다. 망막은 추상체와 간상세포로 이뤄져 있다. 추상체는 대상을 섬세하게 읽어내며 색깔을 판별한다면 간상세포는 빛과 어둠을 투박하게 구별한다. 망막의 중심에 추상체가 밀집해있고 주변은 간상세포로 채워져 있다. 추상체로 감지하는 일정한 초점 바깥으로는 색맹이다. 시각기관은 초점을 맞춘 곳의 색상만 알아보지만 우리는 외부풍경을 총천연색으로 본다. 시각기관이 전달한 정보와 다른 화면이 의식에 출현하는 것이다.

인간의 시각기관은 특정한 영역의 파장만 감지할 수 있고, 모든 걸 거꾸로 뒤집어서 망막에 상을 만드는 데다 맹점을 갖고 있으며, 색깔을 감지하는 세포도 망막의 중심부에 몰려 있어서 초점을 맞춘 곳 말고는 색을 보지 못한다. 그렇지만 세상이 뒤집혀 보이지 않고, 맹점은 자각되지 않으며, 시야의 변두리가 흑백으로 보이지 않는다. 뇌는 거꾸로 뒤집힌 시신경 신호를 해석해서는 똑바로 지각한다. 맹점 때문에 안 보이는 부분을 검은 반점으로 뇌

두지 않고 적당한 영상을 창조해 채워 넣는다. 시야의 가장자리도 채색한다.

세계는 신체를 거치면서 신경신호로 가공되어 현상된다. 그렇다면 우리가 아는 세계와 실재 세계는 다를 수밖에 없다. 이것이 인류사 내내 현자들이 숙고한 문제였다. 산은 산이 아니요 물은 물이 아니라는 선불교의 화두도 실재와 인식 사이의 괴리를 담고 있다. 흔들리는 것이 나뭇가지인지 아니면 바람이냐고 제자가 묻자 지금 흔들리는 건 네 마음이라는 스승의 답변도 널리 알려져 있다. 세상이 불안해서 인생이 흔들리는 게 아니라 내 마음이 후들거리기에 세상이 간당간당하게 느껴진다. 일체유심조이다.

서구에서는 감각과 실재 사이의 고민이 칸트에 이르러 집대성됐다. 칸트는 감각기관을 통해 표상과 실재를 구분했다. 우리는 세상을 안다고 여기지만 실상은 감각기관을 통해 획득한 표상을 인식할 뿐이다. 의식에 등장한 세계가 있는 그대로의 실재는 아니라고 통찰했다. 칸트에 이어 쇼펜하우어는 세계란 우리의 표상에 지나지 않는다고 강조했다.

과학계도 주목받을 만한 연구를 내놓고 있다. 그 가운데 신경생물학자 움베르토 마뚜라나와 프란시스코 바렐라는 관찰자라는 개념을 제시했다. 마뚜라나와 바렐라에 따르면, 우리는 무엇'을' 아는 것이 아니다. 무엇'으로' 안다. 하지만 무엇'으로' 아는 걸 무엇'을' 안다고 착각한다. 우리는 객관화된 사실을 타인들은 왜 알지 못하느냐고 황당해한다. 하지만 황당함의 원인은 세계가 어떻게 구성되는지 되짚어보지 못하는 자신에게 있다. 나의 세계는 남들도 똑같이 인식하는 객관화된 세계가 아니라 내가 구성한 세계를 내가 인식한 결과이다. 나는 내게 현상된 세계를 체험한다. 내가 없다면 세계도 없다. 세계는 홀로 존재하지 않는다. 세계를 인식하는 관찰자가 있어야 세계가 존재한다.

세계란 관찰자마다 인식해서 만들어내는 수많은 실재라고 할 수 있다. 하나이면서 여럿이고 여럿이면서 하나인 것이 세계의 불가사의한 속성이다. 너의 세계는 나의 세계와 다르다. 서로 다른 세계에서 살던 너와 내가 만난다. 서로 다른 두 세계가 부딪치면서는 화들짝 놀란다.

실재와 생각

문명 상태에 도달하기까지(문자가 발명된 즈음인 기원전 4000년 전후로 짐작된다) 인간은 기나긴 세월을 지나오면서 천천히, 그리고 아주 힘겹게 의식이라는 것을 계발해 왔다. 게다가 인간 마음의 많은 부분이 여전히 수수께끼로 남아 있기에 이 진화의 역사는 끝나려면 아직 멀었다. 우리가 마음이라고 부르는 것은, 우리의 의식 및 그 의식의 내용물과 동일한 것이 아니다.

칼 융, 『인간과 상징』

"그러니까 당신의 말은, '고통'이란 낱말은 실제로는 울부짖음을 의미한다는 것인가?" ─ 그 반대다 ; 고통의 낱말 표현은 울부짖음을 대체하며, 울부짖음을 기술하지 않는다.

루트비히 비트겐슈타인, 『철학적 탐구』

문제는, 실재를 이해하는 데 가로막는 벽이 감각 말고 더 있다는 점이다. 우리는 감각 경험에다 생각과 감정을 섞어서 세상을 해석한다. 세상에 넘쳐나는 의견은 도움을 주는 동시에 실상을 오해하게 만든다. 언어는 세계를 인식하는 수단이자 한계로서 의식혁명을 일으켰으나 우리를 착오에 빠뜨린다. 감각만으로 세상을 파악한다면 발생하지 않을 착오가 언어 때문에 생긴다. 언어를 기반으로 하는 추상화된 생각을 통해 묘사한 대상은 실재가 아니다.

고양이를 예로 들어보자. 고양이는 오직 우리의 머릿속에서만 존재한다. 저 생명체는 내가 사용하는 고양이라는 언어가 아니다. 단지 우리가 내 앞에 있는 생명체와 비슷한 수많은 생명체의 특성을 뭉뚱그리면서 고양이라는 꼬리표를 붙였을 뿐이다. 고양이란 고와 양과 이라는 세 글자로 된 언어조합에 지나지 않는다. 고양이라는 건 엄밀하게 따지면 세상에 없다. 고양이라는 개념을 접하면 우리는 어느 정도 엇비슷한 동물을 떠올리더라도 연상한 모습을 비교하면 제각각이다. 고양이에 일대일로 딱 대응하는 생물체는 존재하지 않는다. 고양이란 우리가 이해하기 쉽도록 우리가 가진 정보를 조직하고 추상화해서 단순화시킨 관념에 불과하다.

언어를 통해 세계를 인식하는데, 세계는 언어가 아니다. 그런데 우리는 추상화된 기호와 상징으로 구성된 세계를 진짜라고 오해한다. 이런 문제점을 르네 마그리트의 대표작 〈이미지의 배반〉이 담아낸다. 마그리트는 파이프 그림을 그려놓고서는 '이것은 파이프가 아니다'라고 적었다. 우리는 정교하게 그려진 파이프 그림을 보고는 곧장 파이프를 연상한다. 하지만 파이프 그림은 파이프가 아니다. 그저 물감을 붓질해서 생겨난 색상의 배치일 뿐이다. 마찬가지로 언어를 통해 아주 구체적이고 실감나게 현실을 설명하더라도 언어는 현실이 아니다.

우리가 이해하는 세계가 아예 잘못된 건 아니다. 세계상을 끊임없이 만들고 수정해서 세계를 가늠한다. 세계를 추상화해서 파악하면 생존에 이롭다. 그렇지만 세상에 관한 생각이 실재 세상이 되는 건 아니다. 실재의 모사일 뿐인 자신의 견해를 진실이라고 착각하면, 숱한 오해와 갈등이 생겨난다. 언어로 담아낸 세상은 근사치에 불과한데, 많은 이들이 세계 자체를 알고 있다고 믿는다. 고양이를 그려놓고는 진짜 고양이라고 떠벌이는 사람과 흡사하다.

우리는 언어에 포획된 채 산다. 언어가 너무 당연한 나머지 언어 밖의 세계를 상상조차 하지 못하는 처지다. 언어라는 안경을 내내 쓰다 보니 안경에 비친 세상을 진짜라고 여긴다. 과학이론이나 수학도 마찬가지다. 아인슈타인은 수학의 법칙들이 실재에 관해 언급하는 한 그것은 확실하지 않고 그것들이 확실하다면 실재를 가리키지 않는다고 정곡을 찔렀다.

한편, 우리는 자신의 상황을 대입해 세계를 정서적으로 파악하면서 더욱더 오해의 수렁에 빠진다. 예컨대 수증기가 차가운 기운을 만나 언 뒤에 땅으로 떨어지는 결정체가 눈이다. 눈은 상황에 따라 달리 해석된다. 연애를 시작한 두 사람에게 눈은 하늘의 축복이다. 첫눈이 오면 만날 것이다. 군인들에게는 하늘에서 쏟아지는 쓰레기이다. 자다가 일어나 치워야만 한다. 눈은 그 자체로 의미가 정해져 있지 않다. 나에 의해 구성된다.

인간은 언어와 감정과 믿음과 가치 등을 부여해 세상을 파악한다. 세상이 통째로 인식되는 게 아니라 나를 통해 구성되어 편향되게 인식된다. 똑같은 시공간에 있는 것 같더라도 우리는 자신이 창조한 세계 속에서 산다. 물론 타고난 공통감각 덕분에 저마다의 세계가 서로 이해하지 못할 만큼 다르지는 않다. 우리가 구성한 세계는 엇비슷하다. 하지만 조금씩 다르다.

의식의 장으로 등장한 인상은 실재가 아니다. 의식의 장에 등장하는 현상에는 기억과 감정과 언어가 뒤섞인다. 의식의 장엔 외부의 세계가 있는 그대로 현상되는 게 아니라 내가 만들어낸 결과가 현상된다. 그래서 릴케는 세계란 우리들의 내면 말고는 어디에도 없다고 외쳤다.

인간은 특정한 인과관계와 유형으로 현실을 구성하고 의미를 부여한다. 자연에서 유형과 의미를 찾아내려는 강박이 생존에 어느 정도 도움이 되었으리라고 미국의 과학자 마이클 셔머는 설명했다. 먼 옛날에 원시인이 덤불에서 어떤 소리를 들었을 때 세 가지 방식 가운데 하나로 반응했을 것이다. 첫째, 부스럭거리는 소리를 무시한다. 둘째, 부스럭거림을 바람으로 여긴다. 셋째, 나를 공격할 수도 있는 무언가로 부스럭거림을 해석한다. 여기서 마지막의 경우로 반응한 사람에게 주목할 필요가 있다. 만에 하나 자신을 노리는 무언가 때문에 소리가 났다면 셋째 방식으로 반응해서 부리나케 달아난 경우에만 생존확률이 올라갔다. 작은 소리에도 흠칫했던 사람들이 여러 위험신호를 읽어내고는 살아남아 우리의 선조가 됐다. 불안해하면서 갖가지 추측을 일삼던 조상들의 후예답게 우리는 소리를 소리 자체로 인식하지 못한다.

비록 원시인들의 조바심을 이어받았더라도 우리는 원시인보다 나을 수 있다. 원시인들과 달리 자신의 세계가 실재라는 착각에서 벗어나는 것만으로도 마음이 환해진다. 대부분 사람은 평생 자신이 자신의 세계를 만들었다는 걸 이해하지 못한다. 자신이 세계라고 믿는 것들이 세계 자체가 아니라는 사실을 깨닫지 못한다.

힌두교와 불교는 세상이 환영이라고 설파했다. 이 가르침은 세계가 보이는 대로 존재하는 게 아니라 우리 자신과 결부되어 생겨났다는 의미이다. 우리는 세계 자체를 경험하지 않는다. 자신의 내면을 체험한다. 진짜 현실이라고 믿어온 세계는 알고 보면 자아가 만든 현실이다. 내가 생각하는 나의 모습도 세계가 만들어진 것과 동일한 방식으로 내가 만들어낸 산물이다. 우리가 생각하는 나란 진짜 내가 아니다.

감각과 언어의 구속에서 벗어나고자 현자들은 내면으로 들어갔다. 심층으로 들어가면 왜 자신의 세계가 그렇게 만들어졌는지 이해할 수 있고, 언어로 구성되기 전의 실재를 만날 가능성도 있다. 불립문자, 언어도단의 차원으로 나아가는 것이다.

불편한 자아

나는 확신한다 — 인간은 진짜 고통을, 다시 말해서 파괴와 혼돈을 결코 거부하지 않는다고. 고통 — 이것이야말로 자의식의 유일한 원인이다. 나는 이 수기의 첫머리에서 자의식은 인간에게 가장 큰 불행이라고 말한 바 있지만 인간이 그 불행을 사랑하여 어떤 만족과도 바꾸지 않는다는 것을 나는 잘 알고 있다.

표도르 도스토예프스키, 『지하생활자의 수기』

어떤 면에서는 우리는 홀로 갇혀 산다. 다른 사람들과 말을 하거나 글을 써서 의사소통할 수가 있고, 외부에서 무슨 일이 일어나는지 오감을 통해서 인식할 수 있다. 그러나 우리는 본질적으로 항상 혼자이다.

스티브 테일러, 『자아폭발』

내면을 탐구하면서 우리는 자아와 마주한다. 자아는 생각, 감정, 상상, 의지, 계획, 욕망 등 마음이 일으키는 여러 움직임을 대표한다. 자기동일성을 기반으로 작동하는 의식이 자아다. 타인과 다른 개체성을 확립해주는 자기동일성이 없다면 자아가 있을 수 없다.

2012년에 영국에서 열린 학회에서 신경과학자들은 '의식에 관한 케임브리지 선언'을 발표했다. 선언문에 따르면, 인간만이 의식을 생성할 수 있는 유일한 존재가 아니다. 모든 포유류와 조류, 그리고 문어를 비롯해 많은 생물이 의식을 생성시키는 신경을 갖고 있다. 자의식을 확인하는 간단한 동물실험도 거듭 이뤄졌다. 마취시킨 동물의 이마에 점을 찍은 뒤 깨어난 동물에게 거울을 보여줬을 때, 자의식이 있으면 거울에 비친 자기 모습에서 점을 발견하고는 유난스레 만져보거나 없애려 든다. 자의식이 없는 동물은 거울을 보고도 다른 동물과 마주한 것처럼 행동한다. 실험결과 많은 동물이 자의식을 갖고 있다.

인간의 자의식은 두 살 즈음부터 생기기 시작해서 아주 강력하게 형성된다. 1,000억 개가 넘는 뇌 신경세포를 갖고 태어난 인간은 다섯 살 때까지 신경연접부가 최대로 발현되어 10만 개까지 늘어난다. 1,000억 개의 세포에 10만 개의 연접부가 생겨나니, 경이로운 숫자인 1경에 이른다. 별의 숫자만큼이나 천문학적인 신경연접부가 머릿속에 있다. 관측 가능한 우주 안에는 1,000억 개의 은하가 있고, 적게는 1,000만 개의 별로 이뤄진 은하부터 많게는 100조 개의 별로 이뤄진 은하까지 다양하다. 우주의 별이 태어났다가 소멸하듯 우리의 신경연접부도 그러하다. 외부의 자극에 따라 자주 활성화하는 신경망은 연결이 조밀해지면서 강화된다. 반면에 사용하지 않는 신경연접부는 가지치기가 이뤄진다. 들판에서 처음엔 어디로든 갈 수 있었는데 하나의 길이 뚜렷하게 생긴 다음에는 그쪽 길로만 걷게 되듯 인간의 뇌도 특정한 신경연접부만 남는다. 특정한 뇌 신경망에 따라 특정한 성질을 갖게 된다. 자아의 탄생이다.

자아란 뇌 신경망에서 온갖 전기신호가 생겼다가 사라지는 가운데 반복되는 단일한 궤적을 가리킨다. 자아는 독립 실체처럼 행세하지만 실제로는 찰나에만 존재한다. 뇌의 신경세포는 계속 만들어졌다가 끊어진다. 자아가 고정될 수 없는 이유이다.

자아는 마치 자신이 행동을 주관한다고 으스댄다. 그런데 막상 독립된 나를 찾으려고 하면 어디서도 찾을 수 없다. 경험과 분리된 경험자는 없다. 오직 수많은 경험이 있을 뿐이다. 스스로 생각하는 나는 없다. 그저 일어나는 생각작용을 자신이 하고 있다는 착각이 있을 따름이다. 자아는 연기자라기보다는 연기 그 자체이다. 자아란 무의식중에 만들어진 정신의 관성이다.

이처럼 실체가 없는데도 왜 자아는 있는 걸까? 특정한 혜택을 산출하기 때문이다. 자아 덕분에 삶의 효율성이 올라간다. 자아는 생존과 번식을 도모하고자 세상을 분별하고 범주화한다. 자아는 끊임없이 자신을 점검하고 타인을 평가하고 세상을 해석한다. 자아는 자신만의 습관과 세계관을 추구하고 생존과 번식에 기여하면서 존재감이 커진다.

　자아 덕분에 생존하더라도 자아 때문에 인생이 곪는다. 자아가 너무 강한 나머지 자아가 자신을 지배하는 일이 벌어진다. 그림자가 본체를 잠식하는 꼴이다. 자아가 강하다는 건 자신의 몇 가지 성향을 강화해 너무나 확고한 가치관과 행동방식을 갖고 있다는 의미이다. 자아가 공고하면 역지사지할 줄 모른다. 권위주의에 사로잡힌다. 삶의 유연성과 생생함이 떨어진다. 자신에 대한 오해가 심해진다. 자아를 자신의 전부라고 믿는다. 자아도취에 빠진다.

　자아도취가 되면 자아를 나라고 인식하게 되는데, 나는 결코 자아가 아니다. 자아가 나라면 나의 뜻대로 자아를 바꿀 수 있어야 하는데, 그렇지 못하다. 성격, 습관, 믿음, 취향, 정치성향, 성적지향, 감수성 등을 부침개 뒤집듯 바꾸지 못한다. 뇌 신경회로에서 관성처럼 작동하는 자아를 고치기 쉽지 않다. 자아를 마음대로 조정할 수 있다는 생각이야말로 나를 자아와 동일시하는 데서 비롯되는 착각이다. 우리는 자아를 뜯어고칠 수 없다. 다만 자아로부터 빠져나올 수 있을 뿐이다. 자아와 동일시하는 걸 그만두면 자연스럽게 우리의 본질이 드러난다.

　내가 자아가 아니라는 결정적인 증거가 있다. 불편함이다. 자아에 파묻혀 있을 때는 마음이 편치 않다. 뭔가 문제가 있다는 느낌을 받는다. 자아가 진짜 나라면 스스로 힘들어하지도 않을 것이고, 자아를 개선하려고 노력할 필요도 없을 것이다.

　자아는 외부세계에 수많은 타자를 만들어내지만, 막상 자아야말로 타자이다. 타자인 자아로서 존재하던 내가 진정한 자기를 향하는 여행이 인생이다. 우리의 정신은 자아를 넘어 진짜 자기를 찾고자 시동을 건다. 우리는 술래잡기하듯 자기를 찾아 움직이며 인생을 만들어간다. 인생이란 나에게 다다르려는 움직임이자 자아에서 진짜 나로 넘어가는 운동이며, 무의식화된 자아에서 벗어나 진짜 자신을 의식하는 과정이다.

대다수 사람은 자신이 낯설고 삶이 휑하더라도 정작 왜 그런지 깊게 고민하지 않는다. 고장 난 기계를 고치듯 자신의 문제를 해결해달라고 상담실만 들락날락한다. 그러나 문제의 원인은 외부에 있지 않다. 내면에 있다. 자아와 어떤 관계를 맺고 있느냐가 관건이다.

자아라는 감옥

나의 자아는 사물로서의, 소유물로서의 나의 인격에 집착하는 '자아'이다. 이런 태도를 취하는 사람은 실제로는 자기 자신의 포로다. 감금당했기에 어쩔 수 없이 불행하고 공포에 사로잡힌 포로다. 진정한 자아감을 획득하기 위해서는 자신의 인격을 부수어야 한다.

에리히 프롬, 『나는 왜 무기력을 되풀이하는가』

자아는 부정당하는 것을 싫어하며 규칙을 깨거나 속일 이유를 찾는 데 도사다. 많은 종교는 쾌락과 명성에 대한 이기적인 집착이 덕행의 길에서 벗어나게 하는 끊임없는 유혹의 마수라고 가르친다. 어떤 의미에서 자아는 사탄이거나 아니면 최소한 사탄의 세계에 들어가는 문이다.

조너선 하이트, 『행복의 가설』

허풍쟁이 임원은 자신이 없으면 회사가 망한다고 큰소리친다. 그러나 임원이 평소에 어디서 뭘 하는지 몰라도 회사는 어련히 돌아간다. 자아와 나의 관계도 비슷하다. 자아가 중요한 순간마다 나타나 허세를 부리지만 자아는 나의 전부가 아니다. 일상을 관찰해보면 자아는 평소에 별로 의식되지 않는다. 문제가 생겨서 긴급회의가 열릴 때나 실적을 발표할 때 유세 떠는 허풍쟁이 임원과 자아는 유사하다.

자아의 특기는 불평불만이다. 불평불만이란 현재 자신의 여건과 환경이 탐탁지 않다는 자아의 판단이다. 고칠 점을 나무라면서 일장연설하는 임원처럼 자아는 불평불만을 습관처럼 한다. 불평불만이 나쁘기만 하지는 않다. 불평하는 것만으로 약간의 만족감이 생기고, 긴장이 더러 풀어진다. 마뜩잖은 상황을 바꾸는 계기도 마련된다. 그렇지만 상황이 개선되더라도 자아의 떨떠름함은 사그라지지 않는다.

날마다 불평하는 자신이 징글징글하다면 자아로부터 조금이나마 벗어나고 있다는 신호로 볼 수 있다. 불만을 늘어놓으려는 자아의 습성에 의구심이 생겼으니 말이다. 자아에 대한 의문이 커질수록 자아로부터 자유로워질 희망이 커진다.

물론 자아 극복은 쉽지 않다. 자아는 관료제처럼 만들어지고 난 뒤엔 자신의 크기를 더 늘리려고 할 뿐 스스로 줄어들지 않는다. 예산을 감축하려 들면 해당 부서가 반발하듯 자아도 자신이 쓰는 기운을 움켜쥐려고만 한다. 자아는 "내가 나의 전부야"라면서 우리를 이기적으로 조작한다. 결핍과 불만에서 태동한 자아는 불안하고 편협할 수밖에 없다.

자아는 속절없이 결핍을 느끼고 변함없이 불안을 토로하며 형편없이 쾌락을 탐한다. 불안과 욕망을 연료 삼은 자아에 지배당할수록 삶이 뒤숭숭해진다. 자아의 목적은 평화와 행복이 아니다. 생존과 번식이다. 우리는 자아에 휘둘려 한 생을 내달린다. 내가 사는 게 아니라 자아의 조종대로 움직인다. 자신의 사회 지위가 어떠하며, 지금까지 성취한 것들과 앞으로 달성할 목표를 뇌까리면서 고개를 뻣뻣이 치켜세운다. 자아의 감옥에 갇힌 채 자아가 자신이라고 믿는 꼴이다. 〈쇼생크 탈출〉에서 오랫동안 감옥에 갇혔다가 석방된 인물이 떠오르는 지점이다. 그는 이런 말을 남겼다. 이놈의 교도소 철책이란 게 웃겨. 처음엔 증오하지만 시간이 흐르면 차츰차츰 익숙해지고, 충분하게 세월이 흐르면 벗어날 수 없어. 길들여졌으니까.

자아에 철저하게 사육당한 나머지 자아가 감옥이라는 사실을 알아채지 못할지도 모른다. 하지만 감옥을 예쁘게 치장하더라도 감옥이라는 사실이 부정되는 건 아니다. 자아에 갇혀 있기에 인생의 많은 문제가 생겨난다. 사르트르는 "지옥, 그것은 타인들"이라는 문장을 희곡의 대사로 넣었다. 이 문장을 전복해서 해석할 수 있다. 지옥, 그것은 자아라고. 지옥은 타인 혼자 만들 수 없다. 이기적인 나와 이기적인 너가 부딪쳐야 만들어진다. 그렇다면 너와 나를 옥신각신하게 만드는 자아가 지옥의 원인이다. 지옥은 타인을 지옥으로 여기는 자아이다.

자아는 감정과 생각에 집착한 나머지 감정과 생각에 휘감기도록 만든다. 게다가 자신이 세상과 분리되어 있다고 오해한다. 자아 때문에 자신이 우주의 중심이라는 환상에 사로잡힌다. 인생 자체가 괴롭다기보다는 인생에 대한 자아의 착각 때문에 괴롭다. 자아가 위험하고 사나운 개라는 사실을 충분히 자각하라고 아일랜드의 인지신경학자 이안 로버트슨은 조언했다. 자아는 상황이 힘들면 힘들다고 날뛰고, 성공해서 부자가 되면 권력에 취해 거드름을 피운다. 자아라는 개에 목줄을 튼튼하게 채워두고 길들이지 않으면 우리는 개 같은 인간이 되어버린다.

자아는 환상의 감옥이다. 자아를 의심하면서 찬찬히 뒤지면 빠져나갈 열쇠를 찾을 수 있다. 아인슈타인은 자아로부터 해방하는 통찰을 지녔는지 그리고 해방감은 어느 정도인지가 인간의 진정한 가치를 결정한다고 발표했다. 그동안 타인과 비교하고 평가하고 미워하고 부러워하는 데 쓰던 기운을 자기 탐구에 사용하면 자아로부터 자유로워질 수 있다.

자아라는 감옥 밖으로 나오면 많은 게 달라진다. 자신이 행동의 주체라는 느낌이 옅어진다. 사람을 단정하고 차별하는 습성도 누그러진다. 그에 따라 인간관계가 자상해진다. 세상의 많은 문제는 자아의 독선과 이기심으로 말미암아 생긴다. 자아의 손아귀에서 벗어난 사람들은 너그러워지고, 행복해진다. 감옥 밖으로 나가면 감옥에 있을 때보다 많은 것들이 나아진다.

천국이란 이 세상을 하직한 다음에 가는 곳이 아니라 자아의 감옥에서 벗어난 정신상태이다. 천국에 도달하려면 자아라는 지옥을 통과해야만 한다.

자아를 넘어서

우리는 이 세상에서 아무것도 소유할 수 없다. 한순간의 우연으로 모든 것을 빼앗길 수 있기 때문이다. '나'라고 말할 수 있는 힘만이 예외이다. 우리는 바로 그 힘을 신에게 바쳐야 한다. 즉 파괴해야 한다. '나'를 파괴하는 것만이 우리에게 허락된 유일한 자유 행위이다.

시몬 베유, 『중력과 은총』

정신분석적 치료의 궁극적 목적은 주체가 자기 존재의 일관성을 보증하는 그 궁극적 '열정적 애착'을 취소하고 라캉이 '주체적 궁핍'이라 부르는 것을 체험하는 것이다. 가장 근본적인 수준에서, 근본적 환상의 장면에 대한 원초적 '열정적 애착'은 '변증화'될 수 없는 것이다. 그것은 오로지 횡단될 수만 있다.

슬라보예 지젝, 『까다로운 주체』

자아라고 믿는 것을 하나씩 벗기면 텅 비어있다. 자아는 독립된 실체가 아니라서 끊임없이 변한다. 자아에 휘둘리면 변덕이 들끓을 수밖에 없다. 인생이라는 막이 열리고, 어리석고 불안한 자아의 무대가 펼쳐진다. 자아에 홀려 있다면 비극의 주인공이 될 수

4부. 자기 심화

밖에 없다.

자아는 고통에 연루되어 있다. 인간의 자아가 강렬해진 까닭도 고통 때문이었다. 먼 옛날에 일부 조상들은 낙원 같은 곳에서 살았을 것이다. 먹을거리가 풍성했고 걱정할 일도 없었다. 하지만 환경이 끊임없이 변했다. 특히 현재로부터 7~10만 년 사이에 지구에는 수천 명의 인간만이 생존했다는 유전학 연구결과가 있다. 왜 그토록 적은 사람밖에 없었는지 여러 가설이 제기되는데, 인도네시아의 토바 화산이 대폭발해 화산재가 하늘을 뒤덮으면서 지구의 기온이 급격하게 하강했을 것이라는 가설이 지지받고 있다. 화산폭발 말고도 인류사 내내 갖가지 역경 속에서 수많은 사람이 사망했다.

살아남은 사람들은 정신의 향상을 요구받았다. 사냥방법을 개선해야 했다. 낯선 식물의 식용 여부를 식별해야 했다. 식물의 독성을 중화시키는 방법을 개발해야 했다. 음식을 보관하고 비축하는 기술이 필요했다. 물의 공급원을 찾거나 치수기술을 발달시켜야 했다. 어렵사리 구한 음식을 어떻게 분배해야 공평할지에 대한 감각이 향상되어야 했다. 추위와 더위의 대처법을 모색했다. 약자를 어떻게 대우해야 옳은지 도덕성의 고민이 깊어졌다. 이방 부족들과 교류를 시도했다. 침입자와 싸워 이길 수 있는 전략을 갖춰야 했다. 무기를 고안해야 했다. 그밖에도 많은 것들을 해결하느라 인류의 조상들은 달라져야만 했다.

시련이란 이전보다 자아가 더욱 예민해지는 사태이다. 선조들은 숱하게 생존위기를 겪으며 전보다 자신을 더 심각하게 인식하게 됐고, 불안 속에서 미래를 대비하고자 갖가지 계획을 세웠다. 자아가 강해진 만큼 이기심도 거세졌다. 유복한 환경에서는 이기심을 드러낼 이유가 없었지만 곤궁해지자 각박해졌다. 공동체를 등한시하고 자기 안위부터 챙겼다. 생존본능과 함께 이기심이 사납게 등장했다. 불안과 욕망을 거름 삼아 자아가 무성해졌다.

자아의 발달을 통해 선조들은 생존의 위기를 극복했다. 하지만 또 다른 위기를 불러들였다. 실존의 위기다. 자아에 매달리면 생존할 수 있으나 자신이 누구인지 알 수 없어진다. 자아는 고통의 해결책이 아니라 고통의 원인이 되는 지경에 이른다. 자아가 비대해지면 타인과의 차이가 크게 감각되고, 세상으로부터 분리된 채 자신이 머릿속에 갇혀 있다고 느낀다. 자아가 자신이라는 착오에 따라 고독이 생긴다.

현대인은 선조들보다 자의식이 더 강한 만큼 더 고독하다. 현대인은 인간관계의 얄팍함과 공동체의 와해 그리고 자의식의 과잉에 시달린다. 이 세 원인은 상호작용하면서 우리를 고독의 구렁텅이로 떠민다. 우리는 단단한 소속감을 잃어버린 채 심정적으로 타인들과 단절된 데다 결정적으로 자아에 틀어박혀 있다. 고독의 무게는 자아의 독재에 옴짝달싹하지 못할수록 심해진다. 비대해진 자의식에 짓눌리면 아무리 풍족해도 외로울 수밖에 없다.

그런데 현대사회 들어서 반전이 이뤄지고 있다. 지독한 고독 덕분에 자아가 달라질 가능성이 커진다. 지옥에 갇힌 것만 같은 고통에 자아가 변형된다. 이전의 고통과 다른 차원의 고통이 엄습하면 자아는 속수무책이다. 고독이라는 고통 속에서 자아는 흔들린다. 자아라는 협소한 세계에서 탈출해 더 깊은 내면으로 들어가는 기회가 고통과 함께 생긴다.

자아가 한동안 보금자리 노릇을 했더라도 시야를 가리고 미관을 해친다면 해체해야 한다. 물론 막무가내로 부술 수는 없다. 건물을 만들 때 설계도가 있듯 자아에도 설계도가 있다. 자아의 특성이 담긴 설계도엔 자아를 허물어뜨리는 방법이 암시되어있다.

자아에는 여러 특성이 있다. 특정한 목적을 이루려는 의도성, 미래를 상상하면서 장기계획을 세우는 예측성, 과거와 현재와 미래를 구별하는 시간감각성, 세계의 대상을 기호와 언어로 대체하고 상징을 사용해서 사고하는 언어상징성, 언젠가 찾아올 죽음에 대한 극도의 거부감이 자아를 이루는 주요 기둥이다. 자아의 기둥이 뽑히면 자아가 휘청거린다. 여태껏 수많은 수행자는 자아의 기둥을 무너뜨렸다. 의도와 목적의식을 내려놓거나 미래에 대한 염려와 기대에서 벗어나거나 시간감각을 누그러뜨리거나 언어와 상징에서 해방되거나 금식과 고행을 통해 생의 의지를 꺾는 시도가 전 세계 곳곳에서 이뤄졌다. 예로부터 내려오는 수행법들 가운데는 계승할 만한 것들이 수두룩하다. 대중화된 명상기법들도 따지고 보면 자아를 이완하는 기술이다.

자아가 이완되면 삶이 한결 가뿐해지고, 인성도 좋아진다. 누가 봐도 특별한 인성을 지닌 사람들에게는 공통점이 있다. 인상이 선하고, 소탈하며, 공적인 삶과 사적인 삶의 괴리가 없고, 자의식이 부재하다. 자의식이 부재하다는 건 그들에게 감정이나 견해나 믿음이 없다는 뜻이 아니다. 부자가 되고 특별해져야 한다는 강박과 허영이 없다는 의미다. 자애롭고 현명한 사람들은 외부의 유혹이나 성공에 대한 욕망으로부터 자유롭다. 그들도 처음부터 자유롭지는 않았다. 살면서 겪은 여러 고통 속에서 성장한 결과이다. 자신에게 들이닥친 고통이 자아의 속박에서 벗어나는 기회를 제공한다. 스스로 자아라는 껍질을 벗기는 사람은 거의 없으므로 시련이 때때로 선물이 된다.

노화도 선물이 될 수 있다. 주름진 자신의 얼굴을 무르익은 정신의 상징으로 긍정할 수 있다. 젊은 날에 만들어진 자아로부터 해방된 노인들은 원숙한 지혜를 잔잔하게 뿜어낸다.

자아로부터 자유로워질수록 진실을 경험한다. 불교에서는 실체 없는 자아가 우리를 옥죄고 있음을 깨달아서 자유를 얻으라고 알려줬고, 유교에서는 사사로움에서 벗어나 성인군자가 되라고 가르쳤다. 도가에서는 자아를 굶겨서 참사람이 되라고 조언했다. 그 밖에도 전승되는 슬기들은 자아의 감옥에서 벗어나도록 우리를 돕는다.

무아란 무엇인가

주관적인 관점에서 볼 때, 자아를 찾는 것은 모순을 동반한다. 왜냐하면 우리는 결국 찾는 행위를 하는 그 무언가를 찾고 있기 때문이다. 그러나 수천 년에 걸친 인간의 경험은 그 모순이 여기서 더욱 자명해질 수밖에 없음을 암시한다. 그것은 우리가 '나'라고 부를 수 있는 경험의 구성요소를 찾을 수 없다는 말이 아니라, 엄격한 방식으로 추구될 때 그 경험의 요소는 실제로 소멸되어버린다는 뜻이다.

샘 해리스,『종교의 종말』

보통의 일상적인 용법에서 '나'에는 원천적인 오류, 즉 자신이 누구라는 잘못된 인식과 환상에 불과한 정체성이 담겨 있다.

에크하르트 톨레,『삶으로 다시 떠오르기』

모두가 겪어서 알다시피 나는 불안하다. 여기서 '나'는 자아를 가리킨다. 자아가 불안한 이유가 있다. 근거가 없기에 그렇다. 자아는 실체가 아니라 기능이다. 하지만 자아는 실상을 받아들이지 못한다. 자아는 자신이 일시적이지 않고 영원하리라 착각한다. 우리는 자신을 자아라고 믿으면서 자아를 강화한다. 그럴수록 상황은 나빠진다. 자아와 동일시할수록 상처받는 일이 많아진다. 마음이 다치면 자아는 바짝 독이 오른다. 자아가 지독해질수록 고통은 더욱 커진다. 자아가 일렁이는 대로 걱정과 불안, 두려움과 짜증, 변덕과 울화통에 시달린다.

불안과 불편의 근본적인 해결책은 자아에 대한 올바른 이해이다. 자아는 이야기를 끊임없이 지어낸다. 자신의 불행이 누구 때문이라며 남을 탓하고, 세상이 잘못되어서 자기 인생이 이렇다고 책임을 전가한다. 우리는 자아에 포박된 채 자아가 주절거리는 대로 삶을 이해한다. 그러나 자아의 설명은 불완전할 뿐 아니라 때때로 완전히 틀렸다. 자아와 진실 사이엔 괴리가 있다. 자아는 세상과 타인과 나를 통제하려 드는데, 자아의 의도대로 통제되지 않아 우리는 당황하고 실망한다. 자아가 나를 주관하지 않는다. 생각들이 나의 의식 속으로 지나간다.

자아의 무수한 조잘거림이 구름이라면 진짜 나는 드넓은 하늘이다. 구름이 엉켰다가 흩어지더라도 하늘은 언제나 푸르다. 자아의 착각에서 빠져나오려면 자신을 생각에 동일시하지 말고, 생각이 등장하는 공간을 주시해야 한다. 인지심리학자들은 불교의 고승들과 공동연구를 했다. 현대 심리학과 불교는 자아가 재구성될수 있다는 점에서 일치한다. 다만 불교는 한발 더 나아가 허상일뿐인 자아의 해체를 강조한다. 고타마 싯다르타도 자아의 조종에서 벗어나면서 부처가 되었다. 그는 자기 안에서 집 짓는 자아를발견했다. 자아가 끊임없이 집을 짓는다. 우리는 그 안이 보금자리라고 믿고 있으나 알고 보면 감옥이다. 고타마 싯다르타는 집을지탱하던 모든 기둥은 부러졌고, 들보는 조각났다면서 이제 자아가 집을 지을 수 없다고 노래했다. 자아의 작용을 알아차린 고타마 싯타르타는 자아의 실체 없음을 설법했다.

무아란 세상으로부터 독립되어 존재하는 내가 있지 않다는 뜻이다. 우리는 경험의 흐름에서 떨어진 '나'라는 존재감을 지니는데, 분리된 느낌은 알고 보면 외부세계에 대한 느낌과 다르지 않다. 바깥세계의 느낌과 나 자신의 느낌을 유심히 들여다보면 두감각은 동일하다. 객관적 세계라고 느껴지는 외부와 주관적 세계라고 느끼는 자아는 알고 보면 하나이다. 관찰하는 자가 없으면관찰되는 세계가 없듯 경험된 세계는 경험하는 자가 없이는 존재할 수 없다. 경험하는 자와 경험하는 세계를 따로 분리할 수 없다.

무의식중에 어떤 정보는 밀어내면서 배제하고 다른 정보는 채택하면서 수용해 자아가 빚어진다. 이렇게 만들어진 자아는 분별

작용을 통해 경계선을 긋는다. 하지만 자아의 경계선은 불변의 빗금이 아니다. 마음이 고양될 때 자아의 경계선은 흐려지고 나와 타자를 구분하는 감각도 어슴푸레해진다. 타자화 작용이 사그라지면 자아가 지어낸 가상의 세계에서 빠져나올 수 있다. 자아의 굴레에서 벗어나면 자유로워진다. 진실을 환히 인식한다. 무아를 체험한다.

자아가 해체되면서 재구성되는 과정이 무아라는 점을 강조할 필요가 있다. 무아를 자아가 상실된 상태라고 오해하는 경우가 종종 있기에 그렇다. 현자들은 저급한 욕망이 소멸해서 24시간 365일 인자한 미소만 지으리라 기대받는다. 그러나 자아가 허상이라는 걸 깨닫는다고 해서 육체의 기능이 정지되는 건 아니다. 다만 이전처럼 이기성에 휘말리지 않을 뿐이다. 무아를 체험하면 역동하는 삶을 회피하기는커녕 오히려 더 생동하는 삶을 사랑하면서 팔팔하게 살아간다. 영성이 발달한 사람은 조용히 뜨거운 차를 마시는 일도 즐기지만 이와 더불어 사람들에게 훗훗한 자극을 선사한다.

무아 사상은 왜곡될 위험이 있다. 예컨대, 태평양전쟁 때 자살 공격을 감행한 일본인들 가운데 적지 않은 수가 무아를 오해한 것으로 보인다. 그들은 스스로 자유롭다고 여기면서 자신의 목숨을 바쳤다. 하지만 그들을 움직인 건 비속한 꿍꿍이였다. 그들은 패거리 이기심에 철저하게 복무했다. 일본이라는 커다란 자아를 위해 일벌처럼 목숨을 내팽개쳤을 뿐 결코 무아의 깨달음은 아니다.

깨달음을 얻는 과정에서 자아를 파괴할 필요도 없고, 파괴해서도 안 된다. 혹여나 자아를 해체한 뒤 더 이상 자아가 나타나지 않는다면 재앙이다. 자아가 없는 사람은 현자가 아니라 백치이다. 무아란 개인적인 것을 깡그리 부정한다는 뜻이 아니라 육신에 결박된 개인성에 얽매이지 않음을 의미한다. 자아를 혁신하면서 더 큰 정신과 이어질 때 무아가 이뤄진다. 미국의 사상가 켄 윌버에 따르면, 인간으로서 기본적인 욕망을 결여시키는 것이 아니라 개인의 특성에다가 우리 안에 내재하는 신성이 초월적으로 추가된 상태가 무아이다.

인생의 문제는 자아에 갇히는 일이지 자아가 있다는 일 자체가 아니다. 자아의 실체 없음을 깨닫고 나서도 자아는 일상의 기능을 담당한다. 하지만 이전에는 자아가 자신을 부렸다면 무아를 깨닫고 나서는 자신이 자아를 부린다. 자아는 살면서 경험하는 감각적 흐름에 붙여진 명목상의 대표이다. 자아보다 더 큰 정신이 있다는 걸 깨달으면서 영성이 발달한다. 영성이 발달하면 악착같이 군림하려 드는 자아의 가련한 허세를 부드럽게 누그러뜨릴 수 있다. 자아의 위세가 줄어드는 것만으로 인생의 많은 문제가 해소된다.

자아와 올바른 관계를 맺는 과정

욕망과 두려움, '나'라는 생각들에 사로잡혀 있는 한, 우리는 세상에서 고립되어 자아의 좁은 감옥에 갇혀 있는 것입니다. 이 자기에 대한 집착에서 벗어나는 것이야말로 우리를 세상으로 다가가게 하고, 삶을 향해 세상을 향해 자신을 활짝 열어젖히고 진정한 충만함을 느끼게 하는, 속박으로부터의 진정한 자유입니다. 우리에게 필요한 것은 자기부정이나 자기억압이 아니라, 자아에 대한 우리의 잘못된 관념으로부터의 자유입니다.

윌리엄 하트, 『고엔카의 위빳사나 명상』

낯섦은 불신과 공포를 유발한다. 낯선 자신은 오랫동안 옆집에 살았지만 한 마디도 나눈 적이 없는 이웃과 똑같다. 하지만 서로 말을 트고 조금씩 친해지면 불신은 금세 사라진다. 내부에 존재하는 당신 자신도 마찬가지다. 내부의 자신을 탐구하고 친밀한 관계를 맺으면 불신은 사라지고 조화로움이 생겨난다.

우리는 정신 발달의 두 갈래를 검토할 수 있다. 하나는 지식을 습득하고 자제력을 키우면서 자아를 성숙시키는 일이다. 또 다른 하나는 자아의 실상을 깨닫는 일이다. 두 가지는 호응한다. 자아를 성숙시키는 공부는 자아의 진실을 탐구할수록 웅숭깊어진다.

자아가 텅 비어있다는 사실을 알더라도 하루아침에 자아를 극복할 수 있지 않다. 과거처럼 행동하려는 자신에 대한 제어 훈련이 필요하다. 지눌선사가 주창한 대로 나의 실체를 깨닫고 난 뒤에도 꾸준한 수행이 이뤄져야 한다. 돈오점수.

수행 가운데 핵심은 명상이다. 명상이란 자아와 올바른 관계를 맺는 과정이다. 습성대로 움직이는 마음을 조련하면서 자아로부터 자유로워질 힘을 키운다. 명상을 통해 자아에 의존하지 않고 진짜 자신과 관계한다.

명상의 종류는 많은데, 크게 세 종류로 묶을 수 있다. 첫째는 카르페 디엠Carpe diem이다. 호라티우스의 라틴어 시에서 유래한 어휘로 현재를 잡으라는 뜻이다. 현재를 잡는 일이 말처럼 쉽지 않다. 의식은 틈만 나면 과거로 뒤돌아가고 미래로 날아가 버린다. 과거를 반성하고 미래를 예상하는 일은 필요하다. 그러나 너무 잦으면 현재를 생생하게 살아가는 데 방해된다. 과거와 미래는 자아가 만든 허구이다. 실재란 오직 이 순간뿐이다. 호흡과 함께 지금 이 순간에 의식을 두려고 연습하면 결국 현재를 잡을 수 있다. 깨어있음이란 현재를 꽉 잡은 상태이다. 깨어있으면 관습화된 해석과 자동화된 가치판단으로부터 빠져나온다.

둘째, 마음관찰이다. 생각이 떠오르는 걸 그저 바라본다. 생각이 갑작스레 나타나도 생각에 정신을 뺏기지 않고 관조한다. 천천히 호흡하면서 내면을 들여다보면, 자신을 감정 그리고 생각과 동일시하던 습성이 약해진다. 자기 안에서 생겨나는 것들을 지그시 바라보는 힘이 생긴다. 고통과 욕망에 휩쓸리던 관행이 멈춘다. 외부에서 나에게 주입하는 이야기에 휘말리지 않고, 내 안에서 지어내는 이야기에도 휘둘리지 않는다. 많은 것들이 이야기라는 사실을 알아차리면, 이야기는 뒤로 물러난다. 실재 세계가 드러난다.

내면을 관찰하면 놀랍게도 외부가 발견된다. 내면과 외부, 주체와 객체, 경험자와 경험되는 세계는 분리되지 않는다. 모두 하나라는 깨달음을 얻는 방법으로 안쪽을 보는 것이다. 그렇다면 꼭 내면만 볼 필요가 없기는 하다. 외부세계 탐구가 명상의 셋째 방법이다. 내면세계 응시가 의식을 집중하는 일이었다면 외부세계 탐구는 의식의 폭을 넓히는 일이다. 감각을 일깨워서 되도록 많은 것을 의식하면 자의식이 수그러든다. 자아의 중얼거림에 현혹되면 마주한 사람의 표정을 읽지 못하고, 새소리를 듣지 못하며, 꽃향기를 맡지 못하고, 밥을 씹으면서도 맛을 모르며, 스치는 바람도 어루만지지 못한다. 마음을 확 열어 외부세계를 최대한 세세하게 의식하면 자아로부터 빠져나올 수 있다. 의식의 확대는 격물치지의 개념과 상통한다. 사물의 이치를 궁극에까지 파고 들어가면 존재에 대한 지식 역시 극진해지고, 모든 것이 밝아진다.

의식의 확장은 우리의 일상에 곧바로 적용할 수 있다. 예컨대, 다른 생각에 빠진 채 물을 허겁지겁 마시지 말고, 이 물이 어디에서 왔을지 생각해보고 음미한다. 물맛을 넉넉히 느끼고 치아로 씹으며 혀로 휘감다가 목구멍으로 삼키는 과정 하나하나를 의식한다. 이렇게 의식의 폭을 늘리면 자아의 잠꼬대가 끼어들 틈이 없어진다. 이처럼 의식을 넓히기 위해 기독교에서는 이런 구절로 표현했다. 항상 기뻐하라. 쉬지 말고 기도하라. 범사에 감사하라.

종교의례도 일종의 명상이다. 물론 속 빈 강정 같은 종교의례가 있기는 하다. 종교를 가져서 자아로부터 해방되는 것이 아니라 자기 종교에 대한 집착으로 정신이 마비되는 경우가 흔하다. 다른 종교인을 미워하고 우월감에 취하는 일도 벌어진다. 종교가 있다면 자신이 종교를 통해 자아의 독재로부터 자유로워지고 있는지 점검할 일이다. 참된 종교는 표층에 있는 자아에서 벗어나 심층의 정신으로 갈 수 있도록 돕는다. 마찬가지로 명상은 심층의 내면으로 이끈다. 명상 덕분에 마음이 어떻게 작동하는지 깨닫는다.

너의 목소리가 들려

부름은 어떤 사회적 지위로부터 떠나라는, 즉 여러분 자신의 외로움으로 들어가 보석을 찾으라는, 즉 여러분이 사회적으로 속박되어 있을 때에는 찾기가 불가능한 것을 찾으라는 것이다. 여러분은 중심을 잃은 상태가 되며, 스스로가 그렇게 중심을 잃은 상태라고 느낄 경우, 여러분은 떠날 때를 맞이한 것이다.

조셉 캠벨, 『신화와 인생』

잠시 쉬고 침묵으로 들어가 아주 세심하게 귀 기울일 때마다 우리 자신의 가장 깊은 성질인 희미한 빛이 빛나기 시작한다. 이때 우리는 심연의 신비, 내면의 부름, 시간과 공간을 잊은 빛남의 무한한 광명으로 안내되며, 존경하는 조상들의 성장 정점이 처음 발견한 만물이 충만한 영의 영역으로 안내된다.

켄 윌버, 『통합심리학』

처음에 자아가 생겼을 때 선조들은 대화하는 기분을 느꼈을 것이다. 자아의 얘기를 충고 삼아 더 나은 선택을 했을 것이다. 그런데 반려자였던 자아가 어느새 고삐 풀린 망아지가 되어버렸다. 낮이고 밤이고 수다를 떨며 소동을 벌인다.

마음은 크게 두 가지가 있는 셈이다. 자아의 욕구에 복무하는 작은 마음은 날마다 자발없이 날뛴다. 작은 마음 뒤에 큰마음이 있다. 쉴 새 없이 떠드는 작은 마음에게 정신이 팔리면 큰마음을 알아차리지 못한다. 작은 마음은 경솔한 개처럼 짖어댄다. 개 한 마리가 짖으면 다른 개들도 덩달아 짖어대듯 작은 마음은 쉴 새 없이 말썽을 일으킨다. 그러다 짖어대던 개들이 한꺼번에 입을 다무는 때가 찾아온다. 소음이 사라진 청명한 상태가 큰마음이다. 작은 마음을 다잡으며 다독이면 일상의 중심에 큰마음이 들어선다. 외부의 자극 하나하나에 습관처럼 반응하지 않고 깨어있는 상태로 섬세하게 반응한다. 비좁은 마음이 물러나고 내면의 커다란 마음이 드러난다. 정적 속에서 자아는 잠잠해지고, 아늑한 기쁨이 감돈다.

자아를 들여다보고 나서야 자아가 혼탁하다는 사실을 깨닫는다. 우리는 평소에 자아를 다스리지 못할 뿐만 아니라 자아가 잡념의 난장판이라는 사실 자체를 잘 모른다. 자아는 왁자지껄한 소리의 다발이다. 일관된 형태처럼 보여도 그 안을 들여다보면 잡동사니다. 자아엔 여러 목소리가 섞여 있다. 지금도 여러 소리가 들린다. 방금 들었던 음악이 귓가를 맴돈다. 과거에 부모가 했던 모진 말이 훑고 지나간다. 자신이 내뱉은 독설도 상기된다. 귀를 막고 고개를 흔들어도 흩어지지 않는다. 되레 떨쳐내려 할수록 음폭이 커진다. 생각이자 믿음이자 감정이자 기억을 담고 있는 소리가 요동친다. 선원들을 유혹해서 난파시키는 바다의 요괴 같다.

우리는 스스로 통일되어 있다고 전제하고 있다. 자기동일성이 작용하지 않는다면 조현증도 없을지도 모른다. 조현증 환자는 내면에서 들리는 소리를 자신과 동일시하지 않는다. 조현증 환자들은 머릿속에서 이상한 목소리가 들린다거나 다른 사람의 생각이 들어온다고 괴로워한다. 우리가 이미 자신과 동일시해버린 이질적인 생각을 조현증 환자들은 타자화해서 고통받는다. 우리는 잡념의 소리와 자신을 동일시한다. 온갖 시끄러운 소리에 대해 스스로 생각이 많다고 오해한다. 하지만 생각은 내가 아니다. 내가 내 안의 여러 소리를 주의 깊게 살피는 건 감정과 생각을 자신이라고 간주하던 습성에서 벗어나는 과정이다. 먹구름이 하늘이 아니듯 수많은 소리가 생기더라도 나는 소리가 아니다.

물론 소리라고 다 잡소리는 아니다. 자신을 돌아보게 해주는 목소리가 있다. 작은 마음이 일으키는 소음 틈바구니에서 뚜렷한 소리가 전해질 때가 있다. 자아를 뒤흔드는 큰마음의 소리이다. 큰마음의 소리가 울리면 이산가족을 만난 것처럼 전율이 인다. 경청하면서 우리는 진정한 나와 연결된다.

명상과 기도는 큰마음의 소리를 듣고자 사용하는 전통의 방법들이다. 큰마음의 소리는 신성과 관련되어 있다. 헤겔에 따르면 큰마음의 소리를 듣는 것이 양심이다. 양심이 내면의 소리를 신의 목소리로 알아듣는다. 양심이란 신에게 봉사하는 우리의 내면이라고 헤겔은 직감했다. 우리는 양심을 통해 자신의 신성을 직관한다. 칼 융은 생애 내내 제2의 인격이 말을 걸었다고 고백했다. 자신과 대화하는 인격은 조현증과 무관하며, 오히려 누구에게나 일어나는 일이라고 주장했다. 내면의 인격은 겉으로 드러나지 않았어도 인생의 주역을 맡고 있으며, 길을 열어주고자 항상 노력한다. 칼 융이 말하는 제2의 인격이 큰마음의 목소리이자 신성의 발현이다.

큰마음의 소리는 내면의 신성에서 발원한다. 거룩한 음성을 통해 영감을 건넨다. 일례로 일본의 임상심리학자 가와이 하야오는 찾아오는 모든 사람과 상담했으나 딱 한 명 누군가를 거절하려고 했다. 그런데 그때 마음속에서 반드시 만나야 한다는 목소리가 들렸다. 그래서 가와이 하야오는 그 사람을 만났고, 몹시 힘들었으나 의미가 있었다고 회고했다. 캔더스 퍼트도 강연 중에 후천성면역결핍증후군 치료제 개발을 네가 해야 한다고 명령하는 내면의 목소리를 들었다. 캔더스 퍼트는 그 목소리가 정확히 무엇을 하라고 말하는지를 알았다.

신성한 목소리는 내가 찾던 진짜 나이고, 진짜 나가 드러나는 현상 가운데 하나이다. 가만히 귀 기울이면 맑고 옹골찬 목소리가 울려 퍼지고 있다. 신성이 나를 부른다. 응답해야 한다. 살아있다는 건 무언가 요청을 받았다는 뜻이다. 부름에 응답하는 일이 소명이다.

독이 든 성배

이미 Beruf(직업, 소명)라는 독일어 단어에, 그리고 어쩌면 한층 더 분명하게 calling(직업, 소명)이라는 영어 단어에 종교적 표상 — 즉 신으로부터 부여받은 과업 — 이 적어도 공명한다는 사실은 명백하며, 이 단어를 구체적인 경우에 강조하면 강조할수록 더욱더 뚜렷하게 느낄 수 있다.

막스 베버, 『프로테스탄티즘의 윤리와 자본주의 정신』

행복한 사람이란 오늘 하는 일이 인생과 연결되어 있음을 깨닫고 영원의 작업을 구현하는 사람이다. 그는 무한대의 일부가 되었기에 신념이 흔들리지 않으며, 현재를 완전히 소유하기에 매사에 최선을 다한다. 그러므로 인간은 자연의 신성한 과정을 가능한 한, 비슷하게 흉내 내면서 유한과 무한을 결합하는 데 힘써야 한다.

프랭크 윌첵, 『뷰티풀 퀘스천』

인생은 장미와 같다. 가시에 찔리지 않고 아름다움을 황홀하게 탐닉하기는 어렵다. 인생은 풍성한 선물이지만 선물 보따리를 풀려면 일정한 수고를 해야 한다.

태어나는 일 자체가 고생이다. 죽을 고비를 넘기며 간신히 세상으로 나온다. 엄마 뱃속과 전혀 다른 시공간에 노출된다. 빛이 쏟아진다. 귀를 자극하는 별의별 소리가 울린다. 낯선 냄새가 코를 진동한다. 공기가 몸을 휘감는다. 타인들이 있어서 긴장된다. 허파로 호흡해야 한다. 탯줄이 끊어지면서 아프다. 태어날 때 생겨나 평생 나의 한복판에 간직되는 상흔이 배꼽이다. 숨 쉰다는 건 상처를 받았다는 뜻이다.

충격과 고통 속에서 깨어난 정신은 자아를 만든다. 정신은 자아를 통해 생존을 추구한다. 우리는 자아가 자신인 줄 알고 열심히 살아간다. 성공하고자 노력한다. 하지만 타인으로부터 인정받거나 부유하다고 성공하는 건 아니다. 삶의 성공이란 자신과 어떠한 관계를 맺는가에 따라 좌우된다. 평판이 좋아도 자신을 정녕 알지 못하면 실패자가 된다. 자신에 대한 실망보다 더 큰 상처는 없다.

남들이 우러르는 성공을 하고자 세상이 닦아놓은 데로 가면 길을 잃게 마련이다. 넓고 큰 길이 미로로 돌변한다. 주변 사람들 모두 후회하고, 자신도 탄식한다. 뒤늦게라도 새로운 길을 찾으면 다행이다. 하지만 많은 이들이 한숨을 내쉬면서도 기존의 길을 고집한다.

세상이라는 미궁에서 빠져나오려면 소명이 필요하다. 소명은 아픔에서 비롯한다. 허무하게 삶을 흘려보내면 고통스럽다. 어떻게 살아야 할지 고민하는 가운데 큰마음의 소리가 내면에서 들린다. 이러한 부름이 소명이다. 소명에 응답하면 자기만의 길을 가게 된다. 자기만의 길을 가야만 세상이라는 미궁에서 탈출한다.

인간은 존재 이유를 굳이 찾는다. 자신의 숨결이 세상으로 녹아들 때 의미가 있기를 원한다. 소명을 찾아 삶의 의미를 구하려 든다. 현자들도 마찬가지다. 고타마 싯다르타는 고행 끝에 중도를 깨닫고는 다시 세상으로 돌아갔다. 예수는 광야를 헤매다 마귀의 시험을 물리치고는 복음을 전하러 갔다. 위대한 현자들은 잠깐 세상과 거리를 두더라도 끝내 소명을 따른다.

나에게 요청하는 무언가는 나 자신과 동떨어져 있지 않다. 소명은 내면에서 울리는 부름이고, 내 안의 생명이 깨어나 나에게 주는 임무이며, 나 스스로 도맡은 책임이다. 소명을 통해 왜 태어났는지 깨닫는다. 이전까지는 왜 살아야 하는지도 모른 채 건성으로 살았다면 소명이 생긴 사람은 하루하루 정성을 쏟는다.

소명은 편안치 않다. 손사래를 치면서 고개를 돌렸던 바로 그것이 자신의 소명일 가능성이 크다. 세속의 관점에서 소명이란 사서하는 고생에 지나지 않는다. 독이 든 성배다. 하지만 소명을 거부한다는 건 내면의 신성을 부정하면서 자아의 콧대를 치켜세우는 일이다. 소명을 거역하고 기존의 자아를 고집하면 내면의 신성은 괴물로 변한다. 괴물이 되지 않으려면 독이 든 성배를 마셔야 한다. 성배에 든 독은 자아에게만 독이다. 자아는 쓰러지고 내면의 신성은 소명 덕분에 더 강력하게 깨어난다.

자아에 묶여 있다면 소명을 알기 어렵다. 기존의 자아는 생존과 번식이 원활하도록 남들이 부러워하는 잘 닦인 길을 고집하며 소명에 저항한다. 자아라는 멍에가 약해질수록 소명이 뚜렷해진다. 자기를 따르려는 사람은 누구든지 자아를 버리고 제 십자가를 지고 따라야 한다고 예수는 가르쳤다. 이기심을 내려놓고 짊어진 십자가가 소명이다.

자아는 워낙 검질기므로 소명조차도 포섭할 수 있다. 소명도 이야기를 지어내는 자아가 만들어낸 허구일지도 모른다. 그럼에도 소명을 따르면 자아는 재구성될 수밖에 없다. 소명을 따르면서 욕망, 두려움, 허영, 이기심이 줄어들고, 그만큼 개운해진다.

소명을 따르는 길이 꼭 세속의 부귀영화를 뒤로하는 건 아니다. 소명이 권력과 절묘하게 어우러진 인물로 로마의 황제 마르쿠스 아우렐리우스가 있다. 당시 로마의 위세는 어마어마했다. 모든 길은 로마로 통했다. 막강한 만큼 황제들은 권력에 취했고, 자아에 먹혀버렸다. 로마제국의 기반을 마련한 율리우스 카이사르도 정복되지 않은 반인반신이라는 문구를 자신의 조각상에다 새겼다.

반면에 아우렐리우스는 신성을 체험했다. 삶과 죽음을 곱씹으면서 자기가 누구인지 일깨우는 문장을 읽고 썼다. 무시무시한 권력을 거머쥐었으나 세상의 모든 사람을 동등한 존재로 생각했다. 공동체를 위한 헌신을 소명으로 여기고는 깨어있는 상태를 지켰다. 아우렐리우스가 죽으면서 로마제국의 전성기는 저물었다. 아우렐리우스는 죽었어도 그의 명성은 죽지 않았다. 그는 자기 자신을 다스린 덕분에 인생이라는 시험에서 성공했다. 아우렐리우스는 자신이 누구인지 알았고, 자신이 거둔 지혜를 사람들과 나눴다.

북미 원주민의 가르침에 따르면, 자기를 아는 일이 사람에게 가장 필요하고, 인생이라는 여행길에서 자기만의 선물을 공유하는 일이야말로 가장 가치 있다. 자신이 누구인지 알면 삶의 방향을 확실하게 정할 수 있다. 낡은 길을 버리고 새로운 길로 나선다. 지도도 없이 사람들의 발자취도 없는 세계로 자신을 내던진다. 해야 할 일을 깨달은 사람은 남들의 눈에 바보처럼 보일지 몰라도 순간순간 환희 속에서 산다.

소명을 위해 매진했다면 죽음이 찾아와도 미련 없이 떠날 수 있다. 지금의 내가 없어도 이 세상의 수많은 '나'가 소명을 갖고 최선을 다할 게 분명하니 말이다.

숭고한 황홀경

이제 그 무엇도 더는 그를 구속할 수 없기에, "해탈한 자"는 어떤 행동 영역에서도 자유롭게 행동할 수 있다. 행동한 자가 더는 "그 자신"으로서의 그가 아니라, 그저 어떤 비인격적인 하나의 도구이기 때문이다.

미르체아 엘리아데, 『요가』

에고는 영에 대한 장애가 아니라 영의 찬란한 현현이다. 에고의

형상을 포함하여 모든 형상은 공과 다르지 않다. 에고를 제거할
필요는 없고, 오히려 단순히 어떤 충만함으로 에고와 더불어 사
는 것이 필요하다. 자기동일시가 에고로부터 흘러나와 온우주
전체로 들어갈 때, 에고는 개개의 참나가 실제로는 브라만과 같
다는 것을 발견한다.

켄 윌버, 『켄 윌버의 일기』

우리는 죽는다. 그 누구도 예외일 수 없다. 죽을 확률은 에누리 없
이 100%다. 자아는 생존을 위한 체계이므로 어떻게든 죽음을 피
하려고 애면글면한다. 죽음을 두려워하는 자아에게 진실을 알려
줘야 한다. 죽음은 반드시 들이닥칠 거라고.

삶이란 시한부다. 우주에 비하면 우리는 극히 짧은 시간 살다
가 사라진다. 머지않아 죽는다는 진실은 굉장한 충격을 선사한다.
죽음을 붙잡고 사색에 잠기는 만큼 인간은 달라진다. 죽음을 통해
인간이 바뀐다는 증거가 충분히 축적되어 있다. 극적인 사례는 죽
었다 살아난 사람들의 경우이다. 심장이 정지되고 사망진단이 내
려졌다가 되살아난 사람들이 꽤 있다. 임사체험이다. 임사체험을
한 사람들은 마치 짜기라도 한 것처럼 하나같이 변했다. 세속에서
의 성공이나 물질에 집착하지 않았다. 가까운 사람들과 진솔한 관
계를 맺으려 노력했다. 자신에게 주어진 날들을 최대한 귀하게 여
겼다.

그렇다면 자아에서 벗어나기 위해서라도 죽음이 필요하다. 실
제로 죽을 수는 없으니 상징적인 죽음을 맞아야 한다. 일상에서
경험하는 숭고함은 상징적인 죽음의 맛보기이다. 장엄한 우주와
신비로운 자연과 훌륭한 사람이 선사하는 놀라움 앞에서 자아는
감동해 허물어진다. 자아의 기능이 짧게나마 마비된다. 마비란 일
종의 죽음이다.

버트런드 러셀도 정신의 마비를 겪으면서 신비체험을 한 적이

있다. 어느 날 격심한 통증에 시달리는 화이트헤드 부인을 봤다. 그녀가 모든 사람과 모든 것으로부터 차단된 것처럼 느껴졌다. 바로 그때 인간의 영혼이 모두 고독하다는 느낌이 엄습하더니 발밑의 땅이 꺼지는 것 같았다. 발작하는 화이트헤드 부인을 통해서 엄청난 고통과 고독을 느낀 러셀은 지고의 사랑 말고는 그 어떤 것도 해로우며 잘해봤자 무용하다는 깨달음을 얻었다. 신비체험은 러셀을 바꿔놓았다. 제국주의자에서 평화주의자로 변신했다. 수리의 정확성과 분석철학에 매달리지 않고 아름다움에 대한 황홀한 감정을 느끼면서 인생을 감내하게 해주는 철학을 찾았다. 아이들에게 깊은 관심이 생겼다. 인간관계는 훨씬 진실해졌다.

자의식이 마비되는 체험은 자아의 감옥에서 가석방되는 일이다. 자아가 누그러지더라도 시간이 지나면 우리는 다시 감금된다. 바로 그렇기에 수행자들은 완전한 석방을 희망하면서 상징적인 자살을 시도한다. 음식을 최소한으로만 섭취하고 성행위를 삼가며 수면마저 거부한다. 육신의 기본 욕구를 부정하면서 죽음 같은 고통을 자초한다. 상징적인 자살은 겉보기엔 떨떠름한데 뜻밖에도 긍정적인 변화를 산출한다. 상징적인 자살을 통해 이기심과 어리석음이 정화된다. 상징적인 죽음이라는 통과의례를 거치면서 인간은 자아의 감옥으로부터 풀려나온다.

넬슨 만델라는 감옥에서 상징적인 죽음을 겪고 자아라는 감옥에서 풀려난 인물이다. 만델라가 감옥에 갇혔던 기간은 무려 27년이다. 지독한 응어리가 생길 법한데, 만델라는 복수심에 불타는 괴물이 되기는커녕 오히려 거인으로 성장했다. 그는 자신을 악랄하게 괴롭히던 간수들마저도 좋은 점이 있다고 확신했다. 타고난 선의를 개발할 수만 있다면 모든 사람이 좋다는 사실은 이론의 여지가 없다고 선언했다. 넬슨 만델라는 감옥에 갇혀 있었으나 마음이 만들어낸 분노의 감옥에서 탈출해 위인으로 거듭났다.

자아의 감옥에서 해방된 사람은 새로운 삶을 산다. 자신을 얽매던 것들이 벗어난 만큼 한층 자유로워진다. 기독교식으로 표현하면 부활을 체험하는 것이다. 사도 바울은 그리스도와 함께 자신이 십자가에 못 막혔으니 이제는 내가 사는 것이 아니고 오직 내 안에 그리스도께서 사시는 것이라고 설교했다. 불교식으로 표현하면 백척간두진일보하여 미망에서 벗어나는 것이다. 백 척의 높은 장대 위에 있다는 건 매우 위태로운 상황이다. 그런데 한 걸음을 더 내딛어야 자아가 죽고 불성이 깨어난다. 유교식으로 표현하면 살신성인殺身成仁하는 것이다. 자아가 죽어야 성인군자가 된다. 자아가 죽으면 새로운 나가 태어난다고 장자도 이야기했다. 장자는 오상아吾喪我라는 개념을 통해 자아의 장례를 치른 뒤 참사람으로 태어나라고 이야기했다.

힌두교에서는 자아에서 벗어나는 상태를 nirvāṇa, 너바나라고 일컫는다. 불이 꺼진 상태를 가리킨다. 자아가 스러진다는 건 욕심의 불이 꺼진다는 뜻이다. 이기심과 분노와 정욕으로 이글거리던 마음이 고요해진다. 동북아권에서는 너바나를 음차해서 열반이라고 부른다. 서양에선 황홀경이나 초월이라고 표현했다. 황홀경ecstasy이란 자기밖에 서 있거나 다른 곳으로 이동한다는 뜻이다. 초월transcendence은 기어올라서 넘는다는 어원을 지닌다. 자신을 추슬러서 더 높은 정신 수준으로 상승하고 끝내 자아를 초월할 때 열반에 이른다.

세계의 위대한 전통들은 하나같이 자아에서 벗어나라고 옹골차게 호통쳤다. 자아를 비우려는 노력을 일관되게 기울인 사람들은 세계 곳곳에서 무아지경에 이른다. 이기심과 속앓이로 가득했던 자아의 빈자리로 큰마음이 등장한다.

자아로부터 자유로워지려는 노력이 왜 경이로운 변화를 일으키는지 추론해볼 수 있다. 자아란 생존을 위해 만들어진 정신의 산물이다. 이해관계에 집착하는 자아를 내려놓는다는 건 뿌리 깊게 박힌 욕망으로부터 해방을 뜻한다. 빛이라곤 들어오지 않는 지하

감옥에 갇혀 있다가 풀려나는 일이 자아로부터의 해방이다. 자아의 감옥에서 나오면 자아가 그어놓은 경계들도 무너지므로 세상과 오롯이 연결된다. 나와 세상은 하나라는 감각이 생겨난다.

언제나 나를 바라보는 관찰자

나의 경험이 아무리 강렬하다 해도, 나는 말하자면 나의 일부가 아니라 관객일 뿐인 또 다른 나 자신의 존재와 그의 비판을 의식하고 있다. 또 다른 나는 나와 경험을 공유하지 않고, 다만 내가 겪는 일들을 주시하고 있을 뿐이다.

헨리 데이비드 소로, 『소로의 일기』

사실 '목격자'란 개념은 일종의 변칙이다. 실제로 존재하는 것은 일인칭일 뿐이기 때문이다. 신체로부터 지속적인 감각운동 신호가 발생한다고 볼 때 주관성은 의식적 존재의 삶에서 결코 소멸되지 않는 근본적인 사건이다.

제럴드 에덜만, 『뇌는 하늘보다 넓다』

자아는 인생의 여러 단계를 거치면서 변형된다. 처음엔 고통을 피하고자 커진다. 고통의 원인을 분석하고 타인을 경계하고 세상을 통제하려 든다. 고통과 함께 자아는 굳어진다. 그러다 감당할 수 없는 고통이 나타난다. 죽음 같은 고통이다. 자아는 당황하면서 깨진다. 자아라는 감옥에서 해방될 기회이다. 자아의 고삐가 풀리는 만큼 삶의 고통도 줄어든다. 자아가 비어있다는 진실을 알아차리기만 하면 자아의 위력은 줄어든다.

자아는 끊임없이 이야기를 지어낸다. 자아의 이야기를 통해 자신을 이해하는 일은 중요하다. 그런데 더 중요한 건 자아의 이야기를 도대체 누가 듣고 있느냐는 질문이다. 이 질문에 답하려면 이야기를 구성하는 자아에서 자아의 이야기를 듣는 존재에게로 관심을 돌려야 한다. 나의 이야기를 누구에게 전하고 있는지 곰곰 살피는 순간 뜨악해진다. 그동안 우리는 인생 서사를 만드는 데 열중한 나머지 이야기 듣는 존재를 간과했다. 우리 내면엔 자아를 바라보는 또 다른 의식이 있다. 그 의식은 자신의 인생 서사가 소설에 가깝다는 걸 간파한다. 인생 서사가 어떤 지점에서 편집이 이뤄졌는지 다 알고 있다. 이 의식은 의식을 의식하는 의식으로 관찰자라고 불린다. 관찰자는 언제나 나를 지그시 바라본다.

우리 안의 관찰자가 연구된 적이 있다. 심리학자 어니스트 힐가드와 조세핀 힐가드는 최면에 걸린 사람들 내면에서 최면에 걸리지 않는 의식을 발견했다. 최면에 걸린 사람은 자기 안의 관찰자를 전혀 알지 못했는데, 최면에 걸리지 않는 의식은 평소보다 훨씬 높은 수준의 이해력과 현실파악능력을 보여주었다. 힐가드 부부는 후속연구를 통해 관찰자와 소통하는 방법을 찾아냈다. 내 안의 관찰자와 대화하는 가장 쉬운 방법은 질문이다. 뭐든 물으면 관찰자는 답한다. 정신수련을 통해 어린이들이 관찰자를 이용하는 실험도 이루어졌다. 어릴 적부터 명상을 통해 관찰자를 의식하게 된 아이들은 눈이 가려진 상태에서도 주변을 알아낼 수 있다는 사실을 멕시코의 신경생리학자 자코보 그린버그 질버바움이 입증했다.

관찰자를 의식하지 못한 채 우리는 무의식상태일 때가 허다하다. 왜 그러는지 모르는 채 관성처럼 그것들을 한다. 그런데 가끔 자각하는 순간이 있다. 그때 자아에서 벗어나 관조한다. 어디선가 들려오는 바람소리, 코와 입으로 드나드는 숨, 몸 안에서 꾸준하게 흐르는 피, 두근거리는 심장. 수많은 것들을 주시하면 돌연 새로운 자각에 이른다. 몸이 내가 아니라 몸의 관찰자가 나이다. 생각이 내가 아니라 생각을 알아차리는 관찰자가 나이다. 관찰자는 특정한 견해를 갖고 있지 않으며 무수한 감정을 통제하지도 않는다. 그저 바라보고 있다.

현자들은 관찰자의 존재를 알고 있었다. 이를테면, 애덤 스미스는 자신의 책에서 공평한 관찰자를 몇 번이고 언급했다. 애덤 스미스에 따르면, 처음엔 암묵적으로 서로가 서로의 재판관이 된다. 타인의 꾸중과 야단을 피하고자 도덕규범을 준수하는데, 외부의 영향은 한계가 있다. 진정한 심판은 각자 양심의 법정에서 공정한 관찰자를 통해 이뤄진다. 공평무사한 관찰자의 검토를 거친 뒤에야 자신의 행위를 승인한다. 관찰자가 진짜 나이므로 과거에 저지른 잘못을 결코 잊지 못한다. 에머슨도 우리가 본래 관찰자이고 따라서 학습자이며 영원한 학생이라고 이야기했다. 우리는 자신을 관찰하면서 배우는 존재이다. 비록 특정한 형태의 몸을 지닌 내가 죽더라도 끊임없이 '나'가 생겨난다. 관찰과 학습은 영원히 이어진다.

관찰자는 자신을 이해할 때 중요한 개념이다. 평소에 우리는 누군가가 자신을 지켜보고 있다는 감각을 갖는다. 나를 응시하는 감각은 밤에 더욱 강력해진다. 노을마저 빛깔을 잃고 세상은 칠흑에 잠긴다. 아무것도 보이지 않는다. 모든 것이 사라졌는데도 나는 있다. 어둠이 세상을 집어삼키더라도 나를 앗아가지 못한다. 나의 눈부신 존재감에 눈뜬다. 나는 나와 마주한다. 관찰자로서 나를 자각하는 순간이다. 내가 언제나 주시하고 있다. 나는 나를 속일 수 없다.

정신 수준이 높은 사람들은 평소에도 관찰자의 상태로 지낸다. 자아에서 해방되어 관찰자와 합일되는 건 깨달음의 높은 경지 가운데 하나이다. 헤겔도 자기 자신을 바라보는 정신과 바라보는 대상의 합일을 이야기했다. 정신이 나타나 자신을 실현하는 과정으로 통찰의 완성이 있다. 통찰은 자기가 갖고 있던 개념의 오류를 공격하고 문제를 지적한다. 통찰은 대상과 대립한다. 대상과 분리된 채 판단하는데, 이러한 분리는 오해이다. 사실 외부의 대상으로 파악하던 내용물은 자기의 결과물이다. 외부와 자신을 구분하려는 통찰을 넘어가야 한다. 통찰의 자기부정을 거치면서 정신은 더 높은 수준으로 향상한다. 통찰의 대상이 자신이라는 진실을 알게 되면서 통찰이 완성된다. 정신이 자기를 인식하는 단계에 다다르는 것이다.

세계라는 대상이 있다는 건 세계의 관찰자가 있다는 뜻이다. 여태까지 우리는 세상이 자신과 상관없이 존재하는 것으로 전제해 왔다. 실상은 내가 만든 세계를 내가 경험한다. 감독과 배우와 관객 그리고 무대는 분리되지 않는다. 외부 사물이 자신에게서 독립되어 있다고 여기던 정신이 드디어 깨닫는다. 이 모든 것이 자신이라고. 자신의 세계는 자신이 만든 것이라고.

슈뢰딩거의 고양이

유기체의 가장 두드러진 특징들은 다음과 같다. 첫째, 내가 다소 시적으로 묘사했듯이, 다세포 유기체에서 그 톱니바퀴들은 특이하게 배치되어 있다. 둘째, 각각의 톱니바퀴는 인간의 거친 솜씨로 만든 것이 아니라 신의 양자역학에 따라서 지금까지 성취된 것 중 가장 정교하게 만들어진 걸작이다.

에르빈 슈뢰딩거,『생명이란 무엇인가』

우리는 파도처럼 그리고 모든 대상들처럼 사건들의 흐름입니다. 우리는 과정입니다. 잠깐만 한결같은…. 양자역학이 기술하는 것은 대상이 아닙니다. 그것은 과정을 기술하고 과정들 사이의 상호작용인 사건들을 기술합니다.

카를로 로벨리,『보이는 세상은 실재가 아니다』

관찰자라는 개념은 현대물리학에서 필수이다. 관찰자의 중요성을 알려주는 사고실험이 슈뢰딩거의 고양이다. 슈뢰딩거의 고양이는 오스트리아의 물리학자 에르빈 슈뢰딩거가 확률상으로 존재한다는 코펜하겐 해석을 비판하고자 제시한 실험이었는데, 시간이 흐르면서 슈뢰딩거의 의도와 달리 양자역학이란 무엇인지 알려주는 예시가 됐다.

양자역학이란 뭘까? 양자量子란 quantum의 번역어로 띄엄띄엄 떨어진 무언가를 가리킨다. 에너지는 고전물리학의 가정과 달리 비연속적으로 듬성듬성 분포한다. 역학은 힘을 받아 어떻게 운동하는지를 밝히는 학문이다. 그렇다면 양자역학이란 띄엄띄엄 떨어진 무언가가 어떠한 힘을 받으면 어떤 운동을 하게 되는지 연구하는 학문으로 경이로운 정확성을 자랑한다. 실험을 통해 측정한 값과 양자역학으로 예상한 물리량은 1천억 분의 1 이하의 오차범위 안에서 들어맞는다. 레이저와 라디오, 텔레비전과 컴퓨터, 자기공명영상과 원격통신, 전자공학과 위성항법체계 등 현대사회에서 사용되는 다양한 기술에 양자역학이 적용된다.

그런데 양자역학에는 아리송한 부분이 많다. 미국의 물리학자 리처드 파인만은 양자역학을 완벽히 이해한 사람은 아무도 없다고 단언했다. 양자역학을 두고 의견이 분분한데, 코펜하겐 해석이 주류이다. 코펜하겐 해석이란 닐스 보어를 중심으로 일군의 연구자들이 코펜하겐에서 양자역학을 설명한 내용이다. 닐스 보어는 상보성 원리를 제안했다. 상보성의 원리란 정체를 알고 싶은 대상이 파동 또는 입자 가운데 무엇으로 보일지는 관찰자가 어떤 실험을 하느냐에 좌우된다는 뜻이다. 삶의 조화를 찾으려면 자신이 존재라는 연극에 참여하는 배우이자 그 모습을 지켜보는 관중임을 잊지 말아야 한다는 옛 격언을 보어는 강조했다. 보어의 제자이자 동료인 베르너 하이젠베르크는 불확정성 원리를 발견했다. 그는 전자가 언제 어디서나 있는 것은 아니라고 생각했다. 전자는 한 장소에서 다른 무언가와 부딪히면서 물질화되고, 이때 물질화된 수치를 계산할 수 있다. 상호작용이 없으면 전자가 정확히 어디에 있는지 말할 수 없다. 상호작용이 있어야만 전자가 존재하는 셈이다. 그런데 우리가 전자를 관찰하는 과정에서 전자의 위치와 운동량에 변화가 생긴다는 문제가 발생한다. 전자의 위치와 운동량을 동시에 정확하게 측정할 수 없다는 것이 불확정성의 원리이다. 위치를 정확하게 측정하면 운동량을 답할 수 없고 운동량을 정확하게 측정하면 위치를 알 수 없다. 하이젠베르크는 관찰이 사건의 결과에 결정적인 역할을 하며 현실이 우리의 관찰 여부에 따라 달라진다는 결론을 내렸다.

현실엔 불확정성이 내재한다. 우주의 근본을 이루는 것이 물질이라면 확실한 위치와 정해진 운동량을 가지고 있어야 한다. 그러나 실재라고 여겨지는 것들을 관찰하면 어딘가에 위치하지 않거나 의미 있는 운동량을 가지고 있지 않다. 더구나 파동처럼 움직이다가 관찰하는 순간 입자로 나타난다. 코펜하겐 해석에 따르면, 양자는 관측하기 전에는 여러 상태가 중첩되어 있다. 확률적으로 가능성이 있는 서로 다른 상태로 공존하다가 관찰하는 순간 결정된다. 양자역학의 확률은 현대과학이 실재 측정에 미흡하다는 증거가 아니라 실재가 우리의 상식과 사뭇 다른 방식으로 존재함을 알려준다.

우리는 우주를 구성하는 확실한 실재가 있으리라고 간주한다. 슈뢰딩거도 마찬가지였다. 그는 확률로 존재한다는 게 얼마나 터무니없는지 보여주고자 실험을 고안했다. 외부세계와 완벽하게 차단되어 내부를 들여다볼 수 없는 상자 안에 고양이가 들어있다. 그 상자 안에 라듐 핵이 붕괴해서 가이거계수기가 방사능을 탐지하면 망치가 청산가리 유리병을 깨뜨린다. 라듐의 붕괴확률은 1시간 뒤 50%다. 1시간 뒤 라듐이 붕괴할 수도 있고 아닐 수도 있다. 상자를 열기 전까지는 고양이가 어떻게 되었을지 알아볼 수단이 전혀 없는 상황에서 고양이가 어떨 것 같으냐고 슈뢰딩거는 질문을 던졌다. 일반 상식으론 고양이는 죽어있거나 살아있다. 그런데 코펜하겐 해석에 따르면, 상자를 열어 고양이를 관측하기 전까지는 고양이는 살아있는 동시에 죽어있다. 관찰해야 생사가 결정된다. 관찰하기 전까지는 삶과 죽음의 상태가 공존한다.

슈뢰딩거의 고양이는 상상 속에서 이뤄진 실험이다. 실제로 실험한다면 고양이를 넣은 상자는 완전한 고립계가 아니다. 상자를 통해 상자의 밖과 안이 상호작용한다는 건 상자가 관측되고 있음을 의미한다. 그러므로 상자를 열지 않더라도 고양이는 죽었거나 살아있다. 고양이 사고실험은 양자역학이 어떻게 작동하는지를 보여주는 데 의의가 있다.

슈뢰딩거는 코펜하겐 해석에 맞서 격렬하게 논쟁했으나 알고 보면 양자역학의 주춧돌을 놓은 위인이다. 20세기 초반 오스트리아 빈에서 쏟아진 천재 가운데 하나였다. 자유롭고 활기찬 지적 환경에서 성장한 슈뢰딩거는 사회통념에 사로잡히지 않았고 타인이 자신을 어떻게 보는지 개의치 않았다. 슈뢰딩거는 펼쳐진 세계가 진짜가 아니라 표상이라고 주장한 쇼펜하우어의 철학을 공부했고, 힌두교의 베단타 철학에 심취했다. 이러한 배경 속에서 그는 세계가 파동이라는 걸 수식으로 설명했다.

그런데 파동은 특성상 공간으로 퍼진다면 전자는 감지되는 순간 한 지점에 도달한다. 미시세계가 파동으로 이뤄져 있더라도 관찰하는 순간 파동은 전자로서 특정한 지점에 자리한다. 전자는 골고루 공간에 다 퍼지지 않는다. 불연속하게 존재한다. 슈뢰딩거 방정식은 이미 세계의 속성이 확실한 실재가 아니라 확률로서 존재한다는 걸 선보인다. 슈뢰딩거 방정식에 등장하는 파동함수는 특정 시간 특정 위치에 전자가 발견될 확률을 계산한다. 슈뢰딩거는 확률이라는 모호성이 아니라 확실한 실재를 찾고자 했는데, 자신의 방정식을 통해 확률이 재등장했다. 자신의 방정식 때문에 확률이 도입될 것을 진작 알았더라면 결코 그것을 유도하지 않았을 것이라고 후회했다. 실재의 연속성을 방어하려 했던 슈뢰딩거는 자신이 착각했다고 시인했다. 코펜하겐 학파와 팽팽하게 대립했던 슈뢰딩거는 미시세계의 입자들이 영원불멸한 실재가 아니라 순간적인 사건으로 생각하는 것이 더 낫다고 패배를 받아들였다.

양자역학은 실재성에 의문을 던진다. 대상이 그 자체로 있는 것이 아니라 상호작용하는 관계망 속에서 확률적으로 존재한다는 양자역학의 설명은 일반인들뿐 아니라 과학자들에게도 난해하다. 공간이 휘고 시간이 어디서나 똑같지 않다는 사실을 밝혀냈고, 빛에너지가 비연속적으로 분포하는 현상을 공론화했으며, 최초로 확률을 이용해 원자 현상을 탐구한 아인슈타인마저도 코펜하겐 해석에 볼멘소리를 늘어놓았다. 아인슈타인은 대상이 관찰자와 상관없이 독립해서 존재하는 실재성을 주장했다. 인간이 달을 보지 않아도 달은 지구 밖에서 돌고 있다는 의견이다. 닐스 보어는 세상 그 누구도 달을 바라보지 않는다면 달이 그곳에 있는지 확인할 수 없으며, 달의 존재를 확인하는 방법은 달을 관찰하는 것이라고 반박했다. 확률로 존재한다는 가정에 의문을 품고 신은 주사위 놀이를 하지 않는다는 아인슈타인의 발언에 보어는 신에게 이래라저래라 명령하지 말라고 맞불을 놓았다. 보어와 아인슈타인은 몇 년에 걸쳐서 편지와 간담회와 논문 등의 방식으로 논쟁을 이어갔다. 그들은 상대의 의견에 경청하면서 자신들의 주장을 조금씩 수정했는데, 그들의 논쟁을 지켜본 과학자들은 보어의 손을 들어줬다.

자연이 이럴 거라는 예상을 자연은 경이롭게 뛰어넘는다. 양자역학은 관찰자와 무관하게 결정된 현상이란 없다고 가르친다. 실재는 확률로 존재하며 관측을 통해서만 확인할 수 있다. 이탈리아의 물리학자 카를로 로벨리는 세계가 관계와 사건으로 이뤄져 있으며, 세계를 특정한 상태의 사물이 아닌 과정으로 생각하라고 제안했다. 과정이란 하나의 상호작용에서 또 다른 상호작용으로 이어지는 경과이다. 상호작용 없이는 그 어떤 실재도 없다. 두 대상이 따로 존재하다가 관계를 맺는다기보다는 오히려 관계가 사물이라는 개념을 낳는다.

신과 인간이 상호작용하면서 세계에 여러 변화와 기적을 일으킨다고 믿었던 고대 시대가 막을 내린 뒤 독립적인 질서와 객관적인 원리로 세계가 이뤄져 있다던 근대마저 흔들린다. 관찰자와 상호작용이 중요한 개념으로 현대에 등장했다.

내면의 신성

우리 대부분은 때때로 '나', '나를', '나의 것'에 사로잡힌 상태를 부분적으로나마 일부러 잊어버림으로써, 그 순간 우리에게 제공된 그 은총들을 부분적으로나마 받을 수 있다. 영적 은총은 모든 존재의 신성한 근본바탕에서 시작되고, 사람들로 하여금 그의 최종 목적, 시간과 자아로부터 탈출하여 그 근본바탕으로 돌아가는 목적을 달성하는 일을 돕기 위해 주어진다.

올더스 헉슬리, 『영원의 철학』

세상의 모든 위대한 가르침은 거대한 에너지 창고, 지혜와 자비의 힘, 예수가 일찍이 하늘의 왕국이라 일컬었던 권능이 우리 안에 내재하고 있음을 분명히 밝히고 있습니다. 만일 우리가 그 사용법을 배울 수만 있다면 — 이는 우리가 깨달음을 추구해야 하는 까닭이기도 합니다 — 그것은 우리 자신뿐만 아니라 우리 주위의 세계마저도 변화시킬 수 있습니다.

소걀 린포체, 『깨달음 뒤의 깨달음』

언제나 나를 바라보는 존재가 있다는 데 등골이 오싹하면서도 경외심이 생긴다. 성스러움을 대할 때 두려움, 거룩함, 경이로움, 압도, 신비로움, 매혹, 장엄 등을 느낀다고 독일의 종교학자 루돌프 오토는 설명했다. 이러한 복잡한 감정을 우리는 내면과 마주하며 체험한다.

자기 안의 신성에 거룩한 전율을 느끼면 현자가 된다. 현자들은 저마다 조금씩 다른 체험을 했더라도 본질은 같다. 내면의 신성에 대한 깨달음이다. 자아에서 벗어나 내면의 신성과 하나 되는 현상을 열반, 선정, 삼매, 해탈, 견성, 본각, 득도, 구원, 초월, 황홀경 등으로 각자의 시대와 문화에 따라 표현한다. 인생길은 다양하지만 모든 길은 하나의 진리로 통한다.

이런 관점에서 삶이란 신의 씨앗이 생명으로 깨어나 싹을 틔우고 꽃을 피우고 열매를 맺는 일이다. 인간 속에 신의 씨앗이 있다고 여러 종교에서 누누이 강조한다. 신의 일부, 신의 말씀, 신의 불꽃 등으로 내면의 신성을 이야기한다. 대승불교에서는 모든 중생에게 불성이 있다고 설법한다. 불성이란 우리의 본래 성품을 가리킨다. 중생이 불성을 깨달으면 부처가 된다. 기독교와 이슬람교 역시 내면의 신성을 강조했다. 예컨대 「요한복음」을 보면 당신이 내 안에 있고 나는 당신 안에 있다는 예수의 깨달음이 담겨 있다. 하지만 시간이 지날수록 교회의 권세가 무지막지해지고, 교리체계가 경직되면서 초기의 정신이 가려졌다. 그래도 내면의 신성을 일깨우는 구절들을 곳곳에서 찾을 수 있고, 제도화된 종교에 갇히지 않은 이들을 통해서도 엿볼 수 있다. 신학자 마이스터 에크하르트는 신성이 내면에 있으니 자신의 밑바탕으로 돌파하라고 연설했다. 그는 신의 아들과 자신을 갈라놓지 않았다. 자신의 영혼에서 신의 아들이 탄생하지 않는다면 신의 아들이 서아시아에서 태어난 게 도대체 자신과 무슨 상관이 있느냐고 일갈했다. 루미는 우리의 중심에 신이 있으며 육체에 영을 결부시켜서 온 세상의 피난처가 되게 하셨다고 서술했다. 영의 길이란 육을 부순 다음 건강하게 회복시키는 과정이고, 우리는 자기 안에 묻힌 보물을 꺼내고자 자아라는 집을 부순 뒤 내면의 보물로 더 좋은 집을 짓는다고 루미는 노래했다. 칼릴 지브란은 우리 영혼 안에 감추어진 옹달샘이 솟아올라 바다로 흘러가야 한다고 글을 썼다.

그윽한 심연에 보물이 있다. 내면의 심층으로 들어가는 만큼 자아로부터 자유로워진다. 내면으로 들어가지 않으면 자아는 공포와 불안을 조성하면서 나를 옥죈다. 이기심과 꿍꿍이에 취해 말썽을 일으킨다. 욕심대로 풀리지 않는 세상살이에 골이 날수록 어리석어지고, 어리석을수록 욕심이 커진다. 악순환이다. 불교는 분노와 욕심과 어리석음, 이 세 가지 독을 지목해 우리가 왜 고통스러운지 일러준다.

세상이 가르친 지식은 세 가지 독을 해독하기는커녕 도리어 해로운 독성을 지닌 게 많았다. 그동안 우리는 성공하고자 부지런히 처세술을 학습했으나 자신의 진실을 탐색하는 데 소홀했다. 세상의 지식에 사로잡혀서는 내면의 신성을 장애물로 오해했다. 이제우리에게 필요한 건 더 많은 세상의 지식이 아니다. 도의 길은 하루하루 자아를 없애가는 길이라며 문밖으로 나가지 않고도 알 수있는 앎을 추구하라고 노자는 살포시 귀띔했다. 예수도 마음이 가난한 자에게 복이 있다고 가르쳤다.

이제껏 우리는 자신이 만든 세계인 줄 모른 채 자신의 세계 속에서 고통받으며 외부와 내면을 구분했다. 자아를 넘어서면 내면과 외부의 구별이 스러진다. 내면과 외부는 하나이다. 마찬가지로 내면의 신성은 곧 우주의 섭리이다. 나와 우주는 하나다. 누구나 자신이 누구인지 깨닫지 않으면 안 된다고 북미 원주민 체로키족의 '구르는 천둥'은 웅변했다. 구르는 천둥에 따르면, 자기를 알고자 자연에 자신의 모습을 비추면 자연의 숨결과 자신의 숨결이 같고 대지의 맥박과 자신의 심장이 한박자라는 걸 깨닫는다. 맹자는 마음을 다하는 사람은 그 바탕을 알고, 그 바탕을 알면 하늘을 안다고 강조했다. 힌두교는 내면의 진짜 나인 아트만이 우주의 실재인 브라흐만과 동일하다고 선포했다. 마이스터 에크하르트는 신의 본바탕과 영혼의 본바탕은 하나라고 설교했다. 동학에서도 내면에 하느님을 모시고 있다며 시천주侍天主를 일깨우고, 우리 안에 하늘이 있으니 사람이 곧 하늘이라고 인내천人乃天을 내세운다.

내면의 신성을 깨달으면 세상 만물이 특별해진다. 모든 것이 신성의 작품이다. 일상 구석구석이 아름답다. 살아있는 모든 순간이 눈 부신다. 인생이란 신성이 펼쳐지는 무대이다.

신비한 무

진공처럼 보이는 그 무엇도 실제로는 충만하며, 이것이 우리 자신을 포함한 만물의 바탕이라 할 수 있다. 우리가 인지하는 사물은 여기서 떨어져 나온 형태로, 이것이 처음 만들어져 유지되고 결국 소멸되는 충만한 공간을 생각해야 진정한 의미를 알 수 있다.

데이비드 봄,『전체와 접힌 질서』

사실 여러분이 가진 질량의 대부분은 양성자를 구성하는 쿼크들의 질량에서 오는 것이 아니라, 그 쿼크들 사이의 '빈' 공간의 에너지에서 온 것이다. 말하자면 입자들이 무에서 생겨났다가 곧바로 다시 무로 사라지는 격렬한 부글거림에서 나온 것이다.

레너드 플로디노프,『세계관의 전쟁』

우주에는 별들과 우리가 있다. 별과 나는 특별하게 이어진다. 나의 몸을 이루는 원자들은 별이 폭발해서 생겨난 결과물이다. 엄마 같은 별이 어마어마한 우주를 가로질러 내게 날아든다. 따사로운 별빛은 머나먼 과거에 뿌려졌다. 어쩌면 내게 닿은 별은 진작에 소멸해버렸을지도 모른다. 하지만 지금 감미로운 반짝임을 선사한다. 별빛을 바라보는 순간 머나먼 과거와 함께하는 셈이다. 우리는 별빛을 바라보면서 감탄한다. 텅 빈 우주에 별이 총총하다. 별을 바라보는 나의 눈도 초롱초롱하다. 왜 아무것도 없는 우주에 별과 나는 있는 것일까?

물리학자들은 1970년대에 기본입자의 표준모형이라 부르는 이론을 정리했다. 전자, 쿼크, 뮤온, 중성미자 등으로 이뤄진 기본입자의 표준모형을 사용해서 물질을 설명한다. 표준모형은 수많은 실험을 통해 입증됐고, 2013년에는 힉스 입자가 발견되어 재주목받았다. 그런데 표준모형으로 서술할 수 없는 무언가를 천체물리학자들이 관측했다. 은하들 주위에서 별을 끌어당기고 빛을 꺾이게 만드는 물질인데, 보거나 만질 수 없다. 무엇인지 알 수 없어서 암흑물질이라고 부르는데, 우주에는 암흑물질을 합쳐도 물질의 비율이 거의 무에 가깝다.

우주로 향했던 시선을 미시세계로 돌려도 무가 나타난다. 인간은 실체를 찾고자 물질을 파고들었고, 지금도 계속 파헤치고 있다. 물질의 최소단위가 원자이다. 원자는 화학반응으로 쪼갤 수 없는 가장 작은 입자이다. 원자와 원자핵의 비율은 축구경기장과 구슬에 비유된다. 우리가 원자라는 축구장에 들어간다면 축구장이 텅 비어있다고 느낄 수밖에 없다. 원자핵이 극미해서 원자는 무처럼 보인다. 현대 물리학계는 원자핵을 입자가속기로 깨서 더 작은 미립자들을 찾고 있다. 원자핵마저도 분해되는 복합구조로 이뤄져 있다.

우주와 원자는 사실 비어있다. 우주와 원자는 에너지와 정보로 가득하지만 견고한 실체를 지닌 물질이 아니다. 실재한다고 부르는 모든 것은 실재한다고 여길 수 없는 것들로 이루어져 있다고 닐스 보어는 논평했다. 알고 보면 모든 것이 무다. 우주의 일부이자 원자로 만들어진 나도 무다. 나를 탐구한다면 내가 텅 비어있다는 진실과 만난다. 색즉시공. 그런데 나는 그냥 무가 아니다. 분명히 있다. 이렇게 살아 숨 쉬고 있다. 신비롭게 존재한다. 무에서 아름답고 아찔한 인생이 펼쳐진다. 공즉시색.

우주의 본질이 무이더라도 유에 사로잡힌 우리에게 무는 낯설다. 인간은 무를 이해하는 데 어려움을 겪는다. 인류사에서 0은 발견된 지 얼마 안 됐고, 불교의 영향으로 탄생했다. 불교의 개념 '공'에 영향받은 인도의 수학자들이 0을 창안했고, 그 뒤로 아랍의 학자들을 통해 중세 유럽에 전해졌다. 0이라는 기호가 전달되기 전까지 서구사회에선 무를 표현할 숫자나 상징이 없었다. 다른 사회도 비슷했다. 대다수 사람에게 0이란 상상하기 어려운 개념이었다. 무를 이해한다는 건 정신이 새로운 차원으로 도약했다는 증거가 될 수 있다.

우리는 무는커녕 유를 파악하는 데도 서투른 편이다. 정규교육을 열심히 받더라도 미적분이나 삼각함수가 어렵다. 양자역학에 대한 설명을 차근차근히 듣더라도 갸우뚱하게 된다. 머쓱한 우리의 표정은 우리의 인지구조에 제약이 있음을 방증한다. 인간의 인지구조는 생존과 번식에 열성을 다하도록 설계되어있지 궁극실재의 탐구에 최적화되어 있지 않다. 자신을 파악하는 데도 신통치 못하다. 우리가 누구인지 깨닫는 데 어려움을 겪는 원인이다.

인지구조에 변화를 꾀하고자 예부터 구도자들은 남다른 노력을 기울인다. 명상한다. 기도한다. 수련한다. 금식한다. 고행한다. 공부한다. 도를 닦는다. 노래를 부른다. 춤을 춘다. 약물을 이용한다. 은총을 구한다. 적선한다. 그밖에도 여러 가지를 시도한다. 타고난 인지구조가 변형되면 무가 지각된다. 자기가 달라진다. 세계가 바뀐다. 깨달음의 순간이다.

한국에서 사람이 죽으면 돌아가셨다고 얘기한다. 죽음이란 원래 있던 곳으로 돌아가는 일이다. 그곳이 바로 무이다. 우리는 무에서 태어난 뒤 다시 무로 돌아간다. 무라고 하지만 그냥 아무것도 없다는 뜻이 아니다. 비어있음 속에서 모든 것이 생성된다. 신비한 무이다.

나의 진실

만일 인간이 이러한 의식의 단계에 도달할 수 있다면, 지구상의 생명은 35억 년이란 긴 세월 동안 미처 자아를 의식하지 못하는 유아적 상태에 있다가 인간의 출현과 더불어 비로소 스스로를 의식하는 주체적 존재로 깨어날 계기를 얻게 되는 셈이다.

장회익, 『삶과 온생명』

물리학과 화학에서 발견된 세밀한 법칙들은 우리 우주를 생명에 친화적인 우주로 만들려고 일부러 서로 짜 맞춘 것처럼 보인다. 만약 핵력과 중력 그리고 화학적 힘들이 아주 약간만 달랐더라면 지금 우리가 알고 있는 생명은 결코 진화하지 못했을 것이다.

프리먼 다이슨, 『과학은 반역이다』

우리 안에 신성이 있음을 깨닫고 자아를 넘어서 진짜 나를 발견하는 일은 양자역학을 섭렵하는 일보다 어쩌면 더 까다로울지도 모른다. 과학의 지식은 전파된다. 우리는 지구를 중심으로 태양이 도는 게 아니라 지구가 태양을 공전한다는 걸 안다. 생명이 진화한다는 사실을 거부하는 사람도 드물어진다. 양자역학과 관련된 지식도 일상으로 스며든다. 반면에 자기에 대한 오해는 좀처럼 개선되지 않는다. 안간힘을 써서 저항해야만 자아의 감옥에서 가까스로 벗어날 수 있다. 우주선을 타고 지구 바깥으로 나가는 일보다 자아의 감옥 밖으로 나가는 일이 훨씬 어렵다. 지구 밖으로 나가면 사람이 딴판이 되는 현상이 나타난다. 우주탐사를 갔다 온 뒤 영적으로 변한 우주비행사가 수두룩하다. 당연하게 여기던 지구 밖으로 나가 지구를 돌아보는 일과 당연시해온 자아 밖에서 나를 성찰하는 일은 유사한 측면이 있는 것 같다.

　　　　　4부. 자기 심화

인류사회는 근대에 들어서 혁신을 급속히 이뤄냈으나 한편으론 존재의 성스러움을 망각했다. 현대인은 물질에 홀린 채 물질의 실상인 무를 잊어갔다. 내면의 신성과 접촉하는 일이 뜸해졌다. 자신에 대한 이해도 떨어졌다. 우리는 이방인이 되어버렸다.

현대의 학문체계가 우리를 설명하려고 애쓰기는 한다. 생물학, 신경생리학, 진화심리학, 사회학, 인류학, 의학 등이 어느 정도 풀어낸다. 하지만 속이 시원할 만큼 명쾌하지 않다. 최첨단 장비를 동원해서도 '나'를 뇌에서 찾아내지 못한다. 나는 뇌 속에서 구체적인 위치를 차지하지 않는다.

현대과학으로도 좀처럼 설명하기 어려운 '나'가 있다. '나'가 이 우주가 무엇인지 묻는다. 나의 질문과 관찰을 통해 우주는 의미를 지닌다. 우주가 우리를 만들고 우리가 우주에 의미를 부여한다. 이렇게 우주에 의미를 찾으면서 질문하는 '나'는 누구인가?

적지 않은 과학자들이 신중하게 의견을 표명했다. 물리학자 유진 위그너는 의식이 있는 존재를 도입하지 않으면 이치에 맞는 양자법칙 체계를 구축할 수 없다고 결론지었다. 신이라고 불리는 우주의식이 우리를 지켜보기에 세계가 존재한다고 유진 위그너는 주장했다. 물리학자 데이비드 봄은 실재의 본질, 특히 의식의 본질은 하나의 전체로 이해해야 한다면서 코펜하겐 해석의 대안을 내놓았다. 막스 플랑크는 고도의 지능을 가진 배후의 마음이 우주를 창조한다고 표명했다. 아인슈타인은 스피노자의 신을 믿는다고 나직이 고백했다. 스피노자의 신이란 자연에 내재하면서 질서정연한 조화 속에 드러나는 에너지다. 수리학자 로저 펜로즈나 물리학자 존 휠러도 이 세상은 우연이 아니라 필연이고, 스스로 원인이 되는 과정에서 인간의 정신이 중요한 역할을 할 것이라고 추론했다.

오늘날에는 정신적 물질이라는 개념도 등장했다. 정신과 물질이라는 이원성을 해결하는 동시에 인간의 정신이 왜 만들어졌고 우주의 실체가 왜 정신적인지 설명하는 개념이다. 이미 물질 안에 정신의 속성이 들어있다. 물질과 정신은 다르지 않다. 다르게 판단하는 자아의 착각일 뿐이다. 물리를 깊게 파고들면 신비로운 세계의 근원과 만난다. 모든 곳에 스며있는 근원의 힘을 만난다. 우주의식이다. 내면의 관찰자나 신성이란 우주의식을 가리킨다.

전통의 지혜들은 우주의 위대한 힘을 깨닫기 위해 변화를 촉구한다. 대다수 종교는 단 하나의 고민으로 귀결된다. 자신의 현실성과 본래성 사이의 괴리를 어떻게 좁힐 것이냐. 자신의 현실성이 자아라면 본래성은 참나인 우주의식이다. 종교는 자아를 넘어서 참나와 통합하는 방법을 모색한다. 유교는 우리가 소인배의 상태를 넘어 성인군자에 다다르라고 가르쳤다. 도가는 만물의 도를 깨우치려 했다. 힌두교는 거짓 자아에서 벗어나 참나를 깨달으라고 강조하고, 불교에서는 모든 게 공하다는 진실을 자각하도록 수행하며, 기독교는 회개해서 구원받으라고 당부하고, 이슬람교는 신에게 순종하는 방식을 통해 이기심에서 벗어나 진리에 닿도록 이끈다.

윌리엄 제임스는 우주의 고차원 영역이 실제로 효과를 가져오니까 실재한다고 강의했다. 우주의 위대한 힘을 믿고, 자신을 더 훌륭한 사람으로 변화시키는 종교를 가지라고도 충고했다. 종교적 경험이 명확하게 입증하는 유일한 것은 우리 자신보다 더 광대한 무언가와 하나 되는 경험을 할 수 있다는 것이고 우주의 위대한 힘과 합일하면서 가장 큰 평화를 발견한다고 윌리엄 제임스는 공언했다.

인류사회를 관통하는 물음 "너 자신을 알라"는 바로 내면의 신성한 의식을 알라는 간청이다. 내가 얼마나 아름답고 경이로운 존재라는 사실에 눈뜨라는 주문이다. 우주의식이 우리를 만들었고, 우리 안에서 우리와 함께 살아간다. 신체와 기억과 생각과 감정은 당분간 내가 머무르는 시공간이다. 그것들은 부질없이 변해간다.

그것들은 나의 본질이 아니다. 나의 본질이 스스로 드러내는 과정에서 그것들을 사용하고 있을 뿐이다. 우리는 인생을 사는 동안 내가 누구인지 물으면서 시나브로 진리를 깨친다. 우주의식이 나의 어머니이자 아버지이고 나의 본질이다. 내가 우주의식과 하나라는 진실을 깨달으면 진정으로 자유로워진다. 삼라만상과 희로애락의 소용돌이에서 흔들리던 내가 우주의 중심에 선다.

우리는 언젠가 엄습할 죽음에 불안해하는 한편 자신이 정말 죽을 거라고 믿지 않는다. 자신이 영원하리라는 건 자아의 착각이지만 다른 측면에서 진실을 넌지시 암시한다. 내 안에 참나는 영원하다는 진실 말이다. 비록 나의 자아는 사라지더라도 나를 있게 한 힘, 생명의 근원은 사라지지 않는다.

참고문헌

『나는 왜 너가 아니고 나인가』, 류시화 옮김, 더숲, 2017

『도덕경』, 오강남 옮김, 현암사, 1995

『또 다른 예수』, 오강남 옮김, 예담, 2009

『바가바드기타』, 함석헌 옮김, 한길사, 2003

『우파니샤드1/2』, 이재숙 옮김, 한길사, 1996

『장자』, 오강남 옮김, 현암사, 1999

가라타니 고진,『근대문학의 종언』, 조영일 옮김, 도서출판b, 2006

가라타니 고진,『마르크스 그 가능성의 중심』, 김경원 옮김, 이산,
    1999

가라타니 고진,『트랜스크리틱』, 송태욱 옮김, 한길사, 2005

강신익,『몸의 역사, 몸의 문화』, 휴머니스트, 2007

강유원,『숨은 신을 찾아서』, 라티오, 2016

개리 마커스,『클루지』, 최호영 옮김, 갤리온, 2008

게리 클라인,『인튜이션』, 이유진 옮김, 한국경제신문, 2012

게어리 주커브,『춤추는 물리』, 김영덕 옮김, 범양사, 2007

게오르그 루카치,『소설의 이론』, 김경식 옮김, 문예출판사, 2007

게오르크 지멜,『짐멜의 모더니티 읽기』, 김덕영, 윤미애 옮김,
    새물결, 2005

게오르크 빌헬름 프리드리히 헤겔,『정신현상학1/2』, 임석진 옮김,
    한길사, 2005

고야마 이와오 외,『태평양전쟁의 사상』, 김경원, 이경훈, 송태욱,
    김영심 옮김, 이매진, 2007

고영건, 김진영,『행복의 품격』, 한국경제신문, 2019

고트프리트 빌헬름 라이프니츠,『모나드론 외』, 배선복 옮김,
    책세상, 2019

고혜경,『나의 꿈 사용법』, 한겨레출판, 2014

귀스타브 르 봉,『군중심리』, 이재형 옮김, 문예출판사, 2013

글로리아 스타이넘,『셀프 혁명』, 최종희 옮김, 국민출판사, 2016

길희성,『마이스터 에크하르트의 영성 사상』, 동연출판사, 2021

김상봉,『네가 나라다』, 길, 2017

김상봉,『서로주체성의 이념』, 길, 2007

김상봉,『자기의식과 존재사유』, 한길사, 1998

김상봉,『철학의 헌정』, 길, 2015

김상봉, 고명섭,『만남의 철학』, 길, 2015

김승섭,『아픔이 길이 되려면』, 동아시아, 2017

김영민,『김영민의 공부론』, 샘터, 2010

김원영,『실격당한 자들을 위한 변론』, 사계절, 2018

김원영, 김초엽,『사이보그가 되다』, 사계절, 2021

김형경,『사람풍경』, 사람풍경, 2012

김형경,『사랑을 선택하는 특별한 기준1/2』, 사람풍경, 2012

김홍호,『생각 없는 생각』, 솔출판사, 1999

나심 니콜라스 탈레브,『블랙스완』, 김현구, 차익종 옮김,
동녘사이언스북스, 2018

나심 니콜라스 탈레브,『스킨 인 더 게임』, 김원호 옮김,
비즈니스북스, 2019

낸시 에트코프,『미』, 이기문 옮김, 살림, 2000

낸시 폴브레,『보이지 않는 가슴』, 윤자영 옮김, 또하나의문화,
2007

노르베르트 엘리아스,『문명화과정1/2』, 박미애 옮김, 한길사,
1996/1999

노르베르트 엘리아스,『스포츠와 문명화』, 송해룡 옮김,
성균관대학교출판부, 2014

니시다 기타로,『선의 연구』, 윤인로 옮김, 비(도서출판b), 2019

니컬러스 크리스타키스, 제임스 파울러,『행복은 전염된다』,

　이충호 옮김, 김영사, 2010

니콜라스 웨이드, 『종교 유전자』, 이용주 옮김, 아카넷, 2015

닉 채터, 『생각한다는 착각』, 김문주 옮김, 웨일북, 2021

다나 해러웨이, 『유인원, 사이보그, 그리고 여자』, 민경숙 옮김,
　동문선, 2002

달라이 라마, 스테판 에셀, 『정신의 진보를 위하여』, 임희근 옮김,
　돌베개, 2012

대니얼 길버트, 『행복에 걸려 비틀거리다』, 최인철, 김미정, 서은국
　옮김, 김영사, 2006

대니얼 네틀, 『성격의 탄생』, 김상우 옮김, 와이즈북, 2009

대니얼 데닛, 『마음의 진화』, 이희재 옮김, 사이언스북스, 2006

대니얼 데닛, 『의식이라는 꿈』, 문규민 옮김, 바다출판사, 2021

대니얼 데닛, 『주문을 깨다』, 김한영 옮김, 동녘사이언스, 2010

대니얼 카너먼, 『생각에 관한 생각』, 이창신 옮김, 김영사, 2018

데이비드 로이, 『돈, 섹스, 전쟁 그리고 카르마』, 허우성 옮김,
　불광출판사, 2012

데이비드 리스먼, 『고독한 군중』, 이상률 옮김, 문예출판사, 1999

데이비드 버스, 『욕망의 진화』, 전중환 옮김, 사이언스북스, 2007

데이비드 버스, 『진화심리학』, 이충호 옮김, 웅진지식하우스, 2012

데이비드 봄, 『전체와 접힌 질서』, 이정민 옮김, 시스테마, 2010

데이비드 브룩스, 『소셜 애니멀』, 이경식 옮김, 흐름출판, 2016

데이비드 슬론 윌슨, 『종교는 진화한다』, 이철우 옮김, 아카넷,
　2004

데이비드 호킨스, 『의식혁명』, 백영미 옮김, 판미동, 2011

돈 리처드 리소, 러스 허드슨, 『에니어그램의 지혜』, 주혜명 옮김,
　한문화, 2015

디디에 앙지외, 『피부자아』, 권정아, 안석 옮김, 인간희극, 2013

디디에 에리봉, 『가까이 그리고 멀리서』, 송태현 옮김, 강, 2003

디팩 초프라, 『디팩 초프라의 완전한 행복』, 이상춘 옮김, 한문화, 2013

디팩 초프라, 레너드 믈로디노프, 『세계관의 전쟁』, 류운 옮김, 문학동네, 2013

디팩 초프라, 루돌프 탄지, 『슈퍼유전자』, 김보은 옮김, 한문화, 2017

라르스 스벤젠, 『외로움의 철학』, 이세진 옮김, 청미, 2019

라마나 마하리쉬, 『나는 누구인가』, 이호준 옮김, 청하, 2005

라울 바네겜, 『일상생활의 혁명』, 주형일 옮김, 이후, 2006

라이너 마리아 릴케, 『두이노의 비가』, 손재준 옮김, 열린책들, 2014

라이너 마리아 릴케, 『젊은 시인에게 보내는 편지』, 김재혁 옮김, 고려대학교출판부, 2006

라이언 홀리데이, 『에고라는 적』, 이경식 옮김, 흐름출판, 2017

랄프 왈도 에머슨, 『자기신뢰』, 전미영 옮김, 창해, 2015

랄프 왈도 에머슨, 『자연』, 서동석 옮김, 은행나무, 2014

람 다스, 『람 다스의 바가바드 기타 이야기』, 이균형 옮김, 올리브나무, 2024

람 다스, 『BE HERE NOW』, 이균형 옮김, 정신세계사, 2024

람 다스, 미라바이 부시, 『웰 다잉』, 유영일 옮김, 올리브나무, 2023

러셀 로버츠, 『내 안에서 나를 만드는 것들』, 이현주 옮김, 세계사, 2015

레나타 살레츨, 『사랑과 증오의 도착들』, 이성민 옮김, 비(도서출판b), 2003

레나타 살레츨, 『선택이라는 이데올로기』, 박광호 옮김, 후마니타스, 2014

레이 몽크, 『비트겐슈타인 평전』, 남기창 옮김, 필로소픽, 2019

레이첼 카슨, 『침묵의 봄』, 김은령 옮김, 에코리브르, 2011

로널드 드워킨, 『생명의 지배영역』, 박경신, 김지미 옮김,
　이화여자대학교 생명의료법연구소, 2008

로마노 과르디니, 『삶과 나이』, 김태환 옮김, 문학과지성사, 2016

로렌스 칼훈, 리처드 테데스키, 『외상 후 성장』, 강영신, 임정란,
　장안나, 노안영 옮김, 학지사, 2015

로버트 노직, 『무엇이 가치 있는 삶인가』, 김한영 옮김, 김영사,
　2014

로버트 노직, 『아나키에서 유토피아로』, 남경희 옮김,
　문학과지성사, 2000

로버트 라이트, 『도덕적 동물』, 박영준 옮김, 사이언스북스, 2003

로버트 라이트, 『불교는 왜 진실인가』, 이재석, 김철호 옮김,
　마음친구, 2019

로버트 새폴스키, 『스트레스』, 이재담, 이지윤 옮김, 사이언스북스,
　2008

로버트 웨거너, 『자각몽, 꿈속에서 꿈을 깨다』, 허지상 옮김,
　정신세계사, 2010

로버트 트리버스, 『우리는 왜 자신을 속이도록 진화했을까?』,
　이한음 옮김, 살림, 2013

로빈 던바, 『던바의 수』, 김정희 옮김, 아르테, 2018

로빈 던바, 『프렌즈』, 안진ㅅ 옮김, 어크로스, 2022

로이 바우마이스터, 존 티어니, 『의지력의 재발견』, 이덕임 옮김,
　에코리브르, 2012

로저 샤툭, 『금지된 지식』, 조한욱 옮김, 텍스트, 2009

롤랑 바르트, 『밝은 방』, 김웅권 옮김, 동문선, 2006

롤랑 바르트, 『사랑의 단상』, 김희영 옮김, 동문선, 2004

롤랑 바르트, 『현대의 신화』, 이화여자대학교 기호학연구소 옮김,
　동문선, 1997

롤로 메이, 『자아를 잃어버린 현대인』, 백상창 옮김, 문예출판사, 2015

루돌프 오토, 『성스러움의 의미』, 길희성 옮김, 분도출판사, 1987

루미, 『사랑 안에서 길을 잃어라』, 이현주 옮김, 샨티, 2005

루미, 『태양 시집』, 박은경 옮김, 문학동네, 2022

루스 베네딕트, 『국화와 칼』, 김윤식, 오인석 옮김, 을유문화사, 2008

루스 베네딕트, 『문화의 패턴』, 이종인 옮김, 연암서가, 2008

루트비히 비트겐슈타인, 『논리철학논고』, 이영철 옮김, 책세상, 2020

루트비히 비트겐슈타인, 『철학적 탐구』, 이영철 옮김, 책세상, 2019

루퍼트 셸드레이크, 『과학의 망상』, 하창수 옮김, 김영사, 2016

루퍼트 셸드레이크, 『과학자인 나는 왜 영성을 말하는가』, 이창엽 옮김, 수류책방, 2019

뤼스 이리가라이, 『나, 너, 우리』, 박정오 옮김, 동문선, 1998

뤼스 이리가라이, 『사랑의 길』, 정소영 옮김, 동문선, 2009

뤼스 이리가라이, 『하나이지 않은 성』, 이은민 옮김, 동문선, 2000

뤼트허르 브레흐만, 『휴먼카인드』, 조현욱 옮김, 인플루엔셜, 2021

르네 데카르트, 『방법서설』, 이현복 옮김, 문예출판사, 2019

르네 데카르트, 『성찰』, 이현복 옮김, 문예출판사, 1997

르네 지라르, 『낭만적 거짓과 소설적 진실』, 김치수, 송의경 옮김, 한길사, 2001

르네 지라르, 『폭력과 성스러움』, 박무호, 김진식 옮김, 민음사, 2000

리 앨런 듀가킨, 류드밀라 트루트, 『은여우 길들이기』, 서민아 옮김, 필로소픽, 2018

리사 랜들, 『천국의 문을 두드리며』, 이강영 옮김, 사이언스북스, 2015

리처드 니스벳,『생각의 지도』, 최인철 옮김, 김영사, 2004

리처드 도킨스,『악마의 사도』, 이한음 옮김, 바다출판사, 2015

리처드 도킨스,『이기적 유전자』, 홍영남, 이상임 옮김,
  을유문화사, 2010

리처드 랭엄,『악마 같은 남성』, 임옥희 옮김, 동문선, 2003

리처드 랭엄,『요리 본능』, 조현욱 옮김, 사이언스북스, 2011

리처드 랭엄,『한없이 사악하고 더없이 관대한』, 이유 옮김,
  을유문화사, 2020

리처드 로어,『불멸의 다이아몬드』, 김준우 옮김,
  한국기독교연구소, 2015

리처드 로티,『미국 만들기』, 임옥희 옮김, 동문선, 2003

리처드 로티,『우연성, 아이러니, 연대』, 김동식, 이유선 옮김,
  사월의책, 2020

리처드 로티,『철학 그리고 자연의 거울』, 김동식, 박지수 옮김,
  까치, 1998

리처드 세넷,『뉴캐피탈리즘』, 유병선 옮김, 위즈덤하우스, 2009

리처드 세넷,『불평등 사회의 인간 존중』, 유강은 옮김,
  문예출판사, 2004

리처드 세넷,『신자유주의와 인간성의 파괴』, 조용 옮김,
  문예출판사, 2002

리처드 윌킨슨,『평등해야 건강하다』, 김홍수영 옮김, 후마니타스,
  2009

리처드 탈러, 캐스 선스타인,『넛지』, 안진환 옮김, 리더스북, 2018

린 마굴리스,『공생자 행성』, 이한음 옮김, 사이언스북스, 2007

마거릿 크룩섕크,『나이 듦을 배우다』, 이경미 옮김, 동녘, 2016

마르쿠스 가브리엘,『나는 뇌가 아니다』, 전대호 옮김, 열린책들,
  2018

마르쿠스 아우렐리우스,『명상록』, 천병희 옮김, 도서출판 숲, 2012

마르틴 하이데거, 『존재와 시간』, 이기상 옮김, 까치, 1998

마리프랑스 이리구아앵, 『새로운 고독』, 여은경, 김혜영 옮김, 바이북스, 2011

마사 누스바움, 『나라를 사랑한다는 것』, 오인영 옮김, 삼인, 2003

마사 누스바움, 『시적 정의』, 박용준 옮김, 궁리, 2013

마사 누스바움, 『학교는 시장이 아니다』, 우석영 옮김, 궁리, 2016

마사 누스바움, 『혐오와 수치심』, 조계원 옮김, 민음사, 2015

마샬 버먼, 『현대성의 경험』, 윤호병 옮김, 현대미학가, 2004

마셜 로젠버그, 『비폭력 대화』, 캐서린 한 옮김, 한국NVC센터, 2011

마이스터 에크하르트, 『마이스터 에크하르트 선집』, 이부현 옮김, 누멘, 2009

마이클 가자니가, 『뇌로부터의 자유』, 박인균 옮김, 추수밭, 2012

마이클 루이스, 『생각에 관한 생각 프로젝트』, 이창신 옮김, 김영사, 2018

마이클 린치, 『우리는 맞고 너희는 틀렸다』, 황성원 옮김, 메디치미디어, 2020

마이클 브라운, 『현존수업』, 이재석 옮김, 정신세계사, 2013

마이클 샌델, 『공정하다는 착각』, 함규진 옮김, 와이즈베리, 2020

마이클 샌델, 『민주주의의 불만』, 안규남 옮김, 동녘, 2012

마이클 샌델, 『정의의 한계』, 이양수 옮김, 멜론, 2013

마이클 샌델, 『정치와 도덕을 말하다』, 안진환 옮김, 와이즈베리, 2016

마이클 셔머, 『경제학이 풀지 못한 시장의 비밀』, 박종성 옮김, 한국경제신문, 2013

마이클 셔머, 『왜 사람들은 이상한 것을 믿는가』, 류운 옮김, 바다출판사, 2007

마이클 셔머, 『천국의 발명』, 김성훈 옮김, 아르테, 2019

마이클 탤보트, 『홀로그램 우주』, 이균형 옮김, 정신세계사, 1999

마이클 폴라니, 『암묵적 영역』, 김정래 옮김, 박영사, 2015

마이클 폴리, 『행복할 권리』, 김병화 옮김, 어크로스, 2011

마티유 리카르, 『행복, 하다』, 백선희 옮김, 현대문학사, 2012

마티유 리카르, 볼프 싱어, 『나를 넘다』, 임영신 옮김, 쌤앤파커스, 2017

마티유 리카르, 트린 주안, 『손바닥 안의 우주』, 이용철 옮김, 샘터, 2003

마틴 샐리그만, 『마틴 샐리그만의 긍정심리학』, 김인자, 우문식 옮김, 물푸레, 2014

마크 롤랜즈, 『SF철학』, 책세상, 2014

마크 뷰캐넌, 『사회적 원자』, 김희봉 옮김, 사이언스북스, 2010

막스 베버, 『소명으로서의 정치』, 박상훈 옮김, 후마니타스, 2021

막스 베버, 『직업으로서의 학문』, 전성우 옮김, 나남출판, 2017

막스 베버, 『프로테스탄티즘의 윤리와 자본주의 정신』, 김덕영 옮김, 길, 2010

막스 호르크하이머, 테오도어 아도르노, 『계몽의 변증법』, 김유동 옮김, 문학과지성사, 2001

매슈 워커, 『우리는 왜 잠을 자야 할까』, 이한음 옮김, 열린책들, 2019

모 가댓, 『행복을 풀다』, 강주헌 옮김, 한국경제신문, 2017

모건 스캇 벡, 『아직도 가야 할 길』, 최미양 옮김, 율리시즈, 2011

무라카미 하루키, 『달리기를 말할 때 내가 하고 싶은 이야기』, 임홍빈 옮김, 문학사상사, 2009

무라카미 하루키, 『약속된 장소에서』, 이영미 옮김, 문학동네, 2010

무라카미 하루키, 『언더그라운드』, 양억관 옮김, 문학동네, 2010

미르체아 엘리아데, 『샤머니즘』, 이윤기 옮김, 까치, 1992

미르체아 엘리아데,『성과 속』, 이은봉 옮김, 한길사, 1998

미르체아 엘리아데,『요가』, 김병욱 옮김, 이학사, 2015

미셸 드 몽테뉴,『수상록』, 손우성 옮김, 동서문화동판, 2007

미셸 옹프레,『사회적 행복주의』, 남수인 옮김, 인간사랑, 2011

미셸 푸코,『감시와 처벌』, 오생근 옮김, 나남출판, 2016

미셸 푸코,『말과 사물』, 이규현 옮김, 민음사, 2012

미셸 푸코,『사회를 보호해야 한다』, 김상운 옮김, 난장, 2015

미셸 푸코,『성의 역사1』, 이규현 옮김, 나남출판, 2004

미셸 푸코,『성의 역사2』, 문경자, 신은영 옮김, 나남출판, 2004

미셸 푸코,『성의 역사3』, 이영목 옮김, 나남출판, 2004

미셸 푸코,『주체의 해석학』, 심세광 옮김, 동문선, 2007

미셸 푸코,『지식의 고고학』, 이정우 옮김, 민음사, 2000

미키 맥기,『자기계발의 덫』, 김상화 옮김, 모요사, 2011

미치오 카쿠,『마음의 미래』, 박병철 옮김, 김영사, 2015

미하이 칙센트미하이,『몰입』, 최인수 옮김, 한울림, 2004

바뤼흐 스피노자,『에티카/정치론』, 추영현, 동서문화동판, 2016

박문호,『뇌, 생각의 출현』, 휴머니스트, 2008

박완서,『모래알만 한 진실이라도』, 세계사, 2022

발터 벤야민,『기술복제시대의 예술품/ 사진의 작은 역사 외』,
　　최성만 옮김, 길, 2007

발터 벤야민,『모스크바 일기』, 김남시 옮김, 길, 2015

발터 벤야민,『아케이드 프로젝트1/2』, 조형준 올김, 새물결,
　　2005/2006

발터 벤야민,『일방통행로/ 사유이미지』, 최성만 외 옮김, 길,
　　2007

발터 벤야민,『1900년경 베를린의 유년시절/ 베를린 연대기』,
　　윤미애 옮김, 길, 2007

배르벨 바르데츠키,『나는 괜찮지 않다』, 강희진 옮김, 와이즈베리,

2015

배리 슈워츠, 『점심메뉴 고르기도 어려운 사람들』, 김고명 옮김, 예담, 2015

배철현, 『신의 위대한 질문』, 21세기북스, 2015

배철현, 『인간의 위대한 질문』, 21세기북스, 2015

배철현, 『인간의 위대한 질문』, 21세기북스, 2017

버트런드 러셀, 『결혼과 도덕』, 이순희 옮김, 사회평론, 2016

버트런드 러셀, 『나는 왜 기독교인이 아닌가』, 송은경 옮김, 사회평론, 2005

버트런드 러셀, 『인생은 뜨겁게』, 송은경 옮김, 사회평론, 2014

버트란트 러셀, 『행복의 정복』, 이순희 옮김, 사회평론, 2005

버지니아 울프, 『자기만의 방』, 이미애 옮김, 민음사, 2016

버지니아 헬드, 『돌봄』, 김희강, 나상원 옮김, 박영사, 2017

법정, 『살아있는 것은 다 행복하라』, 조화로운삶, 2006

베네딕트 앤더슨, 『상상의 공동체』, 서지원 옮김, 길, 2018

베르나르 앙리 레비, 『사르트르 평전』, 변광배 옮김, 을유문화사, 2009

베르너 하이젠베르크, 『물리와 철학』, 조호근 옮김, 서커스, 2018

베르너 하이젠베르크, 『부분과 전체』, 유영미 옮김, 서커스, 2023

보리스 시륄니크, 『관계』, 정재곤 옮김, 궁리, 2009

보리스 시륄니크, 『불행의 놀라운 치유력』, 임희근 옮김, 북하우스, 2006

브라이언 보이드, 『이야기의 기원』, 남경태 옮김, 휴머니스트, 2013

브라이언 헤어, 버네사 우즈, 『다정한 것이 살아남는다』, 이민아 옮김, 디플롯, 2021

브루스 립튼, 스티브 베어맨, 『자발적 진화』, 이균형 옮김, 정신세계사, 2012

브루스 링컨, 『거룩한 테러』, 김윤성 옮김, 돌베개, 2005

브루스 핑크,『라캉과 정신의학』, 맹정현 옮김, 민음사, 2002

브루스 핑크,『라캉의 주체』, 이성민 옮김, 도서출판b, 2010

브루스 핑크,『에크리 읽기』, 김서영 옮김, 도서출판b, 2007

블라디미르 마야코프스키,『대중의 취향에 따귀를 때려라』, 김성일
  옮김, 책세상, 2005

블레즈 파스칼,『팡세』, 이환 옮김, 민음사, 2003

빅터 프랭클,『죽음의 수용소에서』, 이시형 옮김, 청아출판사,
  2020

빈센트 반 고흐,『반 고흐, 영혼의 편지』, 신성림 옮김,
  위즈덤하우스, 2017

빈센트 반 고흐,『반 고흐, 영혼의 편지2』, 박은영 옮김,
  위즈덤하우스, 2019

빌 설리번,『나를 나답게 만드는 것들』, 김성훈 옮김, 로크미디어,
  2020

빌 브라이슨,『거의 모든 사생활의 역사』, 박중서 옮김, 까치, 2021

빌헬름 라이히,『성혁명』, 윤수종 옮김, 새길아카데미, 2000

빌헬름 라이히,『오르가즘의 기능』, 윤수종 옮김, 그린비, 2005

빌헬름 라이히,『파시즘의 대중심리』, 황선길 옮김, 그린비, 2006

빌헬름 라이히,『프로이트와의 대화』, 황재우 옮김, 종로서적, 1982

사라 블래퍼 허디,『어머니의 탄생』, 황희선 옮김, 사이언스북스,
  2010

사라 블래퍼 허디,『여성은 진화하지 않았다』, 유병선 옮김,
  서해문집, 2006

사사키 아타루,『야전과 영원』, 안천 옮김, 자음과모음, 2015

사사키 아타루,『이 치열한 무력을』, 안천 옮김, 자음과모음, 2013

사사키 아타루,『잘라라, 기도하는 그 손을』, 송태욱 옮김,
  자음과모음, 2012

사이드 쿠틉,『진리를 향한 이정표』, 서정민 옮김, 평사리, 2011

새뮤얼 헌팅턴, 『문명의 충돌』, 이희재 옮김, 김영사, 2016

샘 해리스, 『기독교 국가에 보내는 편지』, 박상준 옮김,
  동녘사이언스, 2008

샘 해리스, 『나는 착각일 뿐이다』, 유자화 옮김, 시공사, 2017

샘 해리스, 『신이 절대로 답할 수 없는 몇 가지』, 강명신 옮김,
  시공사, 2013

샘 해리스, 『자유의지는 없다』, 배현 옮김, 시공사, 2013

샘 해리스, 『종교의 종말』, 김원옥 옮김, 한언출판사, 2005

샹탈 무페, 『민주주의의 역설』, 이행 옮김, 인간사랑, 2006

서경식, 『소년의 눈물』, 이목 옮김, 돌베개, 2004

서산휴정, 『선가귀감』, 박현 옮김, 바나리비네트, 2000

소걀 린포체, 『깨달음 뒤의 깨달음』, 오진탁 옮김, 민음사, 2001

소스타인 베블런, 『미국의 고등교육』, 홍훈, 박종현 옮김, 길, 2014

소스타인 베블런, 『유한계급론』, 김성균 옮김, 우물이 있는 집,
  2012

송민령, 『송민령의 뇌과학 연구소』, 동아시아, 2017

쇠렌 키르케고르, 『공포와 전율 반복』, 임춘갑 옮김, 다산글방,
  2007

쇠렌 키르케고르, 『불안의 개념』, 임규정 옮김, 한길사, 1997

쇠렌 키르케고르, 『죽음에 이르는 병』, 임규정 옮김, 한길사, 2007

숀 호머, 『라캉 읽기』, 김서영 옮김, 은행나무, 2014

수전 웬델, 『거부당한 몸』, 강진영, 김은정, 황지성 옮김, 그린비,
  2013

스타니슬로프 그로프, 『심혼탐구자의 길』, 김명권 옮김, 학지사,
  2022

스타니슬로프 그로프, 『초월의식1』, 유기천 옮김, 정신세계사,
  2018

스타니슬로프 그로프, 『초월의식2』, 김우종 옮김, 정신세계사,

2018

스타니슬로프 그로프,『홀로트로픽 숨치료』, 김명권, 신인수,
  이난복, 황성옥 옮김, 학지사, 2021

스타니슬로프 그로프, 어빈 라슬로, 피터 러셀,『의식혁명』, 이택광
  옮김, 경희대학교출판문화원, 2016

스티브 테일러,『보통의 깨달음』, 추미란 옮김, 판미동, 2020

스티브 테일러,『자아폭발』, 우태영 옮김, 다른세상, 2011

스티브 테일러,『조화로움』, 윤서인 옮김, 불광출판사, 2013

스티브 라버지,『꿈: 내가 원하는 대로 꾸기』, 김재권 옮김,
  인디고블루, 2003

스티브 라버지,『루시드 드림』, 이경식 옮김, 북센스, 2008

스티븐 미첸,『마음의 역사』, 윤소영 옮김, 영림카디널, 2001

스티븐 아스마,『편애하는 인간』, 노상미 옮김, 생각연구소, 2013

스티븐 제이 굴드,『인간에 대한 오해』, 김동광 옮김, 사회평론,
  2003

스티븐 제이 굴드,『풀하우스』, 이명희 옮김, 사이언스북스, 2002

스티븐 핑커,『단어와 규칙』, 김한영 옮김, 사이언스북스, 2009

스티븐 핑커,『마음은 어떻게 작동하는가』, 김한영 옮김,
  동녘사이언스, 2007

스티븐 핑커,『빈 서판』, 김한영 옮김, 사이언스북스, 2004

스티븐 핑커,『언어본능』, 김한영, 문미선, 신효식 옮김,
  동녘사이언스, 2008

스티븐 핑커,『우리 본성의 선한 천사』, 김명남, 사이언스북스,
  2014

스티븐 휠러,『이것이 영지주의다』, 이재길 옮김, 샨티, 2006

슬라보예 지젝,『이데올로기의 숭고한 대상』, 이수련 옮김, 새물결,
  2013

슬라보예 지젝,『그들은 자기가 하는 일을 알지 못하나이다』,

박정수 옮김, 인간사랑, 2004

슬라보예 지젝, 『까다로운 주체』, 이성민 옮김, 도서출판b, 2005

신경숙, 『엄마를 부탁해』, 창비, 2008

신구 가즈시게, 『라캉의 정신분석』, 김병준 옮김, 은행나무, 2006

시몬 베유, 『중력과 은총』, 윤진 옮김, 문학과지성사, 2021

아놀드 반 겐넵, 『통과의례』, 전경수 옮김, 을유문화사, 2000

아닐 아난타스와미, 『나는 죽었다고 말하는 남자』, 변지영 옮김,
더퀘스트, 2017

아라 노렌자얀, 『거대한 신, 우리는 무엇을 믿는가』, 홍지수 옮김,
김영사, 2016

아리스토텔레스, 『니코마코스 윤리학』, 천병희 옮김, 도서출판 숲,
2013

아르투르 쇼펜하우어, 『의지와 표상으로서의 세계』, 홍성광 옮김,
을유문화사, 2015

아비샤이 마갈릿, 『품위 있는 사회』, 신성림 옮김, 동녘, 2008

아빌라의 테레사, 『아빌라의 성녀 테레사 자서전』, 고성·밀양
가르멜 여자 수도원 옮김, 분도출판사, 2015

아서 프랭크, 『몸의 증언』, 최은경 옮김, 갈무리, 2013

아서 프랭크, 『아픈 몸을 살다』, 메이 옮김, 봄날의책, 2017

아우구스티누스, 『고백록』, 김희보, 강경애 옮김,
동서문화동판(동서문화사), 2008

아이제이아 벌린, 『이사야 벌린의 자유론』, 박동천 옮김, 아카넷,
2014

악셀 호네트, 『인정투쟁』, 문성훈, 이현재 옮김, 사월의책, 2011

안토니오 네그리, 마이클 하트, 『다중』, 정남영, 서창현, 조정환
옮김, 세종서적, 2008

안토니오 네그리, 『다중과 제국』, 정남영, 박서현 옮김, 갈무리,
2011

안토니오 네그리, 『안토니오 네그리의 제국강의』, 서창현 옮김, 갈무리, 2010

안토니오 다마지오, 『데카르트의 오류』, 김린 옮김, 눈출판그룹, 1999

안토니오 다마지오, 『스피노자의 뇌』, 임지원 옮김, 사이언스북스, 2007

알래스데어 매킨타이어, 『덕의 상실』, 이진우 옮김, 문예출판사, 1997

알랭, 『알랭의 행복론』, 변광배 옮김, 디오네, 2016

알랭 드 보통, 『낭만적 연애와 그 후의 일상』, 김한영 옮김, 은행나무, 2016

알랭 드 보통, 『불안』, 정영목 옮김, 은행나무, 2012

알랭 드 보통, 『여행의 기술』, 정영목 옮김, 청미래, 2011

알랭 드 보통, 『인생학교 ─ 섹스』, 정미나 옮김, 쌤앤파커스, 2013

알랭 바디우, 『사랑예찬』, 조재룡 옮김, 길, 2010

알랭 바디우, 『사도바울』, 현성환 옮김, 새물결, 2008

알랭 바디우, 『조건들』, 이종영 옮김, 새물결, 2006

알랭 바디우, 『투사를 위한 철학』, 서용순 옮김, 오월의봄, 2013

알랭 바디우, 『행복의 형이상학』, 박성훈 옮김, 민음사, 2016

알렉상드르 코제브, 『역사와 현실 변증법』, 설헌영 옮김, 한벗, 1981

알렉시스 드 토크빌, 『미국의 민주주의1/2』, 임효선, 박지동 옮김, 한길사, 1997/2002

알베르 카뮈, 『반항하는 인간』, 김화영 옮김, 책세상, 2003

알베르 카뮈, 『시지프 신화』, 김화영 옮김, 책세상, 1997

알베르트 아인슈타인, 『나는 어떻게 세상을 보는가』, 강승희 옮김, 호메로스, 2021

알베르트 아인슈타인, 『아인슈타인이 말합니다』, 김명남 옮김,

에이도스, 2015

알프레드 노스 화이트헤드, 『과정과 실재』, 오영환 옮김, 민음사, 2003

알프레드 노스 화이트헤드, 『이성의 기능』, 김용옥 옮김, 통나무, 2021

알프레드 아들러, 『삶의 과학』, 정명진 옮김, 부글북스, 2014

앙리 르페브르, 『현대세계의 일상성』, 박정자 옮김, 기파랑(기파랑에크리), 2005

앙리 마스페로, 『불사의 추구』, 표정훈 옮김, 동방미디어, 2000

야니 스타브라카키스, 『라캉과 정치』, 이병주 옮김, 은행나무, 2006

애덤 스미스, 『국부론 ─ 상하』, 김수행 옮김, 비봉출판사, 2007

애덤 스미스, 『도덕감정론』, 김광수 옮김, 한길사, 2016

애덤 윌킨스, 『얼굴은 인간을 어떻게 진화시켰는가』, 김수민 옮김, 을유문화사, 2018

앤디 클락, 『내추럴-본 사이보그』, 신상규 옮김, 아카넷, 2015

앤서니 기든스, 『현대 사회의 성 사랑 에로티시즘』, 배은경, 황정미 옮김, 새물결, 2001

앤서니 스토, 『고독의 위로』, 이순영 옮김, 책읽는수요일, 2011

앤서니 엘리엇, 『자아란 무엇인가』, 김정훈 옮김, 삼인, 2007

앨런 월리스, 『뇌의식과 과학』, 최호영 옮김, 시스테마, 2011

어니스트 커츠, 캐서린 케첨, 『불완전함의 영성』, 장혜영, 정윤철 옮김, 살림, 2009

어빙 고프만, 『스티그마』, 윤선길 옮김, 한신대학교출판부, 2009

어빙 고프만, 『자아 연출의 사회학』, 진수미 옮김, 현암사, 2016

엄용의, 『건강 공부』, 창비, 2020

에드워드 데시, 『마음의 작동법』, 이상원 옮김, 에코의서재, 2011

에드워드 사이드, 『도전받는 오리엔탈리즘』, 성일권 옮김, 김영사,

2011

에드워드 사이드, 『말년의 양식에 관하여』, 장호연 옮김, 마티,
2012

에드워드 사이드, 『오리엔탈리즘』, 박홍규 옮김, 교보문고(교재),
2015

에드워드 사이드, 『저항의 인문학』, 김정하 옮김, 마티, 2012

에드워드 사이드, 대니얼 바렌보임, 『평행과 역설』, 노승림 옮김,
마티, 2011

에드워드 오스본 윌슨, 『바이오필리아』, 안소연 옮김,
사이언스북스, 2010

에드워드 오스본 윌슨, 『우리는 지금도 야생을 산다』, 최재천 옮김,
사이언스북스, 2016

에드워드 오스본 윌슨, 『인간 본성에 대하여』, 이한음 옮김,
사이언스북스, 2011

에드워드 오스본 윌슨, 『지구의 정복자』, 이한음 옮김,
사이언스북스, 2013

에드워드 오스본 윌슨, 『통섭』, 최재천, 장대익 옮김,
사이언스북스, 2005

에드워드 카, 『역사란 무엇인가』, 김택현 옮김, 까치, 2015

에르빈 슈뢰딩거, 『생명이란 무엇인가/정신과 물질』, 전대호 옮김,
궁리, 2007

에리히 프롬, 『나는 왜 무기력을 되풀이하는가』, 장혜경 옮김,
나무생각, 2016

에리히 프롬, 『너희도 신처럼 되리라』, 이종훈 옮김, 한겨레출판,
2013

에리히 프롬, 『사랑의 기술』, 황문수 옮김, 문예출판사, 2019

에리히 프롬, 『소유냐 존재냐』, 차경아 옮김, 까치, 2020

에리히 프롬, 『여성과 남성은 왜 서로 투쟁하는가』, 이은자 옮김,

부북스, 2009

에리히 프롬, 『인간의 마음』, 황문수 옮김, 문예출판사, 2002

에리히 프롬, 『자유로부터의 도피』, 김석희 옮김, 휴머니스트,
      2020

에리히 프롬, 『정신분석과 듣기예술』, 호연심리센터 옮김, 범우사,
      2000

에릭 캔델, 『기억을 찾아서』, 전대호 옮김, 알에이치코리아, 2014

에릭 호퍼, 『길 위의 철학자』, 방대수 옮김, 이다미디어, 2014

에릭 호퍼, 『맹신자들』, 이민아 옮김, 궁리, 2011

에마뉘엘 레비나스, 『시간과 타자』, 강영안 옮김, 문예출판사, 1996

에마뉘엘 레비나스, 『존재에서 존재자로』, 서동욱 옮김, 민음사,
      2003

에마뉘엘 레비나스, 『존재와 다르게』, 김연숙 옮김, 인간사랑,
      2010

에밀 뒤르켐, 『자살론』, 황보종우 옮김, 청아출판사, 2019

에밀 뒤르켐, 『종교생활의 원초적 형태』, 민혜숙, 노치준 옮김,
      한길사, 2020

에밀 시오랑, 『독설의 팡세』, 김정숙 옮김, 문학동네, 2004

에바 일루즈, 『낭만적 유토피아 소비하기』, 박형신, 권오헌 옮김,
      이학사, 2014

에바 일루즈, 『사랑은 왜 아픈가』, 김희상 옮김, 돌베개, 2013

에바 일루즈, 『사랑은 왜 불안한가』, 김희상 옮김, 돌베개, 2014

에이브러햄 매슬로, 『동기와 성격』, 오혜경 옮김, 21세기북스,
      2009

에이브러햄 매슬로, 『존재의 심리학』, 정태연, 노현정 옮김,
      문예출판사, 2005

에카르트 폰 히르슈하우젠, 『행복은 혼자 오지 않는다』, 박규호
      옮김, 은행나무, 2010

에크하르트 톨레, 『삶으로 다시 떠오르기』, 류시화 옮김, 연금술사, 2013

에티엔 드 라 보에시, 『자발적 복종』, 심영길, 목수정 옮김, 생각정원, 2015

에피쿠로스, 『쾌락』, 오유석 옮김, 문학과지성사, 1998

에픽테토스, 『불확실한 세상을 사는 확실한 지혜』, 정영목 옮김, 까치, 1999

에픽테토스, 『엥케이리디온』, 김재홍 옮김, 까치, 2003

엘렌 랭어, 『마음의 시계』, 변용란 옮김, 사이언스북스, 2011

엘렌 랭어, 『마음챙김』, 이양원 옮김, 더퀘스트, 2015

앨리 러셀 혹실드, 『감정노동』, 이가람 옮김, 이매진, 2009

앨리 러셀 혹실드, 『나를 빌려드립니다』, 류현 옮김, 이매진, 2013

앨리 러셀 혹실드, 『돈 잘 버는 여자 밥 잘 하는 남자』, 백영미 옮김, 아침이슬, 2001

앨리스 도마, 『자기 보살핌』, 노진선 옮김, 한문화, 2002

엘리아스 카네티, 『군중과 권력』, 강두식, 박병덕 옮김, 바다출판사, 2010

엘리자베트 바댕테르, 『남과 여』, 최석 옮김, 문학동네, 2002

엘리자베트 바댕테르, 『남자의 여성성에 대한 편견의 역사』, 최석 옮김, 인바이로넷, 2004

엘리자베트 바댕테르, 『만들어진 모성』, 심성은 옮김, 동녘, 2009

엘리자베트 바댕테르, 『잘못된 길』, 조성애, 나애리 옮김, 중심, 2005

엘리자베트 벡-게른스하임, 『내 모든 사랑을 아이에게?』, 이재원 옮김, 새물결, 2000

엘리자베스 퀴블러 로스, 『인생 수업』, 류시화 옮김, 이레, 2006

엘리자베스 퀴블러 로스, 『상실 수업』, 김소향 옮김, 인빅투스, 2014

열어구, 『열자』, 임동석 옮김, 동서문화동판(동서문화사), 2009

오르테가 이 가세트, 『대중의 반역』, 황보영조 옮김, 역사비평사, 2005

오강남, 『예수가 외면한 그 한 가지 질문』, 현암사, 2002

오강남, 『예수는 없다』, 현암사, 2017

오강남, 성해영, 『종교, 이제는 깨달음이다』, 북성재, 2011

오비디우스, 『변신 이야기1』, 이윤기 옮김, 민음사, 1998

오카다 다케히코, 『나 뛰어넘을 것인가 깨어있을 것인가』, 정지욱 옮김, 문사철, 2009

옥타비오 파스, 『활과 리라』, 김은중, 김홍근 옮김, 솔출판사, 1998

올더스 헉슬리, 『멋진 신세계』, 이덕형 옮김, 문예출판사, 1998

올더스 헉슬리, 『영원의 철학』, 조옥경 옮김, 김영사, 2014

올리버 제임스, 『어플루엔자』, 윤정숙 옮김, 알마, 2012

올리비에 라작, 『텔레비전과 동물원』, 백선희 옮김, 마음산책, 2007

요로 다케시, 『유뇌론』, 김석희 옮김, 재인, 2006

요한 울프강 폰 괴테, 『파우스트』, 김인순 옮김, 열린책들, 2009

움베르토 마뚜라나, 프란시스코 바렐라, 『앎의 나무』, 최호영 옮김, 갈무리, 2007

움베르토 마뚜라나, 『있음에서 함으로』, 서창현 옮김, 갈무리, 2006

울리히 벡, 『위험사회』, 홍성태 옮김, 새물결, 2006

울리히 벡, 엘리자베트 벡-게른샤임, 『사랑은 지독한 그러나 너무나 정상적인 혼란』, 강수영, 권기돈, 배은경 옮김, 새물결, 1999

월트 휘트먼, 『나 자신의 노래』, 윤명옥 옮김, 지식을만드는지식, 2017

윌리엄 유잉, 『몸』, 오성환 옮김, 까치, 1996

윌리엄 제임스, 『실용주의』, 정해창 옮김, 아카넷, 2008

윌리엄 제임스, 『종교적 경험의 다양성』, 김재영 옮김, 한길사, 2000

윌리엄 하트, 『고엔카의 위빳사나 명상』, 담마코리아 옮김, 김영사, 2017

유발 하라리, 『사피엔스』, 조현욱 옮김, 김영사, 2015

유발 하라리, 『호모 데우스』, 김명주 옮김, 김영사, 2017

유발 하라리, 『21세기를 위한 21가지 제언』, 전병근 옮김, 김영사, 2018

유안, 『회남자』, 김성환 옮김, 살림, 2007

은희경, 『새의 선물』, 문학동네, 2010

이블린 언더힐, 『신비주의의 본질』, 안소근 옮김, 누멘, 2009

이블린 폭스 켈러, 『생명의 느낌』, 김재희 옮김, 양문, 2001

이승욱, 『포기하는 용기』, 북스톤, 2018

이안 로버트슨, 『승자의 뇌』, 이경식 옮김, 알에이치코리아, 2013

이원석, 『거대한 사기극』, 북바이북, 2013

이정우, 『영혼론 입문』, 살림, 2003

이정우, 『탐독』, 아고라, 2016

이진경, 『불교를 철학하다』, 휴, 2016

이철승, 『불평등의 세대』, 문학과지성사, 2019

일레인 스캐리, 『고통받는 몸』, 메이 옮김, 오월의봄, 2018

임마누엘 칸트, 『계몽이란 무엇인가』, 임홍배 옮김, 길, 2020

임마누엘 칸트, 『실천이성비판』, 백종현 옮김, 아카넷, 2019

임마누엘 칸트, 『윤리형이상학 정초』, 백종현 옮김, 아카넷, 2018

자크 데리다, 『환대에 대하여』, 남수인 옮김, 동문선, 2004

자크 라캉, 『자크 라캉 세미나11』, 맹정현 옮김, 새물결, 2008

자크 랑시에르, 『무지한 스승』, 양창렬 옮김, 궁리, 2008

자크 랑시에르, 『불화』, 진태원 옮김, 길, 2015

자크 랑시에르, 『정치적인 것의 가장자리에서』, 양창렬 옮김, 길,
　2013

장 니콜라 아르튀르 랭보, 『지옥에서 한 철/투시자의 편지』,
　곽민석 옮김, 지식을만드는지식, 2023

장 보드리야르, 『기호의 정치경제학 비판』, 이규현 옮김,
　문학과지성사, 1998

장 보드리야르, 『소비의 사회』, 이상률 옮김, 문예출판사, 1992

장 보드리야르, 『시뮬라시옹』, 하태환 옮김, 민음사, 2001

장 보드리야르, 『아메리카』, 주은우 옮김, 산책자, 2009

장 폴 사르트르, 『닫힌 방, 악마와 선한 신』, 지영래 옮김, 민음사,
　2013

장 폴 사르트르, 『말』, 정명환 옮김, 민음사, 2008

장 폴 사르트르, 『문학이란 무엇인가』, 정명환 옮김, 민음사, 1998

장 폴 사르트르, 『실존주의는 휴머니즘이다』, 방곤 옮김,
　문예출판사, 2013

장 폴 사르트르, 『존재와 무』, 정소성 옮김,
　동서문화동판(동서문화사), 2009

장 폴 사르트르, 『지식인을 위한 변명』, 박정태 옮김, 이학사, 2007

장담, 『장담의 열자주』, 임채우 옮김, 한길사, 2022

장회익, 『삶과 온생명』, 현암사, 2014

재레드 다이아몬드, 『섹스의 진화』, 임지원 옮김, 사이언스북스,
　2005

재레드 다이아몬드, 『어제까지의 세계』, 강주헌 옮김, 김영사, 2013

재레드 다이아몬드, 『제3의 침팬지』, 김정흠 옮김, 문학사상사,
　2015

재레드 다이아몬드, 『총, 균, 쇠』, 김진준 옮김, 문학사상사, 2005

정우현, 『생명을 묻다』, 이른비, 2022

정지우, 『분노사회』, 이경, 2014

정혜신, 『당신으로 충분하다』, 푸른숲, 2013

정혜신, 『당신이 옳다』, 해냄, 2018

제럴드 에덜먼, 『뇌는 하늘보다 넓다』, 김한영 옮김, 해나무, 2006

제임스 러브록, 『가이아』, 홍욱희 옮김, 갈라파고스, 2004

제임스 매스터슨, 『참자기』, 임혜련 옮김, 한국심리치료연구소, 2000

제임스 왓슨, 『이중나선』, 최돈찬 옮김, 궁리, 2019

제프리 밀러, 『스펜트』, 김명주 옮김, 동녘사이언스, 2010

제프리 밀러, 『연애』, 김명주 옮김, 동녘사이언스, 2009

조너선 갓셜, 『스토리텔링 애니멀』, 노승영 옮김, 민음사, 2014

조너선 하이트, 『바른 마음』, 왕수민 옮김, 웅진지식하우스, 2014

조너선 하이트, 『행복의 가설』, 권오열 옮김, 물푸레, 2010

조너선 하이트, 그레그 루키아노프, 『나쁜 교육』, 왕수민 옮김, 프시케의숲, 2019

조던 피터슨, 『12가지 인생의 법칙: 혼돈의 해독제』, 강주헌 옮김, 메이븐, 2018

조르주 바타유, 『에로티즘』, 조한경 옮김, 민음사, 2009

조르주 바타유, 『에로티즘의 역사』, 조한경 옮김, 민음사, 1998

조르주 바타유, 『저주의 몫』, 조한경 옮김, 문학동네, 2000

조셉 캠벨, 『신화와 인생』, 박중서 옮김, 갈라파고스, 2009

조셉 캠벨, 『천의 얼굴을 가진 영웅』, 이윤기 옮김, 민음사, 2018

조슈아 그린, 『옳고 그름』, 최호영 옮김, 시공사, 2017

조슈아 컬랙칙, 『민주주의는 어떻게 망가지는가』, 노정태 옮김, 들녘, 2015

조안 러프가든, 『진화의 무지개』, 노태복 옮김, 뿌리와이파리, 2010

조지 레이코프, 『코끼리는 생각하지 마』, 유나영 옮김, 와이즈베리, 2015

조지 레이코프,『폴리티컬 마인드』, 나익주 옮김,
  한울(한울아카데미), 2014

조지 허버트 미드,『정신 자아 사회』, 나은영 옮김, 한길사, 2010

조지프 르두,『시냅스와 자아』, 강봉균 옮김, 동녘사이언스, 2005

조지프 히스,『계몽주의 2.0』, 김승진 옮김, 이마, 2017

존 그레이,『하찮은 인간, 호모 라피엔스』, 김승진 옮김, 이후,
  2010

존 듀이,『민주주의와 교육』, 김성숙, 이귀학 옮김, 동서문화사,
  2008

존 듀이,『철학의 재구성』, 이유선 옮김, 아카넷, 2010

존 보울비,『애착』, 김창대 옮김, 나남출판, 2009

존 브래드쇼,『상처받은 내면아이 치유』, 오제은 옮김, 학지사,
  2004

존 올콕,『사회생물학의 승리』김산하, 최재천 옮김, 동아시아,
  2013

존 롤스,『정의론』, 황경식 옮김, 이학사, 2003

존 티한,『신의 이름으로』, 박희태 옮김, 이음, 2011

주디스 리치 해리스,『개성의 탄생』, 곽미경 옮김, 동녘사이언스,
  2007

주디스 리치 해리스,『양육가설』, 최수근 옮김, 이김, 2017

주디스 버틀러,『윤리적 폭력 비판』, 양효실 옮김, 인간사랑, 2013

주디스 버틀러,『의미를 체현하는 육체』, 김윤상 옮김, 인간사랑,
  2003

주디스 버틀러,『젠더트러블』, 조현준 옮김, 문학동네, 2008

주디스 허먼,『트라우마』, 최현정 옮김, 열린책들, 2012

줄리언 반스,『예감은 틀리지 않는다』, 최세희 옮김, 다산책방,
  2012

줄리언 반스,『웃으면서 죽음을 이야기하는 방법』, 최세희 옮김,

다산책방, 2016

지그문트 바우만,『고독을 잃어버린 시간』, 조은평, 강지은 옮김,
동녘, 2012

지그문트 바우만,『리퀴드 러브』, 조형준, 권태우 옮김, 새물결,
2013

지그문트 바우만,『쓰레기가 되는 삶들』, 정일준 옮김, 새물결,
2008

지그문트 바우만,『액체 현대』, 이일수 옮김, 필로소픽, 2022

지그문트 바우만,『현대성과 홀로코스트』, 정일준 옮김, 새물결,
2013

지그문트 프로이트,『꿈의 해석』, 김인순 옮김, 열린책들, 2004

지그문트 프로이트,『늑대인간』, 김명희 옮김, 열린책들, 2003

지그문트 프로이트,『문명 속의 불만』, 김석희 옮김, 열린책들,
2004

지그문트 프로이트,『성욕에 관한 세 편의 에세이』, 김정일 옮김,
열린책들, 2004

지그문트 프로이트,『예술, 문학, 정신분석』, 정장진 옮김,
열린책들, 2003

지그문트 프로이트,『정신분석 강의』, 홍혜경, 임홍빈 옮김,
열린책들, 2004

지그문트 프로이트,『정신분석학의 근본 개념』, 윤희기 옮김,
열린책들, 2004

지그문트 프로이트,『히스테리 연구』, 김미리혜 옮김, 열린책들,
2003

질 들뢰즈,『니체와 철학』, 이경신 옮김, 민음사, 2001

질 들뢰즈,『매저키즘』, 이강훈 옮김, 인간사랑, 2007

질 들뢰즈,『차이와 반복』, 김상환 옮김, 민음사, 2004

질 들뢰즈,『푸코』, 허경 옮김, 그린비, 2019

질 들뢰즈, 『프루스트와 기호들』, 서동욱, 이충민 옮김, 민음사, 2004

짐 홀트, 『세상은 왜 존재하는가』, 우진하 옮김, 21세기북스, 2013

찰스 다윈, 『인간의 유래 — 1/2』, 김관선 옮김, 한길사, 2006

찰스 다윈, 『종의 기원』, 김관선 옮김, 한길사, 2014

찰스 라이트 밀즈, 『사회학적 상상력』, 강희경, 이해찬 옮김, 돌베개, 2004

찰스 테일러, 『불안한 현대 사회』, 송영배 옮김, 이학사, 2021

찰스 테일러, 『자아의 원천들』, 권기돈, 하주영 옮김, 새물결, 2015

찰스 테일러, 『현대 종교의 다양성』, 송재룡 옮김, 문예출판사, 2015

채사장, 『우리는 언젠가 만난다』, 웨일북스, 2017

최승자, 『이 시대의 사랑』, 문학과지성사, 1981

최은영, 『아주 희미한 빛으로도』, 문학동네, 2023

최장집, 『민주화 이후의 민주주의』, 후마니타스, 2010

최진석, 『인간이 그리는 무늬』, 소나무, 2013

카렌 샤노어 외, 『마음을 과학한다』, 변경옥 옮김, 나무심는사람, 2000

카렌 암스트롱, 『축의 시대』, 정영목 옮김, 교양인, 2010

카렌 암스트롱, 『마음의 진보』, 이희재 옮김, 교양인, 2006

카를 마르크스, 프리드리히 엥겔스, 『독일 이데올로기』, 김대웅 옮김, 두레, 2015

카를로 로벨리, 『나 없이는 존재하지 않는 세상』, 김정훈 옮김, 쌤앤파커스, 2023

카를로 로벨리, 『모든 순간의 물리학』, 김현주 옮김, 쌤앤파커스, 2016

카를로 로벨리, 『보이는 세상은 실재가 아니다』, 김정훈 옮김, 쌤앤파커스, 2018

카를로 로벨리, 『시간은 흐르지 않는다』, 이중원 옮김, 쌤앤파커스, 2019

카트리네 마르살, 『잠깐 애덤 스미스씨, 저녁은 누가 차려줬어요?』, 김희정 옮김, 부키, 2017

칼 구스타프 융, 『꿈에 나타난 개성화 과정의 상징』, 한국융연구원 C. G 융 저작 번역위원회 옮김, 솔 출판사, 2002

칼 구스타프 융, 『레드북』, 김세영, 정명진, 옮김, 부글북스, 2020

칼 구스타프 융, 『아이온』, 김세영, 정명진, 옮김, 부글북스, 2016

칼 구스타프 융, 『인간과 상징』, 이윤기 옮김, 열린책들, 2009

칼 구스타프 융, 『카를 융, 기억 꿈 사상』, 조성기 옮김, 김영사, 2007

칼 슈미트, 『정치적인 것의 개념』, 김효전 옮김, 살림, 2012

칼 포퍼, 『추측과 논박1/2』, 이한구 옮김, 민음사, 2001

칼릴 지브란, 『예언자』, 오강남 옮김, 현암사, 2019

캐롤 길리건, 『기쁨의 탄생』, 박상은 옮김, 도서출판빛살무늬, 2004

캐롤 길리건, 『다른 목소리로』, 허란주 옮김, 동녘, 1997

캐롤 타브리스, 『여성과 남성이 다르지도 똑같지도 않은 이유』, 히스테리아 옮김, 또하나의문화, 1999

캐롤 페이트먼, 『남과 여, 은폐된 성적 계약』, 유영근, 이충훈 옮김, 이후, 2001

캐롤 페이트먼, 『여자들의 무질서』, 이성민, 이평화 옮김, 도서출판b, 2018

캔더스 퍼트, 『감정의 분자』, 김미선 옮김, 시스테마, 2009

콘스탄틴 스타니슬랍스키, 『배우 수업』, 신겸수 옮김, 예니, 2014

켄 윌버, 『세상에서 가장 아름다운 용기』, 김재성, 조옥경 옮김, 한언출판사, 2006

켄 윌버, 『무경계』, 김철수 옮김, 정신세계사, 2012

켄 윌버, 『에덴을 넘어』, 윤상일, 조옥경 옮김, 한언출판사, 2008

켄 윌버, 『켄 윌버의 일기』, 김명권, 민회준 옮김, 학지사, 2010

켄 윌버, 『켄 윌버의 통합심리학』, 조옥경 옮김, 학지사, 2008

크리스 나이바우어, 『하마터면 깨달을 뻔』, 김윤종 옮김,
  정신세계사, 2017

크리스 프리스, 『인문학에게 뇌과학을 말하다』, 장호연 옮김,
  동녘사이언스, 2009

크리스티안 노스럽, 『여성의 몸, 여성의 지혜』, 강현주 옮김,
  한문화, 2011

크리스티안 노스럽, 『폐경기 여성의 몸 여성의 지혜』, 이상춘 옮김,
  한문화, 2011

크리스토퍼 히친스, 『신은 위대하지 않다』, 김승욱 옮김, 알마,
  2011

클로드 레비-스트로스, 『슬픈 열대』, 박옥줄 옮김, 한길사, 1998

클로드 레비-스트로스, 『야생의 사고』, 안정남 옮김, 한길사, 1996

키머러 라모스, 『몸, 욕망을 말하다』, 홍선영 옮김, 생각의날개,
  2009

키케로, 『노년에 관하여 우정에 관하여』, 천병희 옮김, 도서출판
  숲, 2005

타다 토미오, 『면역의 의미론』, 황상익 옮김, 한울, 1998

타라 파커포프, 『연애와 결혼의 과학』, 홍지수 옮김, 민음사, 2012

테야르 드 샤르댕, 『인간현상』, 양명수 옮김, 한길사, 1997

테오도어 아도르노, 『미니마 모랄리아』, 김유동 옮김, 길, 2005

테오도어 아도르노, 『부정변증법』, 홍승용 옮김, 한길사, 1999

텐진 완걀 린포체, 『티베트 꿈과 잠 명상』, 홍기령 옮김,
  정신세계사, 2021

토머스 네이글, 『이 모든 것은 무엇을 의미하는가?』, 조영기 옮김,
  궁리, 2014

토머스 쿤, 『과학혁명의 구조』, 김명자, 홍성욱 옮김, 까치, 2013

토머스 홉스, 『리바이어던』, 최공웅, 최진원 옮김,
  동서문화동판(동서문화사), 2009

티모시 윌슨, 『내 안의 낯선 나』, 정명진 옮김, 부글북스, 2012

파드마삼바바, 『티벳 사자의 서』, 정신세계사, 1995

파스칼 보이어, 『종교, 설명하기』, 이창익 옮김, 동녘사이언스,
  2015

파스칼 브뤼크네르, 『순진함의 유혹』, 김웅권 옮김, 동문선, 1999

파울루 프레이리, 『페다고지』, 남경태 옮김, 그린비, 2018

파커 파머, 『가르칠 수 있는 용기』, 이종인 옮김, 한문화, 2008

파커 파머, 『비통한 자들을 위한 정치학』, 김찬호 옮김, 글항아리,
  2012

파탄잘리, 『요가수트라』, 정찬영, 송방호 옮김, 시공사, 1997

페르난두 페소아, 『불안의 서』, 배수아 옮김, 봄날의책, 2014

페르디낭 드 소쉬르, 『일반언어학 강의』, 최승언 옮김, 민음사,
  2006

페마 초드론, 『모든 것이 산산이 무너질 때』, 구승준 옮김, 한문화,
  2017

페터 비에리, 『자기 결정』, 문항심 옮김, 은행나무, 2015

페터 슬로터다이크, 『너는 너의 삶을 바꿔야 한다』, 문순표 옮김,
  오월의봄, 2020

페터 슬로터다이크, 『인간농장을 위한 규칙』, 이진우 옮김, 한길사,
  2004

펠릭스 가타리, 『분자혁명』, 윤수종 옮김, 푸른숲, 1998

폴 데이비스, 『현대물리학이 발견한 창조주』, 류시화 옮김,
  정신세계사, 1988

폴 블룸, 『공감의 배신』, 이은진 옮김, 시공사, 2019

폴 블룸, 『선악의 진화 심리학』, 이덕하 옮김, 인벤션, 2015

폴 블룸,『우리는 왜 빠져드는가』, 문희경 옮김, 살림, 2011

폴 비릴리오,『속도와 정치』, 이재원 옮김, 그린비, 2004

폴 비릴리오,『정보과학의 폭탄』, 배영달 옮김, 울력, 2002

폴 에크먼,『표정의 심리학』, 허우성, 허주형 옮김, 바다출판사,
2020

표도르 도스토엡스키,『지하생활자의 수기』, 이동현 옮김,
문예출판사, 1998

표트르 크로포트킨,『만물은 서로 돕는다』, 김영범 옮김, 르네상스,
2005

프란스 드 발,『영장류의 평화 만들기』, 김희정 옮김, 새물결, 2007

프란스 드 발,『원숭이와 초밥요리사』, 박성규 옮김, 수희재, 2005

프란시스코 바렐라,『윤리적 노하우』, 유권종, 박충식 옮김,
갈무리, 2009

프란시스코 바렐라,『달라이 라마와의 대화』, 이강혁 옮김, 예류,
2000

프란츠 부케티츠,『자유의지, 그 환상의 진화』, 원석영 옮김,
열음사, 2009

프란츠 카프카,『카프카처럼 글쓰기』, 서용좌 옮김, 아인북스,
2014

프란츠 파농,『검은 피부, 하얀 가면』, 노서경 옮김, 문학동네,
2014

프란츠 파농,『대지의 저주받은 사람들』, 남경태 옮김, 그린비,
2010

프랑크 마르텔라,『무의미한 날들을 위한 철학』, 황성원 옮김,
어크로스, 2021

프랜시스 콜린스,『신의 언어』, 이창신 옮김, 김영사, 2009

프랭크 설로웨이,『타고난 반항아』, 정병선 옮김, 사이언스북스,
2008

프랭크 윌첵, 『뷰티풀 퀘스천』, 박병철 옮김, 흐름출판, 2018

프리드리히 니체, 『선악의 저편/도덕의 계보』, 김정현 옮김,
책세상, 2002

프리드리히 니체, 『아침놀』, 박찬국 옮김, 책세상, 2004

프리드리히 니체, 『우상의 황혼』, 백승영 옮김, 책세상, 2002

프리드리히 니체, 『인간적인 너무나 인간적인1』, 김미기 옮김,
책세상, 2001

프리드리히 니체, 『인간적인 너무나 인간적인2』, 김미기 옮김,
책세상, 2002

프리드리히 니체, 『즐거운 학문 메시나에서의 전원시 유고(1881년
봄 - 1882년 여름)』, 안성찬, 홍사현 옮김, 책세상, 2005

프리드리히 니체, 『차라투스트라는 이렇게 말했다』, 정동호 옮김,
책세상, 2000

프리드리히 니체, 『바그너의 경우. 우상의 황혼. 안티크리스트. 이
사람을 보라. 디오니소스 송가. 니체 대 바그너』, 백승영 옮김,
책세상, 2000

프리먼 다이슨, 『과학은 반역이다』, 김학영 옮김, 반니, 2015

프리먼 다이슨, 『프리먼 다이슨의 의도된 실수』, 김학영 옮김,
메디치미디어, 2018

프리초프 카프라, 『새로운 과학과 문명의 전환』, 김용정, 이성범
옮김, 범양사, 2007

프리초프 카프라, 『현대 물리학과 동양사상』, 김용정, 이성범 옮김,
범양사, 2006

플라톤, 『소크라테스의 변명』, 황문수 옮김, 문예출판사, 1999

플라톤, 『파이드로스』, 조대호 옮김, 문예출판사, 2016

플라톤, 『플라톤의 국가/정체』, 박종현 옮김, 서광사, 2005

플라톤, 『향연』, 박희영 옮김, 문학과지성사, 2003

피에르 부르디외, 『구별짓기 ― 상하』, 최종철 옮김, 새물결, 2005

피에르 부르디외, 『사회학의 문제들』, 신미경 옮김, 동문선, 2004

피에르 부르디외, 『자본주의의 아비투스』, 최종철 옮김, 동문선, 2002

피에르 아도, 『플루티누스, 또는 시선의 단순성』, 안수철 옮김, 탐구사, 2013

피터 러셀, 『과학에서 신으로』, 김유미 옮김, 해나무, 2007

피터 싱어, 『다윈주의 좌파』, 최정규 옮김, 이음, 2011

피터 싱어, 『동물해방』, 김성한 옮김, 연암서가, 2012

피터 싱어, 『사회생물학과 윤리』, 김성한 옮김, 연암서가, 2012

피터 싱어, 『실천윤리학』, 황경식, 김성동 옮김, 연암서가, 2013

피터 왓슨, 『무신론자의 시대』, 정지인 옮김, 책과함께, 2016

하워드 가드너, 『다중지능』, 문용린, 유경재 옮김, 웅진지식하우스, 2007

한나 아렌트, 『어두운 시대의 사람들』, 홍원표 옮김, 한길사, 2019

한나 아렌트, 『예루살렘의 아이히만』, 김선욱 옮김, 한길사, 2006

한나 아렌트, 『인간의 조건』, 이진우, 태정호 옮김, 한길사, 1996

한나 아렌트, 『폭력의 세기』, 김정한 옮김, 이후, 1999

한나 크리슬로우, 『운명의 과학』, 김성훈 옮김, 브론스테인, 2020

한병철, 『시간의 향기』, 김태환 옮김, 문학과지성사, 2013

한병철, 『심리정치』, 김태환 옮김, 문학과지성사, 2015

한병철, 『투명사회』, 김태환 옮김, 문학과지성사, 2014

한병철, 『심리정치』, 김태환 옮김, 문학과지성사, 2012

한스 게오르크 가다머, 『가다머 고통에 대해 말하다』, 공병혜 옮김, 현문사, 2019

한스 게오르크 가다머, 『교육은 자기 교육이다』, 손승남 옮김, 동문선, 2004

한스 게오르크 가다머, 『진리와 방법1』, 이길우, 이선관, 임호일, 한동원 옮김, 문학동네, 2012

한스 게오르크 가다머, 『진리와 방법2』, 임홍배 옮김, 문학동네, 2012

한스 게오르크 가다머, 『철학자 가다머 현대의학을 말하다』, 이유선 옮김, 몸과마음, 2002

한스 요나스, 『물질, 창조, 생명』, 소병철 옮김, 철학과현실사, 2007

함석헌, 『뜻으로 본 한국역사』, 한길사, 2003

헤르만 헤세, 『데미안』, 전영애 옮김, 민음사, 2000

헤르만 헤세, 『싯다르타』, 박병덕 옮김, 민음사, 2002

헤르베르트 마르쿠제, 『에로스와 문명』, 김인환 옮김, 나남출판, 2004

헤르베르트 마르쿠제, 『일차원적 인간』, 박병진 옮김, 한마음사, 2009

헨리 데이비드 소로, 『소로우의 강』, 윤규상 옮김, 갈라파고스, 2012

헨리 데이비드 소로, 『소로의 일기 : 청년편』, 윤규상 옮김, 갈라파고스, 2017

헨리 데이비드 소로, 『소로의 일기 : 전성기편』, 윤규상 옮김, 갈라파고스, 2020

헨리 데이비드 소로, 『시민의 불복종』, 강승영 옮김, 은행나무, 2017

헨리 데이비드 소로, 『월든』, 김석희 옮김, 열림원, 2017

헨리크 입센, 『인형의 집』, 안미란 옮김, 민음사, 2010

호르헤 루이스 보르헤스, 『픽션들』, 송병선 옮김, 민음사, 2011

홍세화, 『생각의 좌표』, 한겨레출판, 2009

히라노 게이치로, 『나란 무엇인가』, 이영미 옮김, 21세기북스, 2021

나는 내가 불편하다

1판 1쇄 펴냄 2025년 6월 6일

지은이 이인
펴낸이 라성일
편집 이경인
마케팅 안소은
디자인 정지영

출판등록 2022.6.23 (제2022-000073호)
서울특별시 마포구 서교동 338-1
www.peramica.com
linolenic@hanmail.net

ISBN 979-11-982195-5-8

정가 20,000원